CHESLEY B. SULLENBERGER

Sully

Traduction de l'anglais (Etats-Unis) par
LAURE JOANIN

HarperCollins

Titre original :
HIGHEST DUTY : MY SEARCH FOR WHAT REALLY MATTERS

Ce livre est publié avec l'aimable autorisation de HarperCollins Publishers, LLC, New York, U.S.A.

HARPERCOLLINS FRANCE
83-85, boulevard Vincent-Auriol, 75646 PARIS CEDEX 13
Tél. : 01 42 16 63 63

www.harpercollins.fr

ISBN 979-1-0339-0011-5

Je dédie Sully *à ma femme, Lorrie, et à mes filles, Kate et Kelly. Vous êtes les trois personnes les plus importantes de ma vie, et je vous aime bien plus que je ne saurais le dire.*

Je dédie également ce livre aux passagers et à l'équipage du vol 1549 et à leurs familles.
Les événements du 15 janvier 2009 nous uniront à jamais par le cœur et l'esprit.

LES AUTEURS

Le commandant Chesley B. Sullenberger III est pilote de ligne et expert en sécurité aérienne. Il a travaillé comme instructeur et a été le responsable de la sécurité de l'Air Line Pilots Association (ALPA). Il a également été enquêteur sur des accidents aériens. A sa sortie de l'United States Air Force Academy, il a reçu le titre honorifique de « meilleur cadet en disciplines aéronautiques » et il est titulaire de deux masters. Natif de Denison au Texas, il vit aujourd'hui à Danville en Californie avec sa femme et ses filles.

Jeffrey Zaslow est un chroniqueur du *Wall Street Journal*. Il est, avec Randy Pausch, l'auteur du best-seller international *Le Dernier Discours* qui a été traduit en quarante-six langues. Son livre *The Girls from Ames : A Story of Women and a Forty-Year Friendship* est resté plusieurs semaines sur la liste des meilleures ventes du *New York Times*. Zaslow vit dans la banlieue de Detroit avec sa femme, Sherry, et ses filles, Jordan, Alex et Eden.

SOMMAIRE

1

UN VOL INOUBLIABLE

Le vol n'a duré que quelques minutes, mais j'en ai gardé un souvenir précis et intense.

Le vent soufflait du nord, et non du sud, fait inhabituel à cette époque de l'année. Et les roues de l'appareil grondaient sur le terrain d'atterrissage perdu dans la campagne du Texas. Je me souviens de l'odeur de l'huile chaude qui s'infiltrait dans le cockpit au moment du décollage. L'air embaumait aussi l'herbe fraîchement coupée.

Je me rappelle parfaitement mes sensations physiques — cette vigilance exacerbée — alors que je roulais vers l'extrémité de la piste et que je vérifiais ma check-list. Je me rappelle l'instant où l'avion s'est arraché du sol et comment, à peine trois minutes plus tard, il m'a fallu regagner la terre ferme, l'esprit totalement concentré sur les tâches à accomplir.

Ces souvenirs ne m'ont jamais quitté.

Un pilote décolle et atterrit des milliers de fois dans sa vie, et l'image de ces différents moments finit par se brouiller dans son esprit. Mais il connaît presque toujours un vol problématique, formateur ou enrichissant, qui le transforme totalement, et chaque seconde de cette expérience sensorielle reste gravée en lui.

Les vols inoubliables que j'ai connus dans ma carrière

continuent de vivre dans ma mémoire, ils ne cessent de me procurer une foule d'émotions et matière à réflexion. L'un d'entre eux m'a conduit sur l'Hudson à New York, une journée glaciale de janvier 2009. Mais le plus net reste peut-être celui que je viens de décrire : mon premier vol solo sur une piste en herbe à Sherman dans le Texas. C'était le samedi 3 juin 1967 en fin d'après-midi, j'avais seize ans. Je conserve précieusement ce souvenir ainsi que quelques autres, car je leur dois l'adolescent que j'ai été, l'homme et le pilote que je suis. J'ai vécu, sur terre et dans les airs, des expériences puissantes et des rencontres uniques. Toutes m'ont façonné, et j'en éprouve un profond sentiment de reconnaissance.

C'est comme si ces acquis étaient stockés dans un coffre dans l'attente du jour où ils me seraient utiles. Quand je me suis efforcé de poser sans encombre le vol 1549 sur l'Hudson, j'ai puisé dedans presque inconsciemment.

A l'âge de quatre ans, j'ai souhaité, durant quelques mois, devenir policier, puis pompier. Mais à cinq ans, j'ai su exactement ce que je voulais faire de ma vie — je voulais voler.

Et je n'ai jamais varié, une fois cette perspective en tête. Ou plus précisément, quand elle est apparue au-dessus de ma tête sous la forme d'avions à réaction qui quadrillaient le ciel, près de la maison de mon enfance, non loin de Denison au Texas.

Nous habitions au bord d'un lac dans un coin de terre désertique, situé à quatorze kilomètres au nord de la base militaire de Perrin. Dans cette zone vraiment rurale, les chasseurs volaient à très basse altitude, à environ trois mille pieds, et on les entendait venir de loin. Mon père me prêtait ses jumelles, et je m'amusais à regarder la ligne de l'horizon, intrigué par ce qu'elle dissimulait. Cela nourrissait mon envie de voyages. Avec les jets de combat, c'était encore plus excitant, car ils approchaient à une vitesse folle.

Nous étions dans les années 1950, et ces engins étaient beaucoup plus bruyants que les avions de chasse actuels. Cependant, personne dans cette partie nord du Texas ne se plaignait du vacarme assourdissant. Les Etats-Unis avaient gagné, récemment, la Seconde Guerre mondiale, et l'Air Force était une source de fierté. Ce n'est que quelques décennies plus tard, lorsque la population vivant près des bases aériennes a commencé à protester, que les pilotes ont éprouvé le besoin de se justifier en arborant des autocollants qui clamaient : « Bruit des jets = l'écho de la liberté ».

Tout dans les aéroplanes me fascinait : les différents sons qu'ils produisaient, leur aspect, les lois de la physique qui leur permettaient de filer dans le ciel, et surtout, les hommes qui les pilotaient avec une maîtrise indiscutable.

J'ai construit ma première maquette d'avion à l'âge de six ans. Il s'agissait d'une réplique du *Spirit of St. Louis* de Charles Lindbergh. J'ai lu beaucoup d'ouvrages sur « Lucky Lindy », et j'ai compris que sa traversée de l'Atlantique en solitaire ne devait pas grand-chose à la chance. Il avait tout prévu. Il s'était préparé. Il avait surmonté bien des obstacles. Et il n'en était que plus héroïque à mes yeux.

En 1962, à onze ans, je me jetais sur tous les livres et les magazines qui parlaient d'aviation.

Cette année-là a été aussi celle de mon baptême de l'air. Ma mère, qui était institutrice de CP, m'a proposé de l'accompagner à une convention nationale de la PTA (association parents-enseignants) qui se tenait à Austin. Elle aussi prenait l'avion pour la première fois.

Quand nous sommes arrivés à l'aéroport Dallas Love Field, qui se trouvait à cent vingt kilomètres de la maison, j'ai eu l'impression de débarquer dans un monde magique peuplé de gens hors du commun. Des pilotes. Des hôtesses de l'air. Des passagers élégants en partance pour quelque part.

Dans le terminal, j'ai fait halte devant la statue nouvellement érigée d'un Texas Ranger. Sa plaque sur laquelle on pouvait lire : « Une émeute, un ranger » évoquait la révolte légendaire qui avait éclaté en 1890 dans une petite bourgade. Le shérif local avait appelé à la rescousse une compagnie de Rangers, mais un seul homme s'était présenté devant les habitants interloqués. Allait-on leur refuser l'aide qu'ils avaient sollicitée ? « Combien d'émeutes ? » aurait prétendument demandé le Ranger. « S'il n'y en a qu'une, je peux suffire. Je m'en occupe. »

J'ai aperçu un autre héros ce jour-là dans l'aéroport. J'étais fasciné à l'époque par le projet de programme spatial Mercury, aussi imaginez mon excitation quand j'ai repéré un petit homme mince qui traversait l'aérogare. Il portait un costume, une cravate, un chapeau, et son visage m'était familier grâce à la télévision. C'était le colonel John « Shorty » Powers, la voix du Mercury Control. Mais je n'ai pas pu m'approcher de lui. Un gamin de onze ans n'avait aucune raison d'importuner un type qui avait la chance de discuter avec des astronautes.

Quand nous sommes sortis sur le tarmac pour grimper dans le Convair 440 de la Braniff Airways au moyen d'un petit escalier mobile, le temps était nuageux et légèrement pluvieux. Ma mère arborait des gants blancs et un chapeau. J'avais revêtu un pantalon et une veste en tweed. Les gens voyageaient ainsi à l'époque. Dans leurs habits du dimanche.

Nos places étaient situées sur le côté droit de l'appareil. Ma mère se serait volontiers assise près de la fenêtre, mais elle me connaissait : « Installe-toi près du hublot », m'a-t-elle dit, et avant même que l'avion ait bougé d'un centimètre, je collais mon nez à la vitre, pour ne rien perdre du spectacle.

Quand l'avion a accéléré sur la piste et a commencé à prendre de l'altitude, j'avais les yeux écarquillés. La terre, en bas, ressemblait à une maquette de petit train. Oui, moi aussi, je voulais vivre dans les airs.

Cependant, il m'a fallu attendre quelques années avant de m'envoler à nouveau. A seize ans, j'ai demandé à mon père l'autorisation de prendre des cours de pilotage. Ancien chirurgien dentiste dans la Navy durant la Seconde Guerre mondiale, il éprouvait un grand respect pour les aviateurs. Et il devinait ma passion. Par l'intermédiaire d'un ami, il a obtenu le nom d'un pilote d'épandage, un certain L. T. Cook Jr. qui disposait d'une piste d'atterrissage sur sa propriété.

Avant la guerre, M. Cook avait été l'un des instructeurs du CPTP, le programme d'entraînement des pilotes civils, mis en place par le gouvernement fédéral. A l'époque, les isolationnistes refusaient que l'Amérique se joigne au conflit européen. Mais le président Roosevelt, qui avait compris que les Etats-Unis finiraient par entrer en guerre, savait que le pays aurait besoin de milliers de pilotes qualifiés. Dès 1939, on avait chargé des aviateurs chevronnés comme M. Cook de former des civils afin qu'ils soient prêts lorsque viendrait l'heure de l'intervention. Ce projet était controversé, mais finalement, tous ces hommes expérimentés ont aidé les Alliés à remporter la victoire. M. Cook et ses compagnons sont des héros trop méconnus.

Quand j'ai fait sa connaissance, il avait une bonne cinquantaine d'années. C'était un personnage déterminé et pragmatique qui se consacrait essentiellement à l'épandage, mais qui savait repérer les pilotes en herbe. Lorsque quelqu'un lui semblait détenir les qualités requises, l'intelligence et le tempérament, il le prenait comme élève.

Apparemment, je lui ai plu. J'étais un gamin sérieux, calme et respectueux : en effet mes parents m'avaient appris à témoigner de la déférence à mes aînés. J'étais également totalement introverti, et cela tombait bien car il n'était pas du genre à aimer les conversations. Il a compris, en dépit de ma discrétion, que mon envie de voler était sérieuse, et mon enthousiasme sincère. « Ce sera six dollars de l'heure », m'a-t-il annoncé. C'était un prix « Wet Lease » (service compris), car le carburant était inclus. Pour la formation, il demandait trois dollars supplémentaires de l'heure. Comme mes parents avaient accepté de payer la location de l'avion, je ne lui devais qu'un dollar cinquante pour un vol de trente minutes, une somme prélevée dans l'argent de poche que j'avais gagné en travaillant comme gardien d'église.

Je possède des carnets de vol vieux de plusieurs décennies. La toute première entrée du premier registre est datée du 3 avril 1967, jour où M. Cook m'a emmené dans son biplace en tandem, un Aeronca 7DC. C'était un avion à hélices, très rudimentaire, construit à la fin des années 1940. Il n'y avait même pas de radio à bord. J'en ai pris les commandes pratiquement dès le début.

J'étais assis à l'avant, et M. Cook était à l'arrière, avec les doubles commandes. Il pratiquait ce que les pilotes appellent le « following you through » (le suivi, ou suivi d'exécution). C'est-à-dire qu'il gardait ses mains au-dessus du manche afin de pouvoir reprendre immédiatement le contrôle si je manœuvrais mal le levier. Il surveillait mes faits et gestes, en me hurlant des instructions par-dessus le bruit du moteur. Comme de nombreux pilotes à cette époque-là, il utilisait un mégaphone en carton qu'il braquait directement dans mon oreille. Il ne parlait qu'à bon escient, et me complimentait rarement. Cependant, dans les semaines qui ont suivi, j'ai senti qu'il était content de moi : je comprenais vite et j'avais les bons réflexes. Tous les soirs à la maison, j'étudiais des manuels de pilotage, et je suivais des cours par correspondance pour préparer l'écrit de la licence de pilote privé. M. Cook se rendait compte de ma persévérance.

Parfois, j'arrivais pour ma leçon, et il était absent. Alors, je regagnais le centre-ville en voiture et filais au Diary Queen où je savais que je le trouverais devant un café. Il avalait son breuvage, jetait un pourboire sur la table, et nous repartions sur la piste d'atterrissage.

En deux mois, il m'a donné seize leçons, chacune comprenant une demi-heure de pratique. Le 3 juin, j'avais déjà comptabilisé sept heures et trente-cinq minutes de vol. Ce jour-là, il m'a emmené à bord de son Aeronca et, au bout de dix minutes, il m'a tapé sur l'épaule.

— Parfait, m'a-t-il lancé. Pose-le et roule doucement jusqu'au hangar.

J'ai exécuté ses ordres et, une fois au sol, il a sauté de l'appareil.

— OK. Redécolle et atterris trois fois tout seul.

Il ne m'a pas souhaité bonne chance. Ce n'était pas son genre. Je ne dis pas qu'il était bourru et insensible. Mais il avait un côté terre à terre. De toute évidence, il s'était fait son opinion : « Le gamin est mûr. Laissons-le se débrouiller. » Il devinait que je n'allais pas m'écraser. Que tout se passerait bien.

De nos jours, un jeune ne vole pas en solo aussi rapidement. Les avions sont plus complexes. Il faut d'abord régler un tas de problèmes d'assurance, prendre un certain nombre de précautions légales. La gestion du trafic aérien est plus exigeante. Et les instructeurs doivent se montrer plus protecteurs, sourcilleux et méfiants.

Mais cette fois-là, dans cette zone rurale du Nord Texas, peu importait le contrôle aérien et les réglementations. Il n'y avait que moi, l'Aeronca, et M. Cook qui me surveillait depuis la terre ferme.

Le vent venant du nord, j'ai dû rejoindre l'autre extrémité de la piste afin de décoller dans cette direction. Ce n'était pas l'orientation habituelle, mais j'avais pris mes repères. J'étais prêt.

La piste en herbe, qui était plus basse à l'extrémité sud, montait légèrement côté nord. Et même si M. Cook venait de la tondre, elle n'était pas aussi lisse qu'une surface en dur ou qu'un green.

J'étais seul pour la première fois de ma vie, aligné en bout de piste. J'ai vérifié l'allumage et la pression d'huile, puis le fonctionnement du moteur, des gouvernes de profondeur et de direction, et des ailerons. J'ai passé en revue ma check-list. Et tout en attrapant le manche, j'ai pris une grande inspiration, j'ai desserré les freins et j'ai entamé la procédure de décollage. M. Cook m'avait prévenu que je quitterai le sol plus rapidement que d'habitude. Pour la bonne raison que, sans lui, l'avion était plus léger.

Quand ce type d'appareil accélère sur la piste et est prêt à décoller, il quitte le sol tout simplement. Mais quand un jeune pilote est mûr pour son premier vol solo, il a besoin que quelqu'un l'avertisse. En l'occurrence, ce « quelqu'un » c'était le laconique M. Cook, que je voyais hocher la tête, en bas dans le champ, et dont la silhouette ne cessait de diminuer plus je montais en altitude. Je lui en étais reconnaissant.

En atteignant les huit cents pieds, j'ai éprouvé un sentiment de liberté grisant. Et j'avais l'impression de maîtriser la situation. Après avoir écouté, regardé, questionné et travaillé dur, j'avais réussi quelque chose. J'étais là, seul, dans les airs.

Je ne crois pas que je souriais. J'étais trop concentré pour cela. Et je savais que M. Cook me surveillait derrière la visière de sa casquette de base-ball. Je voulais faire bonne figure, exécuter correctement mes manœuvres. Je n'avais pas envie de lui donner matière à critique une fois que j'aurais atterri.

Et j'avais l'impression d'entendre sa voix : « Sers-toi des gouvernes pour garder la coordination des commandes. » Malgré son absence, ses instructions résonnaient à mes oreilles.

J'étais également trop occupé pour faire du tourisme. J'ai survolé une petite mare, et la ville de Sherman se trouvait sur ma gauche. Mais mon but n'était pas d'admirer le paysage. Je voulais piloter correctement pour que M. Cook me laisse retenter l'expérience.

Il m'avait enseigné comment réaliser le tour de piste rectangulaire standard, qui prenait environ trois minutes en vol ; aussi j'ai pu m'entraîner à toucher la piste, redécoller, puis revenir et recommencer.

Je devais faire cette manœuvre à trois reprises avant de me poser définitivement.

Ma première expérience en solo n'a duré que neuf minutes, mais j'avais franchi une étape cruciale. En 1903, lors de son premier vol, Orville Wright avait parcouru trente-six mètres, à une altitude de vingt pieds, durant douze secondes.

M. Cook est venu me saluer et, pendant que je coupais le moteur, il a reconnu que j'avais exécuté ses ordres. Je n'ai eu droit à aucun compliment, mais j'avais réussi le test — j'en étais convaincu. « J'aurai beaucoup d'épandage à faire cet été, m'a-t-il annoncé. Alors, tu pourras t'exercer de ton côté sur mon Aeronca. » A raison de six dollars de l'heure, je pourrais donc me perfectionner, seul à bord, quelques jours par semaine.

Aujourd'hui, à cinquante-huit ans, je comptabilise dix-neuf mille sept cents heures de vol. Mais ma carrière professionnelle a réellement commencé ce jour-là. Cela a été un tournant. M. Cook m'avait donné confiance, malgré mon peu d'expérience. Il m'avait permis de découvrir que j'étais capable de décoller et de poser un avion sans difficulté. Je savais désormais quels seraient ma vie et mon métier.

Je n'avais pas vraiment réfléchi à cela à l'époque, mais je réalise maintenant que je suis entré dans le monde de l'aviation d'une façon très traditionnelle. C'est ainsi que les gens ont appris à voler depuis le commencement : un vieux pilote apprend les bases à un gamin sur une piste en herbe, perdue en pleine campagne.

Avec le recul, je m'aperçois que j'ai eu de la chance. J'ai connu des débuts merveilleux.

Aucun des élèves de mon établissement scolaire ne souhaitant devenir pilote, je vivais seul ma passion et mes rêves. Certes, j'avais des amis, mais pour la plupart des autres lycéens, je n'étais qu'un môme timide, sérieux, qui passait son temps à lire des manuels de vol et à se précipiter sur le terrain d'atterrissage. Je n'étais pas très sociable. Et bien plus à l'aise dans un cockpit.

En un sens, j'ai sans doute grandi plus vite que les autres sur la piste de M. Cook, et j'y ai appris beaucoup de choses, des choses qui m'ont aidé à comprendre les opportunités de la vie, et le danger.

Un jour, alors que je sortais du hangar de M. Cook, j'ai remarqué un amas de tôles froissées, les restes d'un Piper Tri-Pacer, blanc et rouge, qui gisait à l'extrémité nord de la piste. M. Cook m'a raconté son histoire. L'un de ses amis qui s'apprêtait à poser le Tri-Pacer devait franchir la US 82 en phase finale d'approche. Mais il avait remarqué trop tard la présence des lignes électriques de six mètres de haut alignées le long de l'autoroute. Il avait redressé le nez de l'appareil afin de les éviter, ce qui avait provoqué une perte de vitesse et de portance. Il avait décroché. Son avion s'était écrasé sur le nez, et il avait été tué sur le coup.

Personne n'était venu récupérer l'épave, elle était donc restée là, au bout du terrain. J'ai franchi les cinq cents mètres qui m'en séparaient, et j'ai jeté un coup d'œil dans le poste de pilotage. Il était maculé de sang. En ce temps-là, les avions n'étaient équipés que de ceintures ventrales, il n'y avait aucun harnais d'épaule. La tête du pilote avait dû heurter très violemment le tableau de bord. J'ai tenté de visualiser la scène — les efforts du malheureux pour éviter les lignes à haute tension, sa perte de vitesse, l'impact terrifiant. Je me suis forcé à regarder le cockpit, à l'examiner. Il aurait été plus facile de détourner le regard, mais j'ai choisi d'affronter la réalité.

A seize ans, cette vision donnait vraiment à réfléchir, et pour dire la vérité, elle m'a impressionné au plus haut point.

J'ai compris instantanément que piloter un avion exigeait de ne jamais commettre d'erreur. Il était nécessaire de tout maîtriser, tout contrôler. Se méfier des câbles électriques, des oiseaux, des arbres, du brouillard, tout en surveillant ce qui se passait dans le cockpit. On devait rester vigilant et sans cesse sur le qui-vive. Il fallait tout autant savoir ce qu'on pouvait faire et ce qui était impossible. Une simple erreur de pilotage pouvait être fatale.

J'ai analysé toutes ces informations, mais ce spectacle bouleversant m'a donné matière à réflexion. Je me suis juré d'apprendre tout ce qu'il fallait savoir pour minimiser les risques.

Même si je n'avais pas l'intention de devenir un m'as-tu-vu — le meilleur moyen pour trouver la mort —, j'avais envie de m'amuser. J'ai demandé un jour à mes parents et à ma jeune sœur de sortir de chez nous à une heure convenue, et je les ai survolés en agitant les ailes en guise de bonjour. La région dans laquelle nous vivions ayant une faible densité de population, les réglementations aériennes m'autorisaient à voler à cinq cents pieds au-dessus de la maison. Ma famille n'a pas pu discerner mon visage, bien sûr, mais elle m'a vu les saluer.

En octobre 1968, une fois que j'ai obtenu mes soixante-dix heures de vol, j'ai pu passer ma licence de pilote privé, qui exigeait une vérification de compétences avec un examinateur de la FAA. Je l'ai obtenue, ce qui m'autorisait à emmener quelqu'un à bord.

J'avais décidé que l'honneur d'être mon premier passager devait forcément revenir à ma mère. Mon carnet de vol indique qu'elle m'a accompagné le 29 octobre 1968, le lendemain de l'obtention de ma licence. Pour ne jamais oublier ce moment unique, j'ai dessiné dans mon registre une petite étoile à côté de la date. C'était l'équivalent d'un smiley dans les années 1960.

Ma mère ne semblait pas nerveuse, au contraire elle rayonnait de fierté. Tout en l'aidant à s'installer à la place arrière et à boucler sa ceinture, je lui ai décrit les sons qu'elle allait entendre, ce qu'elle verrait et les effets que cela aurait sur son estomac. Avec mon air sérieux, je donne toujours l'impression d'être quelqu'un de compétent et de responsable. C'est l'un des avantages. Je ne fais pas partie de ceux qui se croient au-dessus des lois, et par conséquent, ma mère avait confiance en moi. Elle s'est carrée dans son siège, sa vie entre mes mains, sans chercher à me donner de conseils. Elle m'a laissé la guider dans les airs, et quand nous avons atterri, elle m'a pris dans ses bras et m'a embrassé.

Transporter des passagers à bord m'ouvrait de nouvelles perspectives, et après avoir emmené ma sœur, mon père, et mes grands-parents, j'ai trouvé le courage de proposer à Carole de m'accompagner. Carole était une jolie fille aux cheveux bruns, grande et élancée, portant des lunettes, qui était avec moi à la Denison High School. Nous chantions ensemble dans la chorale de l'église. J'avais un faible pour elle, et j'aimais croire que je ne lui étais pas indifférent. Certaines jeunes femmes ont conscience de leur beauté et savent en profiter. Carole était séduisante, mais elle ne jouait pas les coquettes. Bien que peu extravertie, elle avait un comportement bienveillant et amical qui la rendait très attirante.

Jusque-là, aucune fille ne s'était beaucoup intéressée à mon expérience de pilote. Le film *Top Gun* n'était pas encore sorti, et du reste, je ne ressemblais pas à Tom Cruise. De surcroît, le pilotage restait un sujet abstrait. Personne ne m'avait jamais vu aux commandes d'un avion. Je n'avais marqué aucun *touchdown* dans un match de football, et je n'avais pas ma photo dans le journal. Ma passion était invisible aux yeux des autres et elle se déroulait en altitude. Lorsque je parlais d'aviation aux filles, elles ne semblaient pas vraiment impressionnées. J'avais même le sentiment parfois de les ennuyer. Mais sans doute étais-je incapable de trouver les mots pour en transmettre la grandeur.

Néanmoins, j'ai décidé d'éveiller la curiosité de Carole.

C'était une jeune fille réservée — nous étions assez semblables dans ce domaine — avec laquelle il était souvent difficile d'entretenir une conversation. En lui demandant si elle aimerait voler avec moi, je n'espérais pas grand-chose. Car même si elle en avait envie, je craignais le refus de ses parents. Mais lorsqu'elle leur a posé la question, ils ont accepté de me la confier le temps d'un survol de quarante-cinq minutes des rivières Arkansas et Poteau jusqu'à Fort Smith dans l'Arkansas.

Ce rendez-vous couronnait mes efforts, et je me réjouissais des moments que nous allions partager.

En y repensant, je trouve extraordinaire qu'ils aient donné leur permission et laissé un garçon qui n'avait pas encore dix-huit ans emmener leur fille mineure au-delà de la frontière de l'Etat. Et dans un avion léger, de surcroît.

Quand nous sommes partis, la journée était belle et froide ; il y avait une légère brise, et la visibilité était excellente. On voyait à des kilomètres quelle que soit la direction. Les avions sont bruyants, et il est difficile d'y mener une conversation. Je hurlais :

— C'est la Red River en bas !

Elle criait à son tour :

— Quoi ?

Je répétais ma phrase, mais j'étais heureux de l'avoir avec moi à bord.

Nous volions dans un Cessna 150 que j'avais loué pour deux heures. C'était un appareil minuscule, un biplace côte à côte. La cabine mesurait à peine un mètre de largeur et nos cuisses se touchaient. Il était difficile de faire autrement.

Imaginez-moi, à l'âge de dix-sept ans, en compagnie de cette jolie fille, sa jambe effleurant la mienne, mon bras collé au sien durant une petite partie de la journée. Je sentais son parfum, ou peut-être était-ce l'odeur de son shampooing. De temps en temps, elle se penchait sur moi pour admirer la vue à travers mon hublot, et ses cheveux effleuraient mon épaule. C'était pour moi une expérience nouvelle : je découvrais que piloter pouvait se révéler sensuel.

Avais-je du mal à me concentrer et à garder le contrôle de l'appareil ? Non. Cela prouve une fois encore qu'un pilote doit apprendre à compartimenter. J'avais pleinement conscience de la présence de Carole, mais je ne relâchais pas mon attention et j'accomplissais les gestes nécessaires avec un grand sens de mes responsabilités. J'avais envie de lui faire la cour, mais le plus important était de veiller à sa sécurité.

Notre relation n'a rien donné de sérieux, mais ce vol — où assis tout près d'elle, je lui ai crié à l'oreille le nom des sites marquants de la campagne texane — et ce déjeuner auquel je l'ai invitée à l'aéroport de Fort Smith restent dans ma mémoire des moments charmants et chaleureux.

Un pilote connaît des milliers de décollages et d'atterrissages dans sa vie, la plupart n'ont rien de remarquable. Mais certains sont inoubliables.

C'est à la fin des années 1970 que je me suis rendu sur la piste de L. T. Cook pour la dernière fois. J'ai perdu contact avec lui au début des années 1980, et j'ai appris plus tard qu'il souffrait d'un cancer, et qu'on l'avait opéré de plusieurs tumeurs au cou et à la mâchoire. Beaucoup ont estimé que sa maladie était due aux produits chimiques qu'il avait déversés jour après jour dans les champs. Il est mort en 2001.

Après mon amerrissage d'urgence sur l'Hudson, avec le vol 1549 de l'US Airways, j'ai reçu des milliers de mails et de lettres d'inconnus qui m'exprimaient leur reconnaissance pour avoir réussi à sauver, avec mon équipage, les cent cinquante-cinq personnes à bord. J'ai découvert avec plaisir, au milieu d'une pile de messages, celui de la veuve de M. Cook, dont je n'avais pas eu de nouvelles depuis des années. Ses paroles m'ont remonté le moral : « L. T.

ne serait pas surpris, m'écrivait-elle, mais je suis sûre qu'il serait ravi et fier. »

A bien des égards, tous mes mentors, mes héros, et mes proches — ceux qui m'ont instruit, guidé, encouragé et distingué — se trouvaient avec moi dans le poste de pilotage du vol 1549. Nous avions perdu les deux moteurs. La situation était désespérée, mais c'est grâce aux enseignements que tous ces gens m'avaient transmis que nous nous en sommes sortis. Les leçons de M. Cook m'ont été précieuses durant ce vol de cinq minutes. M. Cook était un excellent manœuvrier, et il fallait vraiment l'être ce jour-là au-dessus de la ville de New York.

Depuis cette date, j'ai beaucoup pensé à ces personnes exceptionnelles qui ont compté pour moi, aux centaines de manuels de pilotage que j'ai étudiés, aux nombreuses tragédies dont j'ai été témoin comme pilote de chasse, aux aventures et aux déboires que j'ai connus dans les compagnies aériennes, à mon amour de l'aviation et aux vieux souvenirs.

J'ai fini par comprendre que mon voyage vers l'Hudson n'a pas commencé à l'aéroport de LaGuardia. Il a débuté des décennies plus tôt, dans la maison de mon enfance, sur la piste en herbe de M. Cook, dans le ciel du Nord Texas, dans mon domicile de Californie que je partage avec ma femme, Lorrie, et nos deux filles, et dans tous les avions à réaction que j'ai pilotés en direction de l'horizon.

Le vol 1549 n'a pas seulement été un simple voyage de cinq minutes. C'est ma vie entière qui m'a permis d'atteindre sans encombre cette rivière.

2

UNE VIE DE PILOTE

J'ai eu la chance de découvrir ma passion pour l'aviation alors que j'étais encore très jeune, et de pouvoir m'y adonner jour après jour.

J'ai eu la chance de posséder quelques atouts personnels : ma vue, par exemple, qui s'est révélée suffisamment bonne pour me permettre de devenir pilote de chasse. Et j'ai eu la chance d'avoir été embauché comme pilote de ligne à ma sortie de l'armée, alors qu'à l'époque de tels postes se faisaient rares.

Après toutes ces années, je suis heureux de pouvoir continuer à assouvir ma passion. Malgré la situation difficile et souvent préoccupante que connaît le transport aérien, piloter me procure toujours autant de satisfactions. Je reste pleinement motivé.

Aux commandes d'un avion, lorsqu'on a l'impression de glisser au-dessus de la surface de la Terre, détaché des lois de la gravité, on ressent un sentiment de liberté absolue. C'est comme si on se hissait loin des dures réalités de la vie. Même à mille pieds, la perspective s'élargit. A cette altitude, les problèmes qui paraissaient menaçants vu du sol s'amenuisent, et ils deviennent même dérisoires quand on atteint trente-cinq mille pieds.

Piloter représente aussi un défi intellectuel, et demande une bonne maîtrise du calcul mental, et j'aime cette idée.

Si vous modifiez d'un seul degré l'angle du nez par rapport à l'horizon alors que vous volez à la vitesse d'un avion de ligne « classique » de sept milles marins (treize kilomètres) à la minute, cela suffit à augmenter ou abaisser votre taux de montée ou de descente de sept cents pieds à la minute. Je prends plaisir à suivre ces données chiffrées, à surveiller les conditions météorologiques, à travailler en équipe — avec les hôtesses de l'air, les contrôleurs aériens, les copilotes, les personnels de maintenance — tout en connaissant intimement les réelles capacités de l'avion. Même quand les commandes sont automatisées, nous devons seconder les systèmes informatiques avec des opérations de calcul mental. Ce défi permanent est très stimulant.

J'aime aussi partager ma passion pour mon métier même si je regrette qu'aujourd'hui peu de jeunes soient fascinés par l'aviation. J'ai vu quantité de gamins passer devant le cockpit sans y prêter grande attention ; ils sont davantage intéressés par leurs jeux vidéo ou leur iPod.

Ceux qui demandent à jeter un coup d'œil dans « mon bureau », situé à l'avant de l'appareil, font preuve d'un enthousiasme contagieux. L'excitation dont ils témoignent pour cette profession à laquelle je suis profondément attaché est extrêmement gratifiante.

Parfois, lorsque les procédures d'embarquement nous en laissent le temps, j'aime inviter les enfants curieux à s'asseoir dans mon fauteuil ou celui du copilote, à poser des questions, et j'autorise leurs parents à les photographier, affublés de la casquette du commandant de bord.

Le pilote de ligne remplit une mission tangible, utile à la société.

Rien n'est plus plaisant que de transporter cent quatre-vingt-trois passagers à l'endroit de leur choix. Mon travail consiste à les aider à prendre des vacances bien méritées, à les conduire aux funérailles de leurs proches ou à des entretiens d'embauche, à réunir les familles et les amis. A la fin d'une journée, après une rotation de trois ou quatre vols, lorsque j'ai acheminé sans encombre quatre ou cinq cents personnes à destination, j'ai le sentiment du devoir accompli. Tous ces gens ont leur propre histoire, leurs motivations, leurs attentes — et les aider est pour moi une véritable récompense.

C'est ce qui me pousse tous les jours à partir travailler, et l'une des choses qui compte le plus dans ma vie.

Je n'ai pas embrassé ma femme en partant.

Il était 5 h 30 ce lundi matin, et je quittais la maison pour une rotation de quatre jours. Mon emploi du temps comportait sept vols de l'US Airways, le dernier était prévu le jeudi 15 janvier : le vol 1549 de New York à Charlotte.

Si je n'ai pas embrassé Lorrie, c'est parce que, au fil des années, j'ai compris qu'elle avait le sommeil léger. Alors, même si je meurs d'envie de lui murmurer un « Je t'aime » accompagné d'un baiser avant chacune de nos séparations, ce ne serait pas très gentil de la réveiller à une heure aussi matinale, pour la laisser ensuite, les yeux grands ouverts, penser à ce qu'elle et nos deux filles vont devoir gérer seules en mon absence durant les jours à venir.

En dépit de la passion que j'éprouve pour mon métier, ces voyages incessants qui définissent l'existence d'un pilote ont eu certaines répercussions sur notre vie familiale. En désertant mon foyer dix-huit jours par mois, j'ai raté plus de la moitié de l'existence de mes enfants.

Mais ces départs ne signifient pas que je préfère les avions à mon épouse et à mes filles. Ces dernières années, Lorrie et moi avons envisagé la possibilité que je trouve une autre activité professionnelle qui me permettrait de me rapprocher de la maison. Même s'il n'est jamais facile de se réinventer complètement, je reste confiant : je devrais sans mal trouver un poste équivalent à celui d'un commandant de bord pour subvenir aux besoins financiers de ma famille. Mais j'aimerais que cette nouvelle occupation prenne en compte mes expériences. En attendant, ma conscience professionnelle reste inchangée. Et Lorrie me connaît. Elle sait ce que piloter représente pour moi. Nous avons trouvé notre mode de fonctionnement.

Ce lundi matin, je suis donc parti comme tant d'autres fois. Quand j'ai sorti la voiture du garage de notre maison de Danville, en Californie, pour prendre la direction de l'aéroport international de San Francisco, Lorrie et nos filles, Kate (seize ans) et Kelly (quatorze ans), dormaient encore.

Lorsque le soleil s'est levé, j'avais déjà parcouru plus de cinquante-cinq kilomètres, et je m'engageais sur le San Mateo-Hayward Bridge qui enjambe la baie de San Francisco. Je devais embarquer sur le vol de 7 h 30 à destination de Charlotte — comme passager.

Tous les personnels navigants ont une base d'affectation : la mienne se trouve à Charlotte en Caroline du Nord. Au début des années 1980, quand je volais pour la Pacific Southwest Airlines, je dépendais de celle de San Francisco. Mais en 1988, quand la PSA a fusionné avec l'USAir, je suis devenu un pilote USAir. En 1995, la compagnie a fermé sa base de San Francisco, et j'ai été rattaché à Pittsburgh puis à Charlotte. Lorrie et moi avons voulu rester vivre en Californie, comme certains de mes collègues affectés aussi loin de chez eux. J'ai préféré traverser tout le pays pour prendre mon service. Nous avons choisi cette vie, et je suis heureux que l'US Airways l'autorise. Cependant, cette existence demande une logistique souvent harassante.

Mon voyage jusqu'à ma base d'affectation est gratuit, mais j'ai un billet stand-by. Si l'avion est complet, je peux occuper un strapontin dans le cockpit. Cela fait partie de mes avantages. Cependant, la plupart du temps, je préfère m'installer au fond de l'appareil, loin des pilotes. Là, je peux lire un livre, fermer les yeux et essayer de dormir.

Il arrive qu'en remarquant mon uniforme les passagers me posent des questions sur le voyage, les turbulences ou sur la façon de caler les bagages volumineux dans les compartiments au-dessus de leurs têtes. Mais en règle générale, personne ne fait vraiment attention à moi.

C'est ce qui s'est passé ce jour-là sur le vol à destination de Charlotte. Je me suis assis à la place du milieu en classe économique, dans l'anonymat le plus total comme d'habitude, sans me douter qu'à la fin de la semaine rien ne serait plus comme avant. Je vivais les derniers jours de ma vieille existence ordinaire de pilote.

Je suis un homme de routine, et mon côté rigoureux et scrupuleux agace quelquefois Lorrie. Elle me trouve trop pondéré et rigide. Et même si, à l'entendre, ces défauts sont utiles à mon métier de commandant de bord, il paraît que cela me rend parfois difficile à vivre. Ma femme affirme que certaines épouses de pilote utilisent des termes identiques pour parler de leurs maris. Comme moi, ils rentrent à la maison après plusieurs jours d'absence, et cherchent à reprendre les choses en main ; ils enquiquinent leurs proches en modifiant le rangement des assiettes dans le lave-vaisselle, en optimisant l'ordonnancement des placards. Cela vient, je suppose, de notre culture professionnelle — de notre formation — qui met en avant le sens de l'organisation. A moins — comme le soupçonne Lorrie — que ce genre de personnalités soient attirées par cette profession.

Dans tous les cas, je plaide coupable face à l'accusation. Mais mon approche rigoureuse des détails m'est souvent bien utile.

J'avais préparé mon bagage comme pour chacune de mes rotations de quatre jours. Je ne veux jamais me charger plus que nécessaire. Je portais mon uniforme de commandant de bord — veste et pantalon — et dans ma petite valise à roulettes, j'avais emporté trois chemises propres, trois slips, trois paires de chaussettes, mon kit de rasage, des baskets, un parapluie, un iPod, mon ordinateur portable pour lire mes e-mails, et quatre livres. J'avais également pris mon vieil *American Express Skyguide* qui répertorie les horaires des vols de chaque compagnie sur le continent nord-américain. Et dans une poche de chemise, j'avais glissé ma feuille de route d'US Airways, avec l'itinéraire complet des quatre jours à venir. Comme mes vols m'emmenaient à Pittsburgh et New York, où le temps peut se révéler froid et neigeux, j'avais aussi pensé à prendre un long manteau d'hiver, des gants et un bonnet.

J'aime écouter de la musique sur mon iPod quand je passe la nuit loin de chez moi. Je m'efforce toujours de quitter ma chambre d'hôtel pour aller me promener, avec mon casque sur mes oreilles. Ces derniers temps, j'ai une prédilection pour Natalie Merchant, Green Day, The Killers et Evanescence. Je me surprends à écouter en boucle les œuvres de Fritz Kreisler, le légendaire violoniste autrichien. Il a composé et enregistré (*Liebesleid*) *Chagrin d'Amour* et (*Liebesfreud*) *Plaisir d'Amour*, deux morceaux qui se prêtent très bien à une balade en ville, ou à un petit jogging, perdu dans ses pensées.

Ces derniers temps, j'ai passé davantage de temps à réfléchir à mon avenir. J'ai cinquante-huit ans, et quand j'en aurai soixante-cinq, je serai contraint de prendre ma retraite, de quitter définitivement les cockpits. Que ferai-je alors ? Depuis le 11 septembre 2001, le transport aérien connaît des difficultés et, à la suite de restrictions budgétaires, j'ai perdu 40 % de mon salaire. Dans le même temps, la pension de l'US Airways sur laquelle je pensais pouvoir compter a été résiliée en 2004. Et le régime de remplacement garanti par l'Etat n'offre qu'une très mince compensation.

Résultat, j'ai perdu plus des deux tiers de ma retraite. Mon histoire est assez banale dans le secteur aérien.

Pour tenter d'augmenter mes revenus, j'ai acheté un bien immobilier au cours de ces dernières années, une décision qui n'a pas été des plus heureuses. Je possède une propriété au nord de la Californie qui abritait encore récemment une franchise de Jiffy Lube, une chaîne de services aux automobilistes spécialisée dans la vidange. Mais le bail n'a pas été renouvelé, et je n'ai pas réussi à trouver un nouveau locataire. Ce matin-là, assis dans ce vol à destination de Charlotte, j'ai ruminé ces derniers développements.

Il y a environ un an, j'ai également lancé mon entreprise, un cabinet de conseil baptisé Safety Reliability Methods, Inc. Ma carrière de pilote tirant à sa fin, cette activité me semble correspondre à mon profil.

Voilà déjà longtemps que je m'intéresse aux questions de sécurité aérienne, cette préoccupation date de bien avant mon amerrissage sur l'Hudson. J'ai découvert cette problématique lorsque j'étais encore pilote de chasse dans l'Air Force. Pour cette rotation de quatre jours, j'avais d'ailleurs emporté trois livres qui traitent de sujets que je compte aborder en tant que consultant.

Cette société, que je développe peu à peu, vise à faire bénéficier d'autres secteurs d'activité des approches tactiques et stratégiques de l'industrie aérienne en matière de sécurité. Les pilotes suivent des check-lists approfondies dans le cockpit. Mon but est d'encourager les initiatives qui chercheraient à s'inspirer de ces procédures, à l'image de celles instituées récemment dans le domaine médical. Ainsi, dans le cadre de l'amélioration de la sécurité au bloc opératoire, l'Organisation mondiale de la Santé exige désormais l'usage d'une check-list, et impose aux équipes hospitalières de vérifier les allergies connues du patient, le comptage correct des instruments, des aiguilles et des éponges pour éviter tout oubli dans le corps du malade.

L'aviation commerciale offre un niveau de sécurité élevé. Vu le nombre de passagers que nous transportons sans encombre au quotidien, et le risque relativement faible de voyager en avion, notre bilan est à mon avis remarquable. Mais les compagnies aériennes doivent rester vigilantes, surtout en cette période d'économies budgétaires. Autrement nos bons résultats pourraient s'en ressentir…

Pour cette rotation de quatre jours, j'ai emporté le livre de Sidney Dekker, *Just Culture*, livre que j'ai emprunté à la bibliothèque de Danville. Dekker estime que les personnes en charge des questions de sécurité doivent trouver le juste équilibre entre responsabilité et formation.

J'ai longtemps pensé qu'il était possible de créer une culture d'entreprise, gouvernementale ou communautaire plus sûre. Pour y parvenir, il suffit d'encourager les gens à avouer leurs propres erreurs et leurs manquements à la sécurité. Cet ouvrage confirmait mes propres études sur le sujet et validait mes années d'expérience de pilote.

Assis au milieu de la rangée, à bord du vol en direction de Charlotte, j'ai lu et pris des notes. Je ne me souviens pas avoir beaucoup discuté avec mes voisins.

Quand je suis simple passager au fond d'un avion, je garde toujours pleinement conscience du bon déroulement des opérations et des faits et gestes des pilotes, même si je suis en train de lire, de somnoler ou de m'angoisser de la fermeture de Jiffy Lube. Je sens les mouvements de l'appareil. La plupart de mes compagnons de voyage sont plongés dans leur lecture, tapotent sur leurs ordinateurs, et ils ne discernent pas l'imperceptible.

A mon corps défendant, je sais quand l'avion monte ou descend, ou quand les pilotes modifient le réglage des volets ou la puissance des moteurs. Cette sensibilisation et cette compréhension viennent avec le métier.

L'avion dans lequel j'avais embarqué avait quitté San Francisco à 7 h 30 du matin, heure du Pacifique, pour une arrivée prévue à Charlotte à 15 h 15, heure de l'Est. J'ai avalé quelque chose rapidement à l'aéroport de Charlotte et je me suis dirigé vers la porte d'embarquement pour assurer mon premier vol de ces quatre jours de rotation. Je repartais à San Francisco aux commandes d'un Airbus A321 qui emmenait à son bord cent quatre-vingts passagers.

Une fois à la porte, j'ai souri à quelques voyageurs et j'ai salué les trois hôtesses — Sheila Dail, Donna Dent et Doreen Welsh. J'avais déjà volé avec Sheila et Donna et fait équipe aussi, je crois, avec Doreen, quelques années auparavant, lorsque nous étions tous deux basés à Pittsburgh.

L'US Airways n'ayant pas embauché de nouveaux navigants commerciaux depuis des années, tous nos équipages sont constitués de personnel chevronné. Doreen, qui était âgée de cinquante-huit ans, avait rejoint la compagnie en 1970 quand cette dernière s'appelait encore Allegheny Airlines. Elle avait donc trente-huit ans d'expérience. Sheila (cinquante-sept ans) et Donna (cinquante et un ans) travaillaient pour US Airways depuis plus de vingt-six ans.

J'ai également serré la main de Jeff Skiles, l'officier pilote de ligne (OPL) qui m'assisterait. Comme nous ne nous connaissions pas, nous nous sommes présentés. Avec Sheila, Donna et Doreen, nous formerions un collectif durant les prochains jours.

En dépit de ma longue expérience, il m'arrive souvent de voler en compagnie d'hôtesses ou d'OPL que je n'ai jamais rencontrés. Malgré les récentes restrictions budgétaires, l'US Airways emploie environ cinq mille pilotes et six mille six cents agents de bord. Il est impossible de les connaître tous.

Dans notre compagnie aérienne, il est d'usage que l'équipage se réunisse brièvement avant le départ. C'est le meilleur moyen pour que chacun ait rapidement le sentiment de former une équipe. Ainsi nous pouvons travailler ensemble avec presque autant d'aisance que si nous avions partagé plusieurs heures de vol.

Avant l'embarquement des passagers, Jeff, Sheila, Donna, Doreen et moi, nous nous sommes réunis quelques minutes dans l'allée de la classe affaires, encore déserte, et j'ai prononcé quelques mots.

En tant que commandant, c'est à moi de donner le ton. Je veux rester accessible. J'ai demandé aux hôtesses non seulement d'être mes yeux et mes oreilles durant ces quatre jours de rotation, mais aussi de me relater tous les faits importants qui m'échapperaient, une fois que je serais enfermé dans le cockpit. Je me suis enquis de ce dont elles pourraient avoir besoin — en matière de restauration, de nettoyage, ou autre — et je leur ai promis de les aider de mon mieux. Je voulais qu'elles sachent que je veillais sur elles. « Je suis incapable de vous rendre vos plans de retraite, mais je peux améliorer votre qualité de vie. Après le dernier vol de la journée, quand nous serons à destination, j'appellerai l'hôtel pour m'assurer que nous n'aurons pas à attendre vingt minutes l'arrivée du minibus. »

Jeff, qui avait quarante-neuf ans, s'était montré immédiatement amical, et j'ai appris à le connaître peu à peu. Il avait obtenu sa licence de pilote privé à seize ans comme moi. Mais il était issu d'une famille appartenant au monde de l'aviation. Ses deux parents étaient pilotes. Il travaillait pour l'US Airways depuis vingt-trois ans, comptabilisait vingt mille heures de vol, et il avait le grade de commandant de bord. Mais à la suite de la nouvelle politique budgétaire de la compagnie, de la suppression de certains vols et de la réduction du nombre d'avions, et de son effet sur la liste d'ancienneté des pilotes, il volait désormais comme OPL. Moi qui ai vingt-neuf ans de carrière, je fais partie des plus anciens pilotes de l'US Airways.

Jeff, qui avait volé sur des Boeing 737 durant huit ans, venait d'achever sa formation sur Airbus. Les sept vols de notre rotation de quatre jours constitueraient sa première expérience sans instructeur sur ce type d'appareil : « C'est mon premier vol sans roulettes », s'en amusait-il.

Quand je rencontre des confrères, je ne cherche pas à les cataloguer. Je pars toujours du principe que j'apprendrai à les connaître et à juger leur technique une fois dans le cockpit. Il est inutile de précipiter son jugement. Cependant, Jeff m'a fait bonne impression dès le départ.

Dès les premières minutes dans le poste de pilotage, alors que nous nous apprêtions à décoller pour San Francisco, je l'ai trouvé consciencieux et doté d'une bonne appréhension de l'Airbus. Jamais je n'aurais deviné que c'était le premier qu'il pilotait depuis sa formation.

Dès que les pilotes ont entamé la procédure de repoussage et jusqu'à ce qu'ils soient à vingt mille pieds, il leur est interdit de communiquer, sauf sur le plan de vol. Mais une fois à notre altitude de croisière, Jeff et moi avons pu faire plus ample connaissance. Il m'a appris qu'il avait trois enfants, âgés de seize, quinze et douze ans. Nous avons discuté un moment de nos familles respectives.

Quelque part au-dessus des montagnes Rocheuses enneigées, j'ai songé à cette sensation qui m'accompagne souvent quand je suis dans les airs, face aux splendeurs de la Terre qu'on aperçoit tout en bas, aux constellations et aux planètes qui m'entourent. J'aime les frissons que cela me procure. C'est comme si nous flottions dans un océan d'air invisible, parsemé d'étoiles.

J'apprécie beaucoup le poème de John Masefield, *Sea Fever*, et en particulier ce vers : « *And all I ask is a tall ship and a star to steer her by*[1]. » Lorsque je distingue Vénus à l'angle sud-ouest du ciel lors de mes vols à destination de la côte Ouest, à certaines périodes de l'année, je pense fréquemment à cette phrase. Si un jour je ne pouvais accéder au GPS ou me servir du compas, je n'aurais qu'à garder Vénus dans

1. « Et je ne demande qu'un grand bateau et une étoile pour le guider. » (NdT)

le coin gauche de mon pare-brise, et tout irait bien, nous finirions par atteindre la Californie.

Mon grand regret est de n'avoir jamais pu emmener mes filles avec moi dans le cockpit d'un avion de ligne afin de leur montrer ces scènes féeriques, si familières aux pilotes. J'en ai parlé avec Jeff. Il y a quelques années, cela aurait été possible. Mais depuis le 11-Septembre, bien sûr, les restrictions d'accès à la cabine de pilotage se sont multipliées. Mes enfants ne verront jamais le ciel à travers mes yeux.

Nous avons également discuté de nos activités annexes. Comme beaucoup de pilotes, Jeff est conscient de la nécessité d'arrondir ses fins de mois. Il vit à Madison dans le Wisconsin et il a monté une entreprise de BTP, qui construit des logements.

Jeff m'a déclaré qu'il avait consulté mon parcours sur Internet avant le vol. Il cherchait mon adresse e-mail pour partager quelques informations sur le planning. Forcément, avant l'amerrissage sur l'Hudson, j'étais un inconnu sur la Toile. Le premier site sur lequel il est tombé était celui de mon cabinet de conseil. « J'ai lu la description de ta boîte, m'a-t-il dit avant d'éclater de rire. Purée, je me croyais doué pour baratiner, mais tu me bats haut la main ! »

Le fait qu'il m'ait cherché sur Google m'intriguait — aucun autre de mes copilotes n'avait effectué ce genre de démarches —, et sa franchise m'amusait. « Je m'y connais en conneries, m'a-t-il lancé, et tu parles de ta société comme si c'était une multinationale. Mais en regardant dans le détail, j'ai réalisé que tu la dirigeais tout seul. En fait, cette affaire, c'est toi. Bravo ! J'admire les gens qui sont capables de transformer un gland en chêne, rien qu'avec du bla-bla. »

Certes, ma société n'appartient pas aux cinq cents plus grosses entreprises américaines selon le classement du magazine *Fortune*, mais je me suis permis de contester la description que Jeff en avait faite. J'ai une vraie passion pour les questions de sécurité, et je suis convaincu que le transport aérien peut beaucoup apporter au monde. Je suis fier de mon travail, et je l'ai expliqué à Jeff. Mais sa franchise m'a plu. Finalement, nous avons beaucoup ri en évoquant ma carrière naissante de consultant tandis que l'avion filait vers San Francisco.

Jeff a tenu les commandes pendant une bonne partie du vol, et son aisance m'a réellement impressionné. Néanmoins, comme il comptabilisait moins de cent heures sur Airbus, nous devions nous conformer à certaines restrictions. Il ne pouvait ni atterrir ni décoller d'une piste enneigée ou recouverte de givre. Et certains aéroports — situés en zones montagneuses ou exigeant des procédures complexes de décollage ou d'atterrissage — lui étaient interdits. San Francisco étant l'un de ceux-là, il me revenait de poser l'avion.

Quand nous avons finalement touché la piste à 20 h 35, je me retrouvais exactement à l'endroit où j'avais commencé ma journée à 7 h 30 le matin même. Mais aucun vol n'était annoncé en retard. C'était la bonne nouvelle ; il était encore assez tôt. J'avais le temps de récupérer ma voiture dans le parking de l'aéroport, de rouler cinquante minutes jusqu'à Danville, au nord de l'Etat, et de passer la nuit à la maison avec Lorrie et les enfants.

Cette escale supplémentaire était la bienvenue. Contrairement à d'habitude, je pouvais fractionner cette rotation de quatre jours et rentrer chez moi.

Quand je suis arrivé à mon domicile ce lundi soir, il était 21 h 45, et les filles s'apprêtaient à se coucher. Je n'ai pas passé beaucoup de temps avec elles. Mais le lendemain matin, je les ai déposées à l'école.

Kelly, qui était en classe de quatrième, avait cours à 8 heures. Je l'ai embrassée en lui annonçant que je la reverrai en fin de semaine.

Puis est venue l'heure de conduire Kate au lycée. En réalité, c'est elle qui m'a conduit. A l'époque, elle avait encore son permis, et elle cherchait à se perfectionner, sans nécessairement suivre des leçons. Elle a pris le volant, et je me suis installé à l'avant à côté d'elle pour jouer à la fois l'OPL et le « vérificateur ». C'est le nom que l'on donne à l'instructeur qui évalue les aptitudes techniques d'un autre pilote.

Voyager avec Kate, assise derrière le volant du SUV familial, me rappelait mon vol sur l'Airbus avec Jeff. J'observais, j'admirais et je prenais des notes.

Kate est, à mon avis, une bonne conductrice, quoiqu'un peu trop confiante. Elle a tendance à croire que le Code de la route ne s'applique pas complètement à elle. Je me suis efforcé de lui faire comprendre que les règles évitent l'anarchie. Dans le transport aérien, nous dirions qu'elle a une « obéissance sélective ». Mais dans l'ensemble, elle se débrouille bien. Ses talents d'automobiliste me satisfont, et ce matin-là, je le lui ai dit. Quand elle s'est arrêtée devant son lycée, je l'ai embrassée et je lui ai promis qu'on se retrouverait en fin de semaine.

De retour à la maison, j'ai préparé une tasse de thé pour Lorrie, et nous avons entamé une discussion sérieuse. Depuis que la chaîne Jiffy Lube avait décidé de ne pas renouveler son bail six mois auparavant, notre bien à usage commercial — le terrain et les locaux — restait vacant. Nous étions dans une passe financière très difficile. Combien de temps pourrions-nous continuer de payer le crédit sans rentrer de loyer ? « Plus très longtemps », ai-je annoncé à Lorrie. Nous avons alors envisagé la possibilité de vendre notre maison pour résoudre nos problèmes d'argent. C'était le pire des scénarios, et heureusement nous avions d'autres options avant d'en arriver là. Cependant, nous étions face à un dilemme peu réjouissant dont il fallait ajourner la résolution à mon retour. Je devais regagner l'aéroport de San Francisco.

Avant de partir, je me suis confectionné deux sandwichs, un à la dinde et l'autre au beurre de cacahouète et à la confiture, que j'ai rangés dans ma *lunchbox* avec une banane. Cela faisait aussi désormais partie de mon rituel. Jusqu'à ces huit dernières années, les compagnies aériennes fournissaient leurs repas aux pilotes et aux hôtesses sur les vols longue distance. Les restrictions budgétaires ont mis un terme à ce petit avantage.

La matinée étant déjà bien engagée, j'ai juste pu embrasser Lorrie avant mon départ. Une heure plus tard, j'étais de nouveau à l'aéroport, prêt à prendre les commandes d'un Airbus A319 à destination de Pittsburgh. Une fois que l'avion a atteint son altitude de croisière, j'ai fait un sort à mes sandwichs et à la banane.

Piloter des avions me séduit à plus d'un titre. Et mon métier est passionnant à bien des égards — surtout quand je regarde à travers le pare-brise du cockpit. Et comment ne pas apprécier toutes les aventures que l'on peut vivre à trente mille pieds ? Mais je dois être honnête : manger un sandwich au beurre de cacahouète et à la confiture en respirant le fumet du succulent filet de bœuf servi avec un verre de vin en première classe me rappelle, s'il le fallait, que ma profession n'a pas que des aspects attrayants.

Après avoir atterri à Pittsburgh, ce mardi soir, je suis monté, avec Jeff et les hôtesses, dans le minibus qui devait nous conduire au La Quinta Inn & Suites situé à une courte distance de l'aéroport.

Notre prochain vol était prévu dix heures plus tard. Nous étions à la limite de ce que nous appelons « l'arrêt nocturne normal ». Entre deux vols, le temps d'arrêt d'une nuit pour les équipages est de neuf heures et quinze minutes. Cela paraît suffisant, mais en réalité c'est très court. Ce temps est décompté dès l'instant où l'avion est immobilisé à la porte d'embarquement. Et jusqu'au repoussage du lendemain matin. Entre les deux, il nous faut descendre de l'appareil, aller et revenir de l'hôtel. Nous devons nous présenter à l'aéroport au moins une heure, et parfois même quatre-vingt-dix minutes, avant le vol du matin. Ajoutez le temps de se doucher, et d'avaler quelque chose, et notre temps de repos n'est généralement que de six heures et demie.

Ce matin-là, notre vol à destination de l'aéroport de LaGuardia à New York décollait à 7 h 5. Comme il neigeait, j'ai pris les commandes. Nous sommes arrivés à 8 h 34 et nous avons embarqué de nouveaux passagers. Notre départ pour Pittsburgh était prévu à 9 h 15. Mais pour des raisons de météo et de gestion du trafic, nous avions quarante-cinq minutes de retard au roulage à LaGuardia.

J'ai conservé ma feuille de route de cette semaine-là sur laquelle j'avais griffonné, comme à mon habitude, quelques notes en marge de chaque vol. Je garde trace de tous mes décomptes afin de vérifier mon salaire. Les pilotes sont payés à l'heure de vol, et l'« amplitude de vol » est calculée à partir du moment où l'aéronef commence à se déplacer en vue de gagner l'aire de décollage jusqu'au moment où il s'immobilise à la porte de la ville suivante.

Les retards sont frustrants pour tout le monde — pour les pilotes aussi bien sûr —, mais le fait est que nous ne sommes rémunérés qu'après la phase de repoussage. Si nous restons sur le tarmac pendant des heures, nous sommes payés ; si nous attendons à la porte, non.

Nous avons regagné Pittsburgh avant midi, et comme nous avions un temps d'arrêt à l'escale de vingt-deux heures avant le prochain vol, nous avons pu nous éloigner de l'aéroport et passer la nuit du mercredi dans un hôtel du centre-ville. Cet après-midi-là, je suis allé me promener seul dans Pittsburgh enseveli sous la neige, en écoutant de la musique sur mon iPod. Jeff et moi avions envisagé de dîner ensemble, mais il avait finalement quelque chose à faire. Les hôtesses étaient parties de leur côté.

Les membres d'équipage de l'US Airways sont aujourd'hui plus fatigués et moins sociables qu'auparavant. Cela tient au fait qu'ils sont plus âgés, puisque la compagnie n'a pas embauché de sang neuf depuis des années. L'époque « Café, thé ou… moi ? » est révolue depuis longtemps, et je l'ai d'ailleurs à peine connue. Près de la moitié du personnel de cabine et des pilotes sont devenus ce que nous appelons dans le métier des « *slam clickers*[1] » : ils ne fréquentent personne et passent leur temps d'escale à l'hôtel. Evidemment, ils ne claquent pas véritablement leur porte. Ils disent bonsoir gentiment et se retirent.

Voyager en permanence est certes parfois pénible, et je comprends que mes collègues soient épuisés et n'aient aucune envie de sortir dépenser de l'argent. Moi-même je suis loin d'être un fêtard. Néanmoins, j'ai décidé depuis longtemps que puisqu'il me faut vivre à des centaines de kilomètres de chez moi seize à dix-huit jours par mois — c'est-à-dire 60 % de mon temps —, je refuse de passer la moitié de mon existence à regarder la télévision dans une chambre d'hôtel. Alors, je fais l'effort d'aller marcher ou courir. Même si je dois m'y rendre seul, je n'hésiterai pas à essayer un nouveau restaurant. Je m'efforce d'avoir une vie. Quand le reste de l'équipage accepte de m'accompagner, j'apprécie leur compagnie. S'ils refusent de se joindre à moi, tant pis, je me débrouille très bien par moi-même.

Ce mercredi soir, j'ai téléphoné à la maison et j'ai parlé à mes filles. Après leur avoir décrit ma promenade dans la neige, je me suis intéressé à leur quotidien à l'école. Elles sont adolescentes désormais, accaparées par leurs propres occupations, et donc peu disposées à écouter le récit de mes journées. Je cherche en permanence la meilleure façon de tisser un lien avec elles et de garder la fraîcheur de nos relations.

Le lendemain matin, le 15 janvier, il neigeait et Jeff et moi devions piloter un Airbus A321 de Pittsburgh à Charlotte.

1. Expression utilisée dans le monde du transport aérien pour parler des membres d'équipage qui préfèrent rester à l'hôtel plutôt que de sortir. Littéralement « slam » pour claquer la porte de la chambre et « clicker » pour la verrouiller. (NdT)

A la suite des opérations de dégivrage, nous sommes arrivés à Charlotte avec trente minutes de retard. Et nous avons dû changer d'appareil, troquer notre Airbus A321 contre un A320, celui-là même qui nous emmènerait sur l'Hudson. Le vol de Charlotte a atterri à LaGuardia peu après 14 heures. Il avait neigé à New York, mais à notre arrivée, les conditions météorologiques s'étaient améliorées.

A LaGuardia, les agents d'escale ont commencé à procéder à l'embarquement des passagers. J'ai récupéré le plan de vol de mon prochain service — le vol 1549 qui repartait pour Charlotte — et j'ai couru me procurer de quoi manger. Pour huit dollars, j'ai acheté un sandwich au thon en espérant pouvoir l'avaler une fois en vol à notre altitude de croisière.

Quand je suis revenu à la porte, l'embarquement était en cours, et je n'ai pas eu l'occasion de parler avec les passagers. Certains feront remarquer plus tard que mes cheveux blancs les avaient rassurés. Ils laissaient entendre que j'étais un pilote expérimenté.

J'en ai salué quelques-uns d'un sourire et d'un signe de tête tout en regagnant le poste de pilotage avec mon casse-croûte.

Tandis que les équipes au sol s'activaient au pied de l'avion sur le tarmac, j'ai vérifié le niveau de carburant, les prévisions météorologiques et j'ai examiné le plan de vol. Le travail de Jeff, en tant que copilote, consistait à effectuer l'inspection extérieure de l'appareil. Rien ne nous a semblé sortir de l'ordinaire.

L'Airbus était complet. Il y avait à bord cent cinquante voyageurs, plus l'équipage — Jeff, Sheila, Donna, Doreen et moi. Peu avant le repoussage, Jeff et moi, nous nous sommes réjouis mutuellement de voler ensemble. Ce serait le dernier vol de notre rotation de quatre jours. Je prévoyais de quitter Charlotte à 17 h 50 en embarquant comme passager sur le vol de San Francisco. De son côté, Jeff repartirait chez lui le soir même dans le Wisconsin.

Nous avons quitté la porte à 15 h 3, heure de l'Est. Et

nous avons rejoint la file d'appareils, pour attendre l'autorisation de décollage.

Tout en écoutant les conversations sur la fréquence de la tour de contrôle de LaGuardia, nous regardions les avions décoller et atterrir sur les deux pistes croisées de l'aéroport qui est l'un des plus fréquentés du pays. C'est un ballet quotidien soigneusement chorégraphié où chacun tient merveilleusement bien son rôle.

A 15 h 20 min 36 s, le contrôleur aérien s'est adressé à nous : « Cactus 15-49, LaGuardia, piste 4, alignez-vous et maintenez, trafic à l'atterrissage 3-1. »

Le contrôleur nous demandait de rouler sur la piste en service et de maintenir notre position en attendant l'autorisation de décoller. Il nous informait également qu'un avion allait atterrir sur la piste 31 qui croisait la nôtre.

(« Cactus » est l'indicatif radio pour les vols de l'US Airways. La compagnie l'a choisi après avoir fusionné avec l'ex-America West Airlines. Bien qu'il ait été adopté pour préserver l'héritage de l'America West, certains pilotes et aiguilleurs auraient préféré garder notre ancien indicatif, USAir, afin d'éviter toute confusion. Porter un nom qui ne correspond pas à celui peint sur la carlingue de l'avion peut générer des quiproquos, surtout dans les aéroports étrangers.)

A 15 h 20 min 40 s, alors que l'avion roulait sur la piste, Jeff a répondu au contrôleur :

— Cactus 15-49, on s'aligne et on maintient piste 4.

Puis nous avons attendu sur la piste quatre minutes et quatorze secondes, en écoutant les pilotes et les contrôleurs qui échangeaient des propos brefs et ésotériques comme : « American 3-78 autorisé à atterrir 3-1, vent 0, 3-0, 1-0, trafic en attente sur 4. »

C'était le contrôleur de la tour qui autorisait le vol American 378 à atterrir sur la piste 31 ; il l'informait que le vent venait du nord-est à dix nœuds, et il le prévenait que Jeff et moi maintenions notre position sur la piste 4.

A 15 h 24 min 54 s, du contrôleur à moi et Jeff :

— Cactus 15-49, piste 4, autorisé à décoller.

A 15 h 24 min 56 s, de moi au contrôleur :

— Cactus 15-49, piste 4, autorisé à décoller.

Sur la piste, quand l'avion a commencé à rouler, j'ai dit : « 80 », et Jeff a répondu : « Vérifié. » C'était la vérification de l'anémomètre. Notre phraséologie était dans les règles.

Puis, j'ai annoncé : « V1. » Un repère pour signaler que la vitesse était telle que l'arrêt de la procédure de décollage n'était plus possible. A ce stade, la portion de piste restante était insuffisante pour s'arrêter. Nous étions maintenant obligés de décoller. Quelques secondes plus tard, j'ai annoncé : « Rotation. » C'était pour avertir Jeff que nous avions atteint la vitesse à laquelle il pouvait tirer sur le mini-manche, ce qui ferait monter l'avion. Nous avions quitté la terre ferme, et c'était la routine.

A 15 h 25 min 44 s, du contrôleur à moi et Jeff :

— Cactus 15-49, contactez la fréquence Départ de New York, bonne journée.

On nous informait que les communications concernant notre vol étaient transférées au contrôleur du Terminal Radar Approach Control de New York, situé à Long Island.

A 15 h 25 min 48 s, de moi au contrôleur de LaGuardia :

— Bonne journée.

Jusqu'à cet instant, ma rotation de quatre jours s'était déroulée sans aucun fait marquant, et j'avais tout lieu de croire que ce vol serait tout aussi ordinaire, comme presque tous les décollages et les atterrissages que j'avais connus en quarante-deux ans de pilotage.

Nous avions même légèrement rattrapé le retard pris au début de la journée. J'étais de bonne humeur. Le vol Charlotte-San Francisco était annoncé à l'heure, et il restait un siège du milieu disponible. Je serai de toute évidence de retour à la maison avant que Lorrie et les filles ne soient couchées.

3

CEUX QUI M'ONT PRÉCÉDÉ

L'aviation est une aventure humaine récente. Les frères Wright ont volé pour la première fois en 1903. Cela fait un peu plus d'un siècle. J'ai cinquante-huit ans et je pilote depuis quarante-deux ans. L'aviation est si jeune que j'ai appartenu à la moitié de son histoire.

Au fil de cette centaine d'années, grâce aux découvertes capitales dans le domaine technique, à l'énergie, au labeur, à l'enthousiasme d'un grand nombre d'acteurs, le transport aérien, qui était une activité extrêmement dangereuse à ses débuts, est aujourd'hui tellement entré dans notre vie quotidienne qu'on ne tolère plus le moindre risque. Tout a l'air trop facile. Les gens en ont oublié les risques.

Non que j'aimerais que les passagers aient des réticences à prendre l'avion. Je dis simplement qu'il est facile de faire du triomphalisme quand notre pays ne connaît un crash aérien majeur, impliquant des victimes, qu'une fois par an ou tous les deux ans.

Quand tout va bien, la réussite peut masquer des lacunes et des défaillances. Cela réclame donc une vigilance constante.

Bien avant de me retrouver dans le poste de pilotage du vol 1549, j'ai beaucoup travaillé sur les accidents aériens. Il y a beaucoup d'enseignements à tirer des grandes catastrophes de ces dernières décennies, et on apprend énormément grâce aux expériences vécues par nos collègues. J'ai parcouru des transcriptions d'enregistrements de cockpits, et les dernières communications de pilotes qui n'ont pas survécu à des crashs.

Si j'ai fait ce travail, c'est en partie parce qu'au début des années 1990, en compagnie d'une vingtaine d'autres pilotes de l'US Airways, j'ai participé au développement d'un programme de sécurité aérienne pour le Crew Resource Management (CRM) — ou Gestion des Ressources de l'Equipage. La contribution professionnelle qui m'a rendu le plus fier, avant le vol 1549, est celle que j'ai menée au sein du CRM. Avec mes camarades formateurs, nous avons aidé à changer les mentalités des pilotes de notre compagnie en améliorant la communication dans le cockpit, le leadership et la prise de décision. Comme l'a dit Jeff Dierckmeier, l'un de mes amis OPL du CRM : « C'était une époque où les quelques personnes qui croyaient vraiment en leur mission faisaient la différence. »

Je m'intéresse à la sécurité aérienne depuis mon adolescence, et mes débuts dans l'aviation. J'ai toujours voulu comprendre comment certains pilotes géraient les situations délicates et prenaient les meilleures décisions. Ces hommes et ces femmes sont de véritables modèles.

Par la suite, j'ai tenté de m'approcher au plus près des raisons qui avaient poussé ces professionnels à agir de cette manière. Si j'avais été dans le poste de pilotage, m'en serais-je aussi bien sorti ? Voilà le genre de questions que je me posais.

Il y a quelques années, j'ai été invité à prendre la parole dans un colloque international en France, consacré aux problèmes de sécurité dans différentes branches d'activité. Compte tenu du bon bilan de l'aviation civile commerciale, on m'a demandé de participer à deux tables rondes dont le thème était : Comment transposer les initiatives en matière de sécurité aérienne à d'autres filières ? J'ai expliqué comment certains secteurs reconnaissent qu'ils ont tout à gagner à adopter quelques-unes de nos méthodes.

Pour obtenir un haut niveau de sécurité, il faut avant tout un engagement total à tous les niveaux d'une organisation, un zèle constant et une vigilance de tous les instants.

Beaucoup de pilotes s'inquiètent des difficultés financières qui pèsent sur la bonne marche des entreprises du transport aérien. La plupart des passagers choisissent aujourd'hui leur compagnie en fonction du prix. Et c'est toujours celle qui proposera le billet le moins cher qui enregistrera la réservation. Résultat, ces sociétés subissent une pression budgétaire incessante, et s'efforcent de baisser leurs coûts afin de pouvoir offrir des tarifs compétitifs. Ce qui faisait la qualité d'un voyage en avion tend à disparaître. Chacun a pu constater à quel point les compagnies ont réduit les prestations à bord. Mais elles pratiquent d'autres coupes claires dont les passagers n'ont pas forcément toujours conscience. Quelques petites compagnies régionales ont, par exemple, assoupli les conditions de recrutement de leurs pilotes, qui, pour certains, ne sont rémunérés que seize mille dollars par an. Les plus chevronnés — ceux qui possèdent une expérience utile en cas d'urgence — refuseront ces postes.

Je totalise aujourd'hui dix-neuf mille sept cents heures de vol. Lorsque j'en avais disons deux mille ou quatre mille, je n'étais pas totalement ignorant, certes, mais je n'avais pas encore approfondi toutes mes connaissances. Depuis, j'ai perfectionné mes compétences et j'ai affronté des situations qui m'ont obligé à me dépasser et qui m'ont beaucoup enrichi. Des compagnies régionales n'hésitent pas aujourd'hui à embaucher des personnes qui ne comptabilisent que deux cents heures de vol pour en faire des copilotes. Ces hommes ou ces femmes ont peut-être reçu une formation exceptionnelle, et possèdent sans doute de réelles aptitudes, mais il faut du temps, des heures et des heures, pour acquérir le bagage technique qui permet de piloter un avion de ligne.

Il existe un autre problème : autrefois, les compagnies aériennes possédaient des hangars plus vastes, et c'étaient leurs propres mécaniciens qui réparaient et assuraient la maintenance des appareils. Ils procédaient eux-mêmes à la révision des pièces détachées, des radios, des freins, des réacteurs. Ils connaissaient ces éléments spécifiques, ainsi que les systèmes électriques, mécaniques et hydrauliques de chaque avion de leur flotte. Aujourd'hui, de nombreuses entreprises du secteur préfèrent confier à des tiers ces opérations d'entretien. Mais cela nuit-il à la qualité de la maintenance ? Ces sous-traitants ont-ils toujours une parfaite connaissance de chaque type d'appareil ? Si un équipement aéronautique est envoyé pour vérification à l'étranger, sa fiabilité est-elle garantie à son retour ?

Lorsque les emplois sont externalisés et que les révisions sont réalisées à l'autre bout du monde, il est indispensable à mon avis que la compagnie aérienne se montre encore plus vigilante dans son contrôle des opérations. Elle doit absolument s'assurer de la conformité des pièces ou de la qualité des réparations.

La question des coûts ne peut être le seul critère. Car en matière de transport aérien, chaque décision a des conséquences. Ces dernières doivent être évaluées soigneusement, afin d'éviter toute répercussion dramatique. C'est le prix de la sécurité.

Un accident aérien est presque toujours le résultat d'un enchaînement de faits ou de comportements. Enlevez une de ces causes, et vous modifierez le déroulement de l'incident. Aucun crash — ou presque — n'a une explication unique. Dans la plupart des cas, un élément en entraîne un autre ; et quand le risque devient majeur, on affronte le pire des dénouements. Dans l'aviation, il faut veiller à tous les maillons de la chaîne.

Pour prévenir les ingestions d'oiseaux qui peuvent endommager gravement les moteurs, les fabricants de réacteurs, par exemple, effectuent des tests de collision avec des migrateurs d'élevage. Ces animaux voués à l'abattage, qui sont propulsés au moyen de canons pneumatiques dans les pales rotatives, sont sacrifiés au nom de la recherche, à seule fin de sauver des vies. Etant donné l'augmentation croissante du nombre de volatiles aux alentours des aéroports, ces tests sont cruciaux.

Les oiseaux ont bien évidemment droit à une grande partie du ciel, mais puisque les hommes sont de plus en plus nombreux à vouloir les y rejoindre, nous avons besoin d'une meilleure compréhension du péril aviaire, et d'une prévention efficace. Après l'accident du vol 1549, les enquêteurs réfléchiront probablement à une amélioration des normes d'homologation des réacteurs.

Le prix du progrès en matière de sécurité aérienne a souvent été celui du sang. On a parfois l'impression qu'il faut de nombreux morts pour que le public prenne conscience des enjeux et que les politiques s'emparent du sujet. Et les plus grandes innovations aéronautiques, l'amélioration des formations, des réglementations ou des pratiques des compagnies aériennes sont nées des pires tragédies.

Les crashs aériens bénéficient d'une large couverture médiatique, et l'émotion de l'opinion aide généralement les gouvernements et l'industrie à se pencher sur les problèmes de sécurité.

Les gens attendent beaucoup du transport aérien, et ils ont raison. Mais ils ne relativisent pas les chiffres. L'an dernier, les accidents de voiture ont causé la mort de trente-sept mille personnes aux Etats-Unis. Cela fait environ sept cents victimes en huit jours. Mais nous n'en entendons que rarement parler, parce que tous ces décès sont isolés.

Maintenant imaginez que sept cents âmes périssent chaque semaine dans une catastrophe aérienne : soit un avion de ligne qui s'écraserait presque quotidiennement. On fermerait les aéroports et on interdirait les compagnies aériennes.

En matière d'aviation, on doit toujours viser le zéro accident. Et pour atteindre au plus près cet objectif, nous devons avoir le courage de prendre les bonnes décisions, sans lésiner sur les coûts. Nous devons nous appuyer sur tous les progrès réalisés au cours de ces cent treize dernières années, et ne pas nous contenter de nous reposer sur le travail accompli par les générations précédentes.

Nous devons continuer à investir dans les ressources humaines et dans la technologie afin de conserver ce haut niveau de sécurité auquel nous avons droit. Cela ne se fera pas tout seul. C'est à nous de nous y employer. Cette prescription s'applique également aux autres industries et activités.

L'aviation commerciale exige des connaissances approfondies, des compétences, de la rigueur, du professionnalisme et du discernement. Les pilotes qui sont responsables de la vie de centaines de passagers en sont conscients. Les enjeux sont considérables. C'est pour cette raison que, personnellement, je me suis toujours intéressé, même bien avant le vol 1549, aux expériences des autres. J'ai beaucoup appris. C'est important.

Dans le cockpit du vol 1549, j'ai été épaulé par le souvenir des actions courageuses de certains de mes prédécesseurs.

D'abord par ces deux pilotes d'essai trop méconnus, qui, le 20 septembre 1944, ont risqué leur vie en posant leur B-24 Liberator sur la James River en Virginie. Cet amerrissage volontaire est considéré comme le premier test aux commandes d'un appareil grandeur nature. Pendant que l'avion glissait sur plusieurs centaines de mètres, sectionnant au passage la soute à bombes avant, les ingénieurs qui assistaient à la scène d'un navire voisin recueillaient les données de l'opération. Les deux pilotes ont survécu.

Le lendemain, le *Daily Press* de Newport News titrait : UN B-24 A « AMERRI » POUR TESTER SA STRUCTURE - L'ESSAI DE LA JAMES RIVER EST DESTINÉ À SAUVER DES VIES FUTURES.

Avant cette date de 1944, les Alliés avaient déjà posé sur l'eau des dizaines de bombardiers au cours de la Seconde Guerre mondiale, souvent dans la Manche. La plupart des appareils avaient coulé rapidement, et des centaines de membres d'équipage s'étaient noyées. L'armée avait besoin d'expérimenter rapidement de nouvelles procédures d'amerrissage.

Comme l'a expliqué un article récent du *Daily Press*, il a fallu attendre treize ans après ce programme de recherche en Virginie pour qu'on établisse un rapport détaillant les manœuvres à effectuer pour réussir un amerrissage d'urgence. Ce compte rendu conseillait de garder le train d'atterrissage rentré. Et préconisait au pilote de voler aussi lentement que possible, d'abaisser les volets au moment de l'impact et de redresser le nez de l'avion dans la plupart des cas. Ces directives ont toujours cours aujourd'hui, et je les avais en tête sur le vol 1549.

L'historien que je suis reste impressionné par les décisions qu'ont pu prendre certains pilotes dans le passé. Car ces derniers n'avaient pas toutes les données que nous possédons aujourd'hui. Ils ne disposaient pas des récentes avancées techniques ni des retours d'expérience sur les erreurs commises au fil des décennies par l'ingénierie aéronautique. Ils ne pouvaient compter que sur les instruments et les réflexes mentaux de leur temps.

L'amerrissage le plus célèbre, avant celui de l'Hudson, s'est produit le 16 octobre 1956. Il s'agissait du vol 6 de la Pan American Airways qui reliait Honolulu à San Francisco avec vingt-cinq voyageurs à son bord. La soute abritait également quarante-quatre caisses contenant des canaris vivants.

Le Boeing 377 Stratocruiser avait perdu ses deux moteurs en pleine nuit au milieu du Pacifique ; les deux autres, qui brûlaient trop de carburant, étaient soumis à une forte contrainte.

Le commandant Richard Ogg, qui était âgé de quarante-deux ans, savait qu'il ne pouvait plus retourner à Hawaï. Et l'aéroport de San Francisco était encore trop loin. Alors il a décidé d'amerrir. Il a tourné en rond durant plusieurs heures pour consommer le kérosène en attendant le lever du jour, au-dessus d'un navire des garde-côtes américains qui avait pris position pour récupérer les passagers et l'équipage.

Peu avant 8 heures du matin, le commandant a tenté l'amerrissage. Le nez et la partie arrière du fuselage se sont disloqués lors de l'impact, mais tous les gens à bord ont eu la vie sauve. Le commandant Ogg a exploré l'avion à deux reprises pour s'assurer qu'il n'oubliait personne. L'appareil a mis vingt et une minutes à sombrer dans les flots du Pacifique.

Les circonstances du vol 6 sont différentes de celles que j'ai vécues sur le vol 1549. En premier lieu, parce que le commandant Ogg avait eu plusieurs heures pour planifier sa manœuvre alors que Jeff et moi ne disposions que de quelques minutes. Il a également posé son avion dans l'océan, et non sur une rivière. Mais j'ai toujours admiré la façon dont il a amerri sans encombre. Beaucoup de pilotes n'en auraient pas été capables.

Quand l'aventure du vol 1549 a fait la une des journaux, le *San Francisco Chronicle* a contacté la veuve du commandant Ogg, Peggy, pour comprendre quelles étaient les similitudes entre mon atterrissage d'urgence dans l'Hudson et celui de son mari en 1956 dans le Pacifique. Elle a évoqué le sens du devoir de feu son époux qui avait déclaré aux journalistes de l'époque : « Nous avions une mission à remplir. Nous devions la mener à bien, sans quoi… »

En 1991, alors qu'il était sur le point de mourir, sa femme, qui ne quittait pas son chevet, a noté brusquement son regard rêveur. Elle lui a demandé à quoi il pensait.

« Je songe à ces pauvres canaris qui se sont noyés dans la soute quand j'ai dû poser l'avion », lui a-t-il répondu.

La première catastrophe aérienne sur laquelle j'ai enquêté personnellement est celle du vol 1771 de la Pacific Southwest Airlines, qui s'est écrasé dans une zone montagneuse près de Cayucos, en Californie, le 7 décembre 1989. Il reliait Los Angeles à San Francisco.

Les circonstances de ce crash étaient terrifiantes et profondément bouleversantes. David Burke, un ancien employé de l'USAir, âgé de trente-cinq ans, avait été confondu par une caméra de vidéosurveillance alors qu'il dérobait soixante-neuf dollars dans les recettes de la restauration de bord. Il avait été licencié et, malgré ses efforts, n'avait pas pu réintégrer son poste. Il avait alors décidé d'acheter une place sur le vol 1771, car son chef d'équipe faisait partie des passagers.

En cette période d'avant le 11-Septembre, les gens munis d'un badge d'accès à l'aéroport étaient dispensés de contrôles de sécurité. Ainsi Burke avait pu embarquer muni d'un .44 Magnum. Une fois à bord, il avait écrit un message à son supérieur sur un sac à vomi : « Salut Ray : C'est plutôt ironique de se retrouver comme ça. J'avais demandé un peu de pitié pour ma famille. Vous vous rappelez ? Je n'en ai pas eu, et vous n'en aurez pas non plus. »

L'avion volait à vingt-deux mille pieds lorsque l'enregistreur des conversations du cockpit a recueilli un son qui ressemblait à des coups de feu tirés dans la cabine. Puis on a entendu une hôtesse surgir dans le poste de pilotage en criant : « Nous avons un problème ! » Le commandant a répondu : « Quel genre de problème ? » puis soudain a résonné la voix de Burke : « C'est moi le problème ! »

La boîte noire révélait ensuite des bruits de lutte et des détonations. Les experts ont estimé que Burke avait d'abord tué le commandant de bord et son second avant de retourner l'arme contre lui. L'avion était parti en piqué, probablement parce que l'un des pilotes s'était affaissé sur les commandes. L'appareil avait heurté le sol à plus de mille cent vingt-cinq kilomètres heure et s'était littéralement désintégré lors de l'impact. Aucun des quarante-trois passagers n'avait survécu.

En tant que bénévole du comité de sécurité de l'Air Line Pilots Association, j'ai fait partie des enquêteurs qui se sont rendus sur les lieux du crash. Le groupe de travail « Facteurs de Survie » auquel j'appartenais était chargé de déterminer ce que l'équipage aurait pu tenter pour sauver l'appareil. Bien sûr, vu les circonstances, le drame était inévitable. Le FBI a rapidement pris le relais, et le site de l'accident s'est transformé en scène de crime. Au cours des recherches, on a retrouvé le revolver et six douilles dans le barillet. Ainsi que le message sur le sac en papier, et le badge dont Burke s'était servi pour déjouer les contrôles de sécurité.

La colline où s'était écrasé le vol de la PSA ressemblait au dépotoir qu'auraient laissé les spectateurs d'un concert de rock en plein air. Il n'y avait presque aucun débris de l'avion, à l'exception de quelques pièces du train d'atterrissage et des réacteurs. On ne pouvait qu'être bouleversé devant cette scène de meurtre de masse en sachant ce qui s'était passé dans le ciel au-dessus de nos têtes. L'air sentait le kérosène et la mort.

Je connaissais l'une des hôtesses à bord, et il était effroyable d'imaginer l'horreur qu'avaient vécue les passagers et les membres d'équipage. Lorsqu'on travaille sur ce genre d'enquêtes, on ne peut que vouloir chercher des solutions pour éviter à l'avenir d'autres catastrophes similaires. Cela renforce votre détermination.

Depuis cette tragédie, certaines catégories de personnel des compagnies aériennes sont soumises aux mêmes règles que les passagers. On a amélioré les contrôles d'identité et on a voté une loi fédérale pour obliger les employés à restituer leurs cartes d'accès à la fin de leur journée de service. Mais hélas ! d'autres problèmes de sécurité restaient à résoudre. Jamais je n'aurais imaginé, alors que je me trouvais sur cette colline, qu'on puisse faire irruption dans un cockpit comme on l'a vu le 11 septembre 2001.

Mon travail d'enquêteur sur les crashs aériens m'a conduit aussi à rencontrer des survivants.

Le 1er février 1991, le vol 1493 de l'USAir est entré en collision sur la piste de l'aéroport international de Los Angeles avec le vol 5569 de la SkyWest Airlines. La tour de contrôle avait autorisé l'avion de l'USAir, un 737-3B7, à atterrir alors que le Fairchild Metro III, le petit appareil de la SkyWest, était aligné sur la même piste, en attente du décollage. Les douze passagers de la SkyWest ont péri, ainsi que vingt-trois autres à bord du 737. On m'avait confié la mission d'interroger certains des soixante-sept rescapés du 737.

Le National Transportation Safety Board (NTSB) nous avait fourni une liste de questions à leur poser : « Quelles annonces vous souvenez-vous avoir entendues ? La lumière des sorties de secours s'est-elle allumée ? Par quelle issue êtes-vous sorti ? Avez-vous aidé quelqu'un à sortir ? Quelqu'un vous a-t-il aidé à sortir ? »

Ce questionnaire était destiné à permettre un retour d'expérience, à aider l'industrie aérienne à tirer les leçons de cette catastrophe et à améliorer ses résultats.

Ce travail d'enquête accident n'était pas particulièrement plaisant, mais je suis heureux d'avoir pu l'exercer. J'ai écouté attentivement les paroles des survivants, j'ai essayé de comprendre, et j'ai stocké toutes ces informations dans ma mémoire. Qui sait, peut-être me serviraient-elles un jour ?

4

« MESURER DEUX FOIS, COUPER UNE FOIS »

J'ai grandi dans une maison où chacun possédait son propre marteau. Lorsque je pense à l'éthique professionnelle et aux valeurs qui m'ont guidé au cours de ma vie et des onze millions de kilomètres que j'ai effectués comme pilote, je ne peux que me rappeler le marteau que mon père m'a donné alors que j'étais enfant.

Il avait épousé ma mère en 1948, acheté un lopin de terre à ses parents et emprunté trois mille dollars pour y bâtir une maison. C'était un ranch minuscule, avec une seule chambre. Mais durant les années qui suivirent, mon père avait passé son temps à l'agrandir encore et encore. Il avait construit une série d'extensions grâce au concours de trois assistants qui se faisaient parfois prier : ma mère, ma sœur et moi.

Mes parents sont nés à Denison, au Texas, et ma mère n'a connu que deux foyers au cours de son existence, deux foyers qui se trouvaient à un kilomètre et demi l'un de l'autre. La première maison, celle de son enfance, était l'œuvre de mon grand-père, Russel Hanna. Il l'avait bâtie de ses propres mains aux environs de 1918 au moyen de matériaux trouvés sur son terrain. Avec les grosses pierres qu'il avait ramassées, puis taillées avec l'aide d'un ouvrier, il avait érigé la ferme et ses dépendances.

A l'âge de vingt et un ans, ma mère s'était installée de l'autre côté de la route dans la fermette qu'elle avait construite peu à peu avec mon père. Et elle avait vécu là, sur Hanna Drive, le restant de sa vie.

Mon grand-père maternel aurait pu baptiser ce chemin de gravier First Avenue ou Main Street. Mais comme ce sentier menait à sa propriété, il portait son nom. C'est là où j'ai grandi, au 11100 Hanna Drive, dans un ranch en perpétuelle transformation situé aux abords du lac Texoma, à une distance de dix-huit kilomètres de Denison.

Le père de mon père, qui était mort avant ma naissance, possédait une usine de rabotage — une entreprise de traitement du bois —, et ma grand-mère paternelle avait continué de gérer la société, après son décès. Cet établissement se trouvait à Denison, et lorsque j'étais enfant, je jouais dans les montagnes de sciure. Je me souviens du vacarme effroyable des machines, de cette merveilleuse odeur de bois coupé et d'un splendide objet qui trônait sur le bureau de ma grand-mère, une sorte de gadget à ressorts en tôle d'acier estampé qui imitait la forme d'une main. Ma grand-mère glissait ses enveloppes et son papier à lettres entre les doigts. Mon père qui avait grandi dans cette usine aimait et connaissait bien la menuiserie ; c'était un manuel, un homme extrêmement bricoleur.

Voilà pourquoi, à intervalles réguliers, il nous annonçait qu'il était temps d'agrandir la maison. Il décidait alors avec maman que nous avions besoin d'une nouvelle chambre ou de transformer le salon. « Au travail », lançait-il, et nous sortions les outils. Il était dentiste, mais il avait suivi des cours de dessin industriel au lycée. Il restait assis des heures, muni de son équerre, à imaginer des plans devant l'énorme table en contreplaqué qu'il avait fabriquée lui-même. Il passait ses journées à lire les magazines *Popular Mechanics* et *Popular Science*, et à découper des articles qui expliquaient les dernières techniques de construction.

L'objectif était de réaliser les travaux nous-mêmes, de combler nos lacunes et de nous lancer. Mon père avait appris tout seul la menuiserie, l'électricité et même le métier de couvreur, et il nous transmettait ses connaissances. Quand je faisais de la plomberie avec lui, nous emboîtions les pièces de la tuyauterie à souder, puis au moyen d'un chalumeau, nous chauffions les tuyaux jusqu'à ce que le fil d'étain fonde au contact du cuivre.

Les jours où nous nous attaquions à l'électricité, nous n'avions pas le droit à l'erreur : un seul faux pas, et c'était l'électrocution ou le risque d'un incendie. Aucune de ces tâches n'était facile, mais elles me satisfaisaient sur bien des plans. Et nous apprenions à nous instruire.

Mon père affectionnait le vieil adage des artisans : « Mesurer deux fois, couper une fois. » J'ai découvert cette maxime un jour où je venais de découper une lame de bois que je devais insérer dans le lambris du couloir. J'avais mal évalué sa longueur qui s'était révélée trop petite.

« Coupe un autre tasseau, m'a conseillé mon père, et ce coup-ci, fais attention aux dimensions. Puis reprends tes mesures. Assure-toi que tes chiffres concordent. Avant de couper, laisse-toi un ou deux centimètres pour avoir de la marge. Tu peux toujours retailler une planche plus longue. Mais tu ne peux pas la rallonger ».

J'ai exécuté ses ordres, très soigneusement, et la latte s'est encastrée parfaitement dans le mur. Mon père m'a souri : « Mesurer deux fois et couper une fois, m'a-t-il dit. Souviens-t'en. »

Les quatre marteaux de la maison, un pour chacun des membres de la famille, ne chômaient pas. Le matin, avant que le soleil ne tape trop fort, mon père nous envoyait sur le toit clouer les bardeaux. Il ne lui serait jamais venu à l'idée de faire appel à une entreprise en bâtiment ou à un couvreur. D'abord parce que nous n'avions pas les moyens. Et surtout, parce qu'aux yeux de mon père ces activités constituaient une merveilleuse occupation familiale.

Ma sœur, Mary, ne peut s'empêcher de sourire en se remémorant les fois où notre père nous emmenait à Sherman, la ville voisine, où il avait découvert une ferme dont il était tombé amoureux. Il adorait cette bâtisse. Un matin, alors que nous étions à l'école primaire, il avait conduit la famille entière jusque devant le portail. Une fois tout le monde assis, il avait dessiné cette maison sur un carnet, en se concentrant particulièrement sur les éléments architecturaux qu'il préférait. Un jour, il avait reproduit le toit. Une semaine plus tard, il y était retourné pour croquer les marches du perron. Il tenait à ce que notre ranch ressemble à cette demeure, et il s'en était largement inspiré.

Ma sœur se plaît à dire que c'est grâce aux travaux d'agrandissement de mon père qu'elle a compris que rien n'était impossible. « On peut apprendre ce qu'on veut, déclare-t-elle, il suffit de s'asseoir, de chercher des solutions logiques, d'examiner un objet similaire ou de ne jamais relâcher ses efforts. On peut commencer avec une feuille vierge et se retrouver avec une maison. »

Cette idée selon laquelle « rien n'est impossible » est devenue pour moi une sorte de mantra, particulièrement dans mon couple. Lorrie m'a réappris ces mots. Et l'exemple que m'a montré mon paternel est tapi dans un coin de ma tête. Il m'indique le chemin.

Néanmoins, je n'ai pas toujours adhéré à l'optimisme de mon père. Surtout le samedi matin quand il nous réveillait à 7 heures pour rejoindre le chantier de la dernière extension, alors que nous avions envie de rester au lit. On travaillait jusqu'au moment du déjeuner, puis il nous suggérait de faire une sieste, afin de reprendre des forces pour retourner à l'ouvrage dans l'après-midi.

Nous faisions parfois semblant de somnoler pour grappiller une heure ou deux de liberté.

« Contente-toi de fermer les yeux, me chuchotait Mary. Il croira que nous sommes encore endormis. »

Cependant, même s'il fallait nous secouer de temps en temps, je m'intéressais vraiment au chantier de construction. Je me donnais à 100 % pour que les extensions aient de l'allure. Je soignais la maçonnerie, même quand j'étais en primaire ou au collège, car j'étais condamné à la voir tous les jours. Et j'avais peur que mes copains se disent que j'habitais dans une baraque bricolée par une bande d'amateurs.

Ce ranch était une source de fierté, mais aussi de léger embarras. Parfois j'aurais tout donné pour vivre comme tout le monde dans une maison bâtie par des professionnels. Il m'arrivait de broyer du noir. *Lorsque je serai grand*, me disais-je, *je logerai dans un endroit où les planchers seront de même niveau, où tous les raccords seront à angle droit.* Histoire de faire des économies, mon père baissait le chauffage l'hiver. Je me jurais que je n'aurais jamais froid plus tard chez moi.

Et cependant, en dépit de ces plaintes souvent muettes, je savais que je participais à une expérience unique. Et plus la ferme s'agrandissait, plus j'éprouvais un sentiment de bien-être. Bâtir des extensions était une activité concrète, ni théorique ou intellectuelle. Les progrès accomplis étaient visibles. Nous y consacrions une grande partie de nos journées, surtout l'été, mais le soir, nous constations l'avancée des travaux. J'adorais cela.

J'ai toujours aimé voir les résultats de mes efforts. C'est pour cela que, enfant, j'étais toujours volontaire pour tondre les deux mille mètres carrés de notre terrain.

Quand j'arrivais à mi-parcours, je mesurais exactement le travail qu'il me restait à faire. Quand j'avais terminé, je voyais la différence. La pelouse paraissait plus nette. Etre pilote dans une compagnie aérienne offre des satisfactions identiques : là nous sommes à mi-chemin. Nous avons atterri. Nous avons terminé notre service.

Mes grands-parents étaient nés entre 1885 et 1893. Et tous les quatre avaient fait leurs études à l'université, ce qui, vu l'époque, était assez remarquable en ce qui concerne mes grands-mères. Ils avaient élevé mes parents avec l'idée que l'instruction était primordiale, mais que l'éducation ne se pratiquait pas seulement à l'école.

Mon père, qui était né en 1917, m'a autorisé des années plus tard à lire son journal d'adolescent. En en feuilletant les pages, j'ai mieux compris la période de la Grande Dépression. Sa famille tirait le diable par la queue, et alors qu'il était au lycée, il cumulait plusieurs jobs : il livrait des journaux pour deux sociétés différentes et travaillait aussi comme ouvreur dans un cinéma, tout en trouvant le temps de faire ses devoirs.

Mon grand-père n'avait parfois plus un sou à la fin du mois, alors il empruntait de l'argent à mon père. Dans son journal, mon père raconte son courage, et comment il se débrouillait pour trouver des solutions quand la situation était trop délicate. Les jours où il disposait d'un peu de monnaie et où il pouvait s'offrir un repas au snack, il commandait un bol de chili qu'il remplissait de crackers et de ketchup. Cela lui coupait la faim.

En découvrant les souvenirs de mon père, j'ai mieux saisi sa vision du monde. Et à quel point ma génération avait été favorisée. J'ai compris aussi pourquoi il éteignait le chauffage, et poussait ses enfants à bricoler. La crise économique de 1929 l'avait marqué durablement.

Mon père avait fini par rejoindre la faculté de médecine dentaire du Baylor College de Dallas, et après avoir obtenu son diplôme en juin 1941, il avait décidé de s'engager dans la Navy. C'était six mois avant l'attaque de Pearl Harbor.

Ayant toujours aimé l'aviation, il espérait intégrer

l'aéronavale dont il avait réussi les évaluations physiques, pourtant réputées fort difficiles. Mais, à la dernière minute, il a choisi de servir son pays en exerçant son métier et en mettant à profit son diplôme de dentiste. Cette décision a été déterminante. Les amis avec lesquels il était entré dans la Navy ont tous été tués, aux commandes d'un avion, lors des rudes combats aériens qui ont marqué l'entrée en guerre des Etats-Unis.

Mon père a toujours estimé qu'il aurait pu connaître le même sort.

Il a d'abord été affecté au poste de chirurgien-dentiste à San Diego, puis à Hawaï. Il n'a jamais pris part à aucun combat. Mais beaucoup de ses patients ont été témoins du pire. Et entre 1941 et 1945, des centaines de soldats, de passage à Hawaï, lui ont raconté leur histoire.

Il prenait très au sérieux son travail de dentiste militaire, et il a beaucoup appris de ceux qui fréquentaient son cabinet, en particulier des officiers. « Un gradé a de grandes obligations envers ceux qui le servent », me disait-il souvent lorsque j'étais enfant. Il m'a fait clairement comprendre à quel point il est difficile de gérer sa culpabilité quand on a provoqué, par son imprévoyance ou son manque de jugement, un accident ou la mort d'un homme.

Il m'a inculqué l'idée que la mission d'un chef est remplie de défis et que ses responsabilités sont sacrées. Les paroles de mon père m'ont accompagné tout au long de ma vie, d'abord à l'Air Force, puis quand je suis devenu pilote de ligne, en charge de centaines de passagers.

Mon père a quitté l'armée avec le grade de commandant, et après la Seconde Guerre mondiale, il a ouvert un cabinet dentaire à Denison. Il adorait discuter avec ses patients, et les écouter entre deux soins. Mais ce n'était pas vraiment un homme d'affaires. Son ambition n'était pas de gérer une grosse société avec une demi-douzaine d'associés, ou de se tuer au travail plus de trente-cinq ou quarante heures par semaine. L'argent ne l'intéressait pas, et non seulement il n'en a pas gagné beaucoup, mais il ne l'a pas forcément bien géré. Il méprisait les biens matériels, et il avait tendance à penser que nous partagions son point de vue. Et s'il m'avait accordé une faveur en acceptant de payer mes cours de pilotage, c'est parce qu'il estimait que les heures passées avec M. Cook m'ouvraient la voie à une profession, et me donnaient un but. Il était heureux de financer cette activité.

Contrairement à beaucoup d'hommes de sa génération, sa priorité était de se consacrer à sa famille ; le travail était secondaire. Je ne dirais pas qu'il était dénué d'ambition — il avait quand même construit sa maison de ses propres mains —, mais il préférait passer du temps avec nous plutôt que de s'enrichir.

On avait quelquefois l'impression que son métier de dentiste n'était pas son gagne-pain. Il soignait la plupart des religieuses de l'école catholique locale qui le payaient une fois sur deux. Comme beaucoup de ses patients. Certains ne déboursaient rien, d'autres très peu.

Mon père pouvait se montrer fantasque et impulsif. Peut-être cherchait-il simplement, comme je l'ai compris plus tard, à embellir les journées et à chasser ses idées noires. Parfois, le matin à son réveil, il lançait à ma mère : « Je n'ai pas envie de travailler aujourd'hui. Faisons un saut à Dallas. »

Maman décrochait alors le téléphone pour annuler ses rendez-vous, puis avertissait l'école de notre absence. Mon père nous considérait, ma sœur et moi, comme des enfants intelligents, capables de rattraper les cours. Il estimait en outre qu'un voyage à Dallas nous instruirait tout autant.

C'était excitant. On parcourait en voiture les cent vingt kilomètres qui nous séparaient de la ville en écoutant le Top 40 sur la radio KLIF-AM. Une fois arrivés à Dallas, on allait au cinéma, puis déjeuner tous ensemble à moindres frais.

Nous descendions chaque fois au Corno Motel, un petit établissement à un étage, typique des années 1950, situé juste à la sortie de l'autoroute. Nous nagions dans la piscine, construite au milieu du parking. Et, le soir, nous retrouvions notre restaurant mexicain habituel, le El Chico. Tous les plats étaient servis avec des haricots et du riz. Je commandais toujours des enchiladas au fromage, mes préférées, fourrées à l'oignon.

Le El Chico, avec sa vaste salle et son haut plafond, s'ornait sur son mur ouest d'une immense fresque représentant un Maya — ou peut-être un Inca. Au centre de cette scène en plein air, un homme, torse nu et vêtu d'un pagne, remplissait une jarre d'eau. Je l'étudiais tout en mangeant mes tortillas. A chacun de nos passages, il continuait de remplir sa cruche.

Nous fréquentions toujours le même cinéma, le Inwood, qui était doté de l'air conditionné, un privilège encore rare à l'époque dans les lieux publics. C'est là que j'ai vu deux films de James Bond, *Dr No* en 1962 et *Goldfinger* en 1964, à l'âge respectivement de onze et treize ans.

Dallas nous semblait vraiment cosmopolite. En ce temps-là, la ville n'était pas très grande, mais elle nous impressionnait avec ses autoroutes, sa circulation et ses hordes d'hommes d'affaires courant dans les rues. Il se peut que nous soyons passés sur la Dealey Plaza quelques mois après l'assassinat de J.F. Kennedy en 1963. Mais nous n'étions pas des badauds. Nous n'avons pas fait le déplacement exprès.

Ces petites virées imprévues à Dallas montraient évidemment à quel point mon père donnait la priorité à sa famille. Elle venait avant tout. Avant l'école et avant le travail. Il avait finalement adopté, bien avant que ce ne soit la mode, la rengaine familière : « Il faut trouver le juste équilibre entre vie privée et vie professionnelle. »

Je garde également des souvenirs formidables de notre quotidien près de la maison. Le week-end, nous allions naviguer avec notre petit bateau sur le lac Texoma, qui couvrait une surface de trois cent soixante kilomètres carrés. Ma mère qui était très douée pour le ski nautique parvenait à le traverser presque en entier, aussi inépuisable qu'un lapin Duracell.

Nous accostions aussi sur l'une des îles sablonneuses plantées au centre du lac. Nous montions nos tentes pour la nuit, et le matin au réveil, nous prenions le petit-déjeuner, avant de caboter dans les environs.

Mon père me proposait souvent de prendre la barre — de diriger l'embarcation durant l'après-midi. Je récoltais des coups de soleil terribles, mais le jeu en valait la chandelle.

Une année, mon père a acheté une revue nautique qui expliquait comment construire un bateau rudimentaire. Avec ses outils de menuisier, nous avons fabriqué un canot dans une planche de contreplaqué, avec une tige de bambou et un drap en guise de mât et de voile. J'ai appris tout seul à naviguer sur ce rafiot. J'ai parfois l'impression que j'ai réalisé grâce à mon père les projets dont j'aurais pu rêver. Nous avons passé de longues heures ensemble à bricoler.

On m'a demandé si mon père était mon héros. Je n'ai jamais vraiment pensé à lui en ces termes. Il a été un modèle pour moi dans bien des domaines : dans sa manière très personnelle de jouir de la vie, dans son comportement toujours honorable. C'était un parfait gentleman, un homme qui n'élevait presque jamais la voix. Je ne l'ai jamais vu se montrer désobligeant envers quelqu'un.

Bien sûr, rétrospectivement, je m'aperçois que je suis longtemps passé à côté de certains aspects de sa personnalité. Mes parents refusaient de se disputer devant nous, ou même de s'opposer âprement. Ils montaient dans leur chambre, fermaient la porte et, ensuite, nous présentaient un front uni. Ils se donnaient beaucoup de mal pour nous protéger de leurs querelles. Du coup, j'ignorais qu'un couple pouvait ferrailler pour parvenir à un accord. Et j'ai longtemps eu une vision idéalisée du mariage. Je le pensais à l'abri du conflit.

Mon père avait une autre caractéristique. Certains jours,

il avait « le moral à zéro » — selon son expression. Il ne nous fournissait aucune explication. En apparence, il semblait en forme. Je réalise aujourd'hui qu'il souffrait de dépression, et ce probablement depuis des années. A cette époque-là, le mot « dépression » nous évoquait les années 1930. Peu de gens savaient que c'était une maladie. Ainsi, mon père n'a jamais été soigné. Il s'est contenté de gérer tout seul « ses moments de cafard ».

Soit en nous distribuant des marteaux pour agrandir la maison. Soit en improvisant un petit séjour dans ce motel de Dallas. Parfois, il préférait s'enfermer dans sa chambre, face à ses démons dont il ne parlait jamais.

Maman avait dix ans de moins que mon père, et leur couple s'inscrivait dans un schéma traditionnel, particulièrement dans les premières années.

Elle avait quitté l'université à vingt et un ans pour l'épouser, sans avoir obtenu son diplôme. Alors que j'étais adolescent, elle a repris ses études, et passé son master en sciences de l'éducation. Elle a d'abord enseigné en maternelle, puis a fait l'essentiel de sa carrière comme maîtresse de CP à l'école élémentaire Sam Houston à Denison.

C'était très agréable d'être le fils de ma mère à Denison. Généralement, les gens aiment leurs instituteurs, et maman se montrait particulièrement douce et maternelle avec les enfants. Elle était très estimée en ville. Et il n'est pas exagéré de dire qu'elle avait un peu le statut d'une célébrité locale.

C'était aussi une formidable pianiste. J'adorais l'écouter interpréter du Chopin et, quand j'étais en primaire, je lui demandais sans cesse de me jouer ses œuvres. Je ne suis pas sûr qu'il y ait beaucoup de gamins aujourd'hui qui harcèlent leur mère pour entendre du Chopin. Ils préfèrent se brancher sur leurs iPods ou leurs téléphones portables. Mais maman m'a inculqué l'amour de la musique classique. C'était ma musicienne préférée.

J'aime dire qu'elle m'a enseigné trois choses capitales : la passion de la lecture, de l'érudition et de la musique. Ce sont des cadeaux précieux.

Ma mère était également une femme engagée, toujours prête à se dévouer pour autrui. Elle était responsable de la section locale de l'Organisation Philanthropique Internationale de l'Education. Fondé en 1869 dans l'Iowa, ce programme visait à promouvoir la formation et l'instruction des femmes. A l'époque où ma mère défendait cette cause, beaucoup de gens n'étaient pas favorables à ce que les filles s'inscrivent à l'université, et dans certains cercles, les missions du PEO étaient assez contestées. Du coup, ma mère y militait discrètement. Elle ne me révélait ni les actions qu'elle mettait en place, ni le déroulement des réunions, ni l'identité des personnes qui y assistaient. Toutes ces bénévoles gardaient le silence sur leur activité. Je tiens aujourd'hui à les féliciter d'avoir encouragé des jeunes femmes à s'épanouir et à développer leur potentiel. Je réalise surtout que leur engagement s'apparentait à une forme de féminisme qui n'avait pas encore trouvé réellement son mode d'expression.

Ma mère défendait aussi les intérêts des enfants. Elle était persuadée que même les tout-petits étaient capables d'endosser des responsabilités, quoi qu'en pensent les adultes. Elle en avait eu la confirmation avec ses élèves. Mais en réalité, voilà longtemps qu'elle en était convaincue.

Depuis mon plus jeune âge, mes parents m'avaient fait comprendre l'importance de veiller sur ma sœur qui avait vingt et un mois de moins que moi. Chez mon père, cela correspondait à une vision traditionnelle de la société : les hommes devaient protéger les femmes. Et il me chargeait d'être une sorte de « deuxième papa ». Mais ma mère estimait que les enfants ont la capacité d'assumer les missions qu'on leur confie.

« Quand nous ne sommes pas là, nous comptons sur toi », me disait-elle. Mon père, lui, préférait : « C'est toi le responsable. »

Je n'ai pas toujours été un frère parfait. A cinq ans, j'ai entraîné Mary, alors âgée de trois ans, jouer dans le gravier sur Hanna Drive. Et comme les gravillons ressemblaient à des petits pois miniatures, je n'ai rien trouvé de mieux que d'essayer de lui en faire avaler. « A ton âge, tu devrais être plus avisé », m'a lancé ma mère à l'instant où elle m'a surpris. Sans doute avait-elle raison, mais j'avoue que nourrir ma sœur de cailloux m'avait semblé très amusant.

Mary affirme aujourd'hui que j'ai été un grand frère presque parfait. A l'entendre, c'est en veillant sur elle que j'ai appris à développer ce sens des responsabilités qui m'a soutenu dans ma carrière de pilote, et plus généralement dans ma vie. Quand elle était adolescente, elle est sortie à une ou deux reprises avec des gars un peu trop pressants ou irrespectueux. J'ai pris sur moi de rectifier les choses. Même quand nous nous disputions, je ne pensais qu'à la protéger. Et seule comptait pour moi sa sécurité. Ma sœur l'a toujours su.

Notre famille n'était pas très démonstrative et ne savait pas exprimer son affection. Mais nous avions un sens du devoir très développé et nous étions sûrs de pouvoir compter les uns sur les autres. Nous nous faisions confiance. Ma mère connaissait mes capacités et m'encourageait à croire en mon potentiel. Voilà pourquoi elle n'a pas eu peur lorsque je l'ai emmenée en avion à la fin de mon adolescence. Elle n'avait aucun doute sur mon aptitude à piloter cet appareil.

Ma sœur n'a jamais eu non plus de réticence à monter à bord avec moi. « Peut-être était-ce dû au sentiment d'invulnérabilité de la jeunesse, plaisante-t-elle aujourd'hui. Je pensais que rien ne pouvait m'arriver. Plus sérieusement, j'avais une confiance totale en toi. Je savais que tu me protégerais. »

Dans les années 1960, j'étais un gamin sûr de moi et je savais déjà quelle serait ma vie. J'avais l'intention d'entrer dans l'armée puis de devenir pilote de ligne. Avec le recul, je pense que j'étais un garçon très sérieux et honnête qui cherchait sa place.

En classe de quatrième, dans l'une de mes dissertations intitulée *Ma façon d'être*, j'ai écrit : « J'ai de bonnes et de mauvaises habitudes. La politesse est l'une de mes qualités. Mes parents m'ont appris le savoir-vivre. Je pense que je me tiens à table correctement.

« J'ai également des défauts. Parfois, je ne suis pas très patient avec les autres. Je suis très perfectionniste et j'aimerais que les autres le soient aussi. Je devrais comprendre que personne n'est parfait.

« Je connais plein de gens qui ont un meilleur caractère que moi, mais je fais de mon mieux. »

Mon professeur a annoté ma copie avec ce commentaire : « Pas mal du tout. » Les choses se déroulaient ainsi à l'époque. Les enseignants et les parents ne passaient pas leurs journées à flatter les enfants ou à les porter aux nues. En ce temps-là, « Pas mal du tout » était un compliment.

L'adulte que je suis se reconnaît dans cette rédaction. Je reste un homme organisé, très exigeant envers moi-même et envers les autres — j'aime la perfection —, et je pense que cela m'a aidé à devenir un meilleur pilote.

Dans une autre composition consacrée à ma famille, j'ai évoqué ma sœur « dont je suis fier, en dépit de certaines de ses attitudes ». J'ai parlé de la chance que j'avais d'avoir une mère comme la mienne : « Elle prend soin de moi jour et nuit. » « Mon père me guide et m'enseigne beaucoup de choses, et il m'apprend à être raisonnable, à comprendre mes erreurs. »

Finalement, peu importait nos planchers trop inclinés ou le manque d'ambition professionnelle de mon père. J'ai eu beaucoup de chance de grandir sur Hanna Drive, de savoir où se trouvait chaque clou et d'être encouragé par deux personnes qui se trompaient rarement.

5

LES FILLES COMME UN CADEAU

A très haute altitude, j'ai admiré des levers et des couchers de soleil éblouissants. J'ai contemplé aux premières loges les planètes et les étoiles lumineuses. Mais j'ai raté beaucoup d'autres événements — des événements qui se sont déroulés sur Terre pendant que j'étais dans les airs, à gagner ma vie et à profiter de la vue.

J'ai été absent si souvent de la maison que je n'ai pas vu grandir mes filles. Ou plutôt elles ont vécu sans moi des étapes importantes de leur existence. Tous les pilotes pourraient faire la liste des moments qu'ils ont manqués. Nos enfants ne nous attendent pas pour faire leurs premiers pas, dire leurs premiers mots ou guetter l'arrivée de la petite souris. Tant de bonheurs simples nous échappent. Les rites de passage de la petite enfance, bien sûr, mais aussi tous ces minuscules changements qui accompagnent nos enfants au fur et à mesure qu'ils grandissent.

Peu avant Noël, l'année dernière, Lorrie et moi avons profité de mes quelques jours de congé pour emmener nos filles, Kate et Kelly, skier près du lac Tahoe. C'était si agréable de se retrouver enfin en famille, et de pouvoir profiter les uns des autres, sans courir à l'école ou à l'aéroport. Ces vacances ont été parfaites, relaxantes.

Tahoe a toujours tenu une place spéciale dans nos cœurs. Dès que nous roulons sur l'Interstate 80 et que nous franchissons le Donner Summit, une partie de nous a déjà l'impression d'être à la maison. L'air embaume l'odeur des pins. Le ciel est clair et lumineux. C'est vivifiant.

Dans la mesure du possible, nous séjournons toujours à Northstar, la station où Kate et Kelly ont appris à skier à l'âge de trois ans. Avec ses ruelles pavées, on se croirait dans un village de montagne européen. En outre, les animations familiales y sont formidables. C'est un endroit où nous avons des souvenirs magnifiques.

A Noël dernier, quand nous sommes arrivés à Northstar, il y avait eu la veille la première grosse tempête de neige de la saison, et les arbres étaient couverts d'épais flocons. Le domaine, qui avait revêtu sa parure d'hiver pour les vacances, scintillait sous les lampions clignotants. L'atmosphère était magique, digne d'un conte de fées. Les lumières, les pistes enneigées, les chalets de style européen.

Un jour, en fin d'après-midi, nous avons décidé, après avoir garé la voiture, de faire du lèche-vitrine avant le dîner. Il faisait un froid mordant, et nous portions de gros anoraks, des gants et des bonnets. Alors que nous avancions dans la ruelle pavée, cernée de boutiques et de restaurants, j'ai remarqué les filles qui sautillaient sur le trottoir, à six cents mètres devant nous, bras dessus, bras dessous. La tête de Kelly reposait sur l'épaule de sa sœur. Ce spectacle m'a réjoui. J'étais heureux de constater que, malgré leur jeune âge, elles n'hésitaient pas à montrer publiquement leur affection. Contrairement à ces fratries qui ont tendance à se déchirer, elles exprimaient sans effort les liens qui les reliaient.

« Regarde ça », ai-je lancé à Lorrie en lui indiquant la scène. J'avais l'impression qu'il s'agissait d'une grande première.

« Voilà cinq ou six mois qu'elles se comportent ainsi, m'a

répondu Lorrie en souriant et en m'attrapant le bras. Mais tu ne t'en étais jamais aperçu. »

Elle m'expliqua qu'elle les avait souvent surprises, main dans la main, dans le centre commercial. C'était un geste naturel qui l'enchantait.

Je n'avais jamais vraiment été témoin de leur complicité. Du moins jusqu'à cet après-midi-là. Et l'idée de tous les petits moments de leur vie quotidienne que j'avais ratés m'emplissait de tristesse. Comment avais-je pu omettre de remarquer ces marques d'amour entre mes deux filles ? Lorrie me regardait avec commisération. Elle lisait du remords et du chagrin dans mes yeux.

J'ai posé ma main sur mon cœur. C'est mon habitude quand les filles se montrent adorables ou me rendent heureux. Un signe entre moi et Lorrie, une manière de nous rappeler à quel point nous avons de la chance d'avoir nos enfants.

Je sais pourquoi cette découverte m'a autant frappé. Mon rêve semblait devenu réalité. Quand Kate et Kelly étaient petites, nous espérions qu'elles deviendraient proches en grandissant. Ce souhait s'était apparemment réalisé ; j'avais l'impression que nous avions réussi quelque chose. Mais cela me rappelait aussi douloureusement que l'existence de mes enfants se déroulait souvent sans moi.

Lorrie a baptisé ce genre de séquences : « L'Heure de vérité du pilote » — c'est l'instant où il rentre chez lui et découvre des changements dans sa maison. Le mélange d'émotions qui m'habitait la bouleversait également.

J'ai pris la main de Lorrie, et quelques secondes plus tard, après avoir tourné à droite, nous avons débouché sur une grande place où scintillaient des centaines de lampions. On entendait des chants de Noël. La patinoire était noire de monde, certains faisaient cuire des marshmallows. Il y avait un grand feu de camp. J'ai serré les doigts de Lorrie entre les miens et je me suis laissé aller à l'ambiance de la fête.

Quand je me remémore cette journée-là, je revois mes

deux filles, mais je songe aussi à Lorrie. Je sais à quel point elle est une mère attentionnée. Je me suis efforcé d'inculquer des valeurs à Kate et Kelly, de les aider à s'apprécier chaque jour davantage. Mais Lorrie est en première ligne : elle les encourage, elle donne l'exemple, et elle est là pour elles jour et nuit lorsque je suis absent. Je ne cesse d'admirer la manière dont elle a su créer un merveilleux foyer.

J'ai de la chance d'être son mari et qu'elle soit devenue la mère de mes enfants.

Le 6 juillet 1936 reste une date mémorable pour moi, et pas seulement parce qu'elle marque le jour où le contrôle du trafic aérien fédéral a démarré ses activités sous la houlette de la branche aéronautique du département du Commerce.

Bien que je sois un passionné d'histoire, ce 6 juillet me tient à cœur pour une raison plus personnelle. Cinquante ans plus tard, le 6 juillet 1986, la commémoration du cinquantième anniversaire se tenait au Centre du Contrôle aérien d'Oakland à Fremont en Californie. Les responsables de l'événement avaient organisé une journée portes ouvertes, invitant le public à visiter les installations, et la tour de contrôle qui gérait l'ensemble de la circulation aérienne de la Californie du Nord. La Pacific Southwest Airlines avait consenti à y envoyer un pilote et une hôtesse pour s'adresser aux invités. J'étais le pilote en question.

J'avais assuré un vol de nuit, la veille au soir, en tant que premier officier et je n'avais pas dormi depuis des lustres. J'étais épuisé. Mais j'étais ravi d'expliquer comment les pilotes communiquent avec les aiguilleurs du ciel.

L'hôtesse qui devait m'accompagner étant tombée malade, la PSA l'avait remplacée par une jeune femme dynamique de vingt-sept ans, qui travaillait au service marketing et que je n'avais jamais rencontrée. Au moment des présentations, elle m'a annoncé qu'elle s'appelait Lorrie Henry.

A mon tour, j'ai décliné mon identité : « Bonjour, je suis Sully Sullenberger. »

Elle n'avait pas bien compris mon nom, qui est effectivement assez peu courant, mais elle ne m'a pas demandé de le répéter. Durant toute la journée, elle n'a pas su comment s'adresser à moi. Elle avait simplement saisi que mon nom comportait beaucoup de S et de L.

Lorrie vous expliquera qu'elle n'a pas eu le coup de foudre. En dépit de mon uniforme de pilote, elle m'a trouvé une mine effroyable, mes traits étaient tirés, mes yeux injectés de sang, et je n'étais pas rasé de près. Pendant des heures, elle n'a pas cessé de se demander : « Comment il s'appelle ce type déjà ? »

A l'époque, Lorrie avait renoncé aux hommes. Après plusieurs liaisons assez malsaines, elle avait décidé de s'octroyer une pause. Moi, j'avais trente-cinq ans, j'avais divorcé au terme d'un mariage de courte durée, et je n'avais pas d'enfants. Et même si je ne cherchais pas de relation durable, j'étais attiré par Lorrie. C'était une femme séduisante — grande, élégante, souriante — qui paraissait intelligente. Elle se montrait aimable et accueillante envers les visiteurs. A peine l'avais-je rencontrée que j'avais déjà envie de l'inviter au restaurant.

Nous sommes restés l'un à côté de l'autre pendant près de quatre heures pour accueillir le public qui se pressait autour d'un avion de la PSA, le BAe-146. Les gens se bousculaient pour entendre des anecdotes sur les vols les plus mémorables de la Pacific Airlines.

Lorrie n'essayait pas de me charmer, et je gardais envers elle une réserve toute professionnelle. Mais j'attendais le moment venu.

— Pourquoi n'irions-nous pas boire quelque chose ? lui ai-je demandé alors que la manifestation tirait à sa fin.

— Il y a une cafétéria au bout du couloir, m'a-t-elle répondu. Vous y trouverez un distributeur automatique.

Elle n'avait pas compris, mais je n'avais pas l'intention d'abandonner.

— Je voulais dire : « un cocktail ». Dans un bar.

Elle m'a regardé, et je suppose qu'une partie d'elle a eu pitié de ce pauvre pilote éreinté, avec son nom rempli de S et de L, qui n'était pas fichu de l'inviter clairement. Elle a accepté de m'accompagner chez Benigan, à quelques rues de là. Nous avons pris un verre en discutant, mais comme elle l'admettra plus tard, elle n'éprouvait pas une grande attirance pour moi. Elle pensait qu'elle ne me reverrait jamais. Mais elle me plaisait. Quand je lui ai demandé ses coordonnées téléphoniques, elle m'a tendu sa carte de visite de la PSA, qui ne comportait que le numéro commençant par 800, l'indicatif gratuit du service marketing de la compagnie.

J'ai tenté de ruser :

— Vous devez être très sollicitée pour posséder votre propre ligne en 800.

Elle a failli lever les yeux au ciel, mais s'est contentée de sourire. Puis elle m'a indiqué son numéro personnel, et à mon tour, je lui ai donné ma carte. Elle connaîtrait ainsi l'orthographe de mon nom. Nous avons pris rendez-vous pour le surlendemain.

Mais à peine Lorrie était-elle rentrée chez elle qu'elle avait changé d'avis : elle n'avait aucune envie de sortir avec quelqu'un et, en aucun cas, avec moi. Ce soir-là, elle m'a laissé un message sur mon répondeur disant qu'elle ne serait finalement pas libre, car elle devait travailler la nuit en question.

Son manque d'intérêt était flagrant, et en écoutant sa voix, j'ai pensé que je n'avais aucune chance et que tout était fini. Mais quelques jours plus tard, Lorrie a discuté de cette situation avec une amie. Quand elle lui a expliqué qu'elle avait décidé de refuser mon invitation, cette dernière lui a rétorqué : « Tu ne rencontreras personne si tu restes chez toi sur ton canapé. »

« Mon canapé me convient très bien, lui a répondu Lorrie, et, de toute façon, je ne cherche pas d'homme. »

Cependant, une semaine plus tard, à son propre étonnement, elle me téléphonait. Elle n'avait pas oublié la conversation avec sa camarade.

Elle s'est montrée franche envers moi : oui, elle avait menti en annulant notre rendez-vous et elle avait eu du mal à composer mon numéro. Mais si je le souhaitais toujours, elle acceptait de sortir avec moi. Vous pensez si je le souhaitais !

Nous vivions à quatre-vingt-huit kilomètres de distance l'un de l'autre, mais nous avons fini par nous retrouver trois vendredis soir d'affilée. A l'issue du deuxième dîner, je l'ai raccompagnée à sa voiture et je l'ai l'embrassée. A ses yeux, j'allais un peu vite en besogne. Elle affirme aujourd'hui que mon audace l'a « légèrement choquée ». Mais ce baiser avait un seul objectif : je voulais qu'elle sache que j'en avais envie et qu'elle me plaisait beaucoup. Je suis heureux de l'avoir fait. Et je le referais s'il le fallait. (En vérité, je n'y ai pas manqué.)

Ce baiser a représenté un tournant dans notre relation, elle a commencé à s'attacher à moi. Durant plus de douze mois, nous avons fait des allers et retours entre son domicile de Pleasant Hill et le mien qui était situé à Belmont. Finalement, il nous a paru normal de nous installer ensemble. Début 1988, nous avons emménagé chez moi.

Je n'oublierai jamais la première fois où j'ai retrouvé Lorrie après une rotation de quatre jours. La maison resplendissait. Elle avait mis de la musique, une odeur appétissante sortait du four, et elle avait su créer une atmosphère chaleureuse et conviviale. « Si j'avais su que ça se passerait ainsi, lui ai-je dit, j'aurais insisté pour qu'on vive en couple plus tôt. »

L'étape suivante a été notre mariage. Au matin de la cérémonie, le 17 juin 1989, j'ai écrit une lettre à Lorrie :

Je suis impatient de t'épouser. Je te veux, j'ai besoin de toi et je t'aime de tout mon cœur.

Je pensais chaque mot de cette missive, mais un jeune marié a toujours du mal à anticiper les défis à venir. Lorrie et moi allions devoir affronter ensemble beaucoup d'obstacles. Mais aucun de nous n'aurait pu prédire les aventures qui nous attendaient.

Lorrie embellit notre vie. C'est un vrai rayon de soleil. Elle est intuitive, sensible, créative, plus à l'aise en société et plus extravertie que moi. En fait, elle est beaucoup plus optimiste que je ne le suis. Il en faut beaucoup pour me décrocher un sourire alors que Lorrie a toujours l'air joyeuse, même sans raison. Quand nous nous rendions à une soirée avant que le vol 1549 ne m'ait rendu célèbre, les gens remarquaient d'abord Lorrie. Et je suis sûr que beaucoup de couples rentraient chez eux en se disant : « Je crois qu'il a déclaré qu'il était pilote de ligne. »

Je suis un homme analytique, méthodique, plutôt un scientifique. Je suis bricoleur. Une fois que j'ai étudié à fond les informations et que j'ai compris comment les choses fonctionnent, je me montre confiant. Le reste du temps, je cultive le réalisme. A nous deux, comme nous aimons à le dire, nous ne faisons qu'un. Dans beaucoup de domaines, nous sommes bien assortis.

Bien sûr, nos différences de caractère nous compliquent un peu la vie. « Quand on est sentimentale, on a envie que son conjoint le soit également », affirme souvent Lorrie. Je fais des efforts, mais les résultats ne sont pas toujours à la hauteur. Ma femme adore les longues conversations sur notre couple et sur le devenir de notre famille. Je suis plus pragmatique : Quels sont les problèmes ? Que faut-il faire pour les corriger ?

« Si tout marche bien, pourquoi ce besoin d'en parler autant ? » ai-je tendance à demander à Lorrie.

Il me suffit de toucher sa main ou de l'embrasser pour me sentir proche d'elle. Je n'ai pas besoin de disserter. Elle, elle estime qu'une véritable relation exige davantage — dans sa bouche, cela signifie discuter.

J'essaie. Mais parfois, à la fin de la journée, j'ai l'impression d'avoir exprimé tout ce que j'avais à dire. J'ai fini par apprendre à lui réserver des informations exclusives — une anecdote, une nouvelle que j'ai lue, un incident amusant qui s'est produit durant un vol. Il paraît que je suis plus disert quand nous sommes en plein air, loin de la maison. Alors elle m'emmène marcher dehors où, affirme-t-elle, il est plus facile de m'entraîner dans une conversation.

Nous veillons à nous fixer des rendez-vous, à sortir dîner tous les deux. Ces soirs-là, nous mettons un point d'honneur à nous habiller élégamment, à quitter nos vêtements de tous les jours. C'est une manière de nous respecter, de nous montrer que l'autre n'est jamais acquis.

Lorrie aime que je m'occupe des réservations de temps en temps : ainsi, elle n'a pas l'impression de jouer les secrétaires. Et quand nous allons au restaurant, elle veut que le repas rime avec discussion.

« Sully est un homme de peu de mots, dit-elle à ses amies. Alors, je lui demande d'économiser ses paroles en vue de la soirée. »

Selon Lorrie, c'est mon amour des détails qui fait de moi un bon pilote. « Sully, tu exiges beaucoup de toi et de ceux qui t'entourent, m'a-t-elle dit un jour. Tu veux tout contrôler. Cela t'aide dans ton métier. Mais cette qualité ne fait pas forcément un bon mari. J'aimerais bien parfois vivre avec un compagnon plus indulgent et moins perfectionniste. »

Je sais que je peux me montrer exaspérant. « Sully, la vie n'est pas une check-list », m'a-t-elle répété à plusieurs reprises.

Je comprends sa frustration, mais je ne me reconnais pas dans le portrait qu'elle fait de moi. Je suis un homme organisé, je ne suis pas un robot.

Il paraît que nos départs en vacances ont tout d'une parade militaire et que je chorégraphie mes faits et gestes avec minutie, du chargement du coffre jusqu'au moment de démarrer. « Je le comprendrais si tu transportais en avion cent cinquante passagers sur leur lieu de villégiature, me dit-elle. Mais pour mettre nos valises dans la voiture, on ne t'en demande pas tant. Il ne s'agit que d'une escapade en famille. »

En règle générale, je lui rétorque : « Tu tombes dans le biais de confirmation. Tu cherches tous les arguments pour confirmer ton point de vue en ignorant les preuves qui démontrent le contraire. »

Mais dans mon cœur, je sais qu'elle a marqué un point.

Les relations humaines sont pour moi plus compliquées à gérer que mon métier de pilote. Je sais contrôler un avion et l'amener à réagir à ma guise. Je peux apprendre ses différentes composantes et ses systèmes, et comprendre comment il fonctionne, quelles que soient les circonstances. Piloter répond à des techniques parfaitement définies, et le processus est prévisible et intelligible à mes yeux. Les rapports humains sont plus ambigus. Ils sont pleins de nuances, et il n'est pas toujours évident de savoir comment y répondre.

Au cours de nos vingt ans de mariage, nous avons rencontré comme tout le monde notre lot de difficultés. Nous ne nous sommes pas forcément investis dans notre couple au même moment ni avec la même intensité. Nous n'avons pas toujours affronté les problèmes avec une énergie similaire. Cela a parfois été un handicap.

Lorrie se décrit comme « celle qui hausse le ton, qui exprime ses émotions ». Je suis facilement contrarié, souvent fatigué par mes heures de vol. Et mes absences continuelles n'arrangent pas les choses. D'après les conseillers matrimoniaux, un couple ne doit jamais se coucher fâché. Ce n'est pas mieux de survoler le pays, en proie à la colère, en abandonnant derrière soi une épouse malheureuse.

« L'éloignement ne me rend pas plus amoureuse », affirme Lorrie. Elle a quitté son travail à la Pacific Airlines depuis longtemps et a mis toute son énergie dans son rôle de mère au foyer. Elle rêverait d'avoir un mari qui rentre tous les soirs à la maison. « Nous pourrions boire un verre de vin, dîner ensemble, nous raconter notre journée, dit-elle. Je pourrais même me passer du vin ou du repas, j'aimerais juste que mon mari soit dans la même pièce que moi. » Quand je suis en mission, nous partageons des bons moments au téléphone. « Mais ce n'est pas comme t'avoir ici », regrette-t-elle.

A certains égards, la situation était pire quand les filles étaient plus jeunes, parce qu'à mon retour Lorrie avait besoin de mon aide. Avec deux enfants en bas âge, qui portaient encore des couches, elle se sentait souvent débordée. Parfois, lorsque je partais pour une rotation de plusieurs jours, elle pleurait au moment de mon départ. Au cours de ses années passées à la PSA, elle s'était déjà installée dans un simulateur de vol. « Je sais régler la position des volets, me disait-elle. Je vais faire décoller l'avion. Toi, tu resteras ici quatre jours avec deux bébés braillards. » Elle plaisantait, mais…

Depuis que les filles ont grandi, elle estime que mes retours à la maison, après une longue absence, ne sont pas toujours sans heurts. Il n'est pas si facile de se réadapter à la vie de famille. Je souffre du décalage horaire, je ne suis plus au courant des projets des uns et des autres. J'ai raté beaucoup de choses. Lorrie prétend qu'il me faut généralement une bonne journée, voire davantage, pour lui accorder pleinement mon attention. Je suis là, mais je ne parviens pas à reprendre notre routine avec la même énergie. Quelquefois, je me sens fourbu, et peu enclin à me consacrer aux corvées domestiques.

Je me vois parfois un peu comme un étranger dans

mon propre foyer. Mais je suis heureux que Kate et Kelly s'entendent aussi bien avec Lorrie ; mes liens avec elles sont moins évidents de prime abord : je suis plus formel. Je suis un homme, je suis plus âgé, et je m'absente fréquemment.

Les parents construisent une sorte de compte en banque avec leurs enfants, rempli de souvenirs et d'échanges : comme Lorrie a passé beaucoup plus de temps que moi avec Kate et Kelly, son compte offre un solde créditeur. Il existe des liens incontestablement puissants entre moi et les filles — nous nous aimons profondément —, mais j'ai certains handicaps à surmonter.

Mes absences représentent un défi permanent. Lorrie et moi avons affronté de nombreux challenges, et nous avons mis vingt ans à les remporter. Nous avons cherché le juste équilibre. Nous avons tous deux beaucoup appris sur nous-mêmes et l'un sur l'autre. Nous avons découvert qu'une relation a besoin d'un tas d'ingrédients pour fonctionner correctement. Nous avons mûri. Et cette énergie que nous avons développée nous a rendus meilleurs. Nous avons investi en nous-mêmes.

Comment ma vie personnelle, outre mon expérience de pilote, m'a-t-elle préparé à ce voyage sur l'Hudson ? Je dirais que les défis que Lorrie et moi avons rencontrés m'ont permis d'accepter plus facilement les cartes que l'on m'a distribuées — et de me contenter des ressources dont je disposais. Peu de temps après notre mariage, nous avons dû faire face à des problèmes de stérilité.

Nous étions mariés depuis environ douze mois lorsque nous avons décidé de fonder une famille, mais au bout d'un an, après plusieurs tentatives infructueuses, il a fallu nous rendre à l'évidence, et nous sommes allés consulter un spécialiste de l'infertilité. Pendant six mois, Lorrie a pris du Clomid pour stimuler son ovulation, et comme beaucoup de femmes qui suivent ce traitement, elle a rapidement pris du poids. Cela l'a fortement perturbée.

Jusque-là, elle était en bonne forme et voilà brutalement que, pour des raisons indépendantes de sa volonté, elle ne cessait de grossir. Elle a pris douze kilos.

Un jour, alors que nous étions en voiture, elle s'est tournée vers moi : « Tu ne me parles jamais de mon aspect physique ni de mon poids », m'a-t-elle lancé.

Ma réponse est venue naturellement — elle sortait du cœur —, mais elle a eu une grande importance aux yeux de Lorrie.

— Apparemment, tu ne comprends pas, n'est-ce pas ? Je t'aime pour ce que tu es, pas pour ton apparence.

— C'est ce que toutes les femmes rêvent d'entendre, a-t-elle lâché.

Elle était sincère.

Parfois, je comprends les choses.

Mes absences fréquentes ne nous facilitaient pas la tâche. Il n'est pas facile de concevoir un bébé quand on vit séparés dix-huit jours par mois. A deux reprises, Lorrie m'a rejoint lors d'une de mes escales afin de ne pas « perdre » un cycle. L'aventure n'avait rien de romantique. Nous étions polarisés sur notre objectif et légèrement tendus. C'était comme une mission.

Finalement, après l'échec du Clomid, nous nous sommes tournés vers la fécondation in vitro. Le coût était d'environ quinze mille dollars — sans prise en charge par notre assurance —, et nos chances de réussite s'élevaient, en moyenne, à 15 %. Lorrie devait endurer plusieurs piqûres par jour, une à 2 heures du matin et l'autre à 14 heures. Lorsque j'étais à la maison, je gérais l'opération. En mon absence, elle se débrouillait toute seule.

Cette période a été très difficile à vivre pour Lorrie. « C'est comme si mon corps me trahissait, répétait-elle. Il refuse de faire la seule chose pour laquelle il a été conçu, la seule chose qui le distingue de l'autre sexe. » A l'époque, nous élevions des chiens d'aveugle, et l'un des couples attendait une portée. « J'ai l'impression que toutes les personnes que je rencontre, y compris les animaux, sont enceintes, me disait-elle. Tout le monde, sauf moi. » Je la sentais profondément blessée, mais je ne savais pas vraiment comment l'aider.

C'est à moi qu'est revenu le soin de lui annoncer que la FIV avait échoué. Elle a compris rien qu'en me regardant. Mon visage était totalement inexpressif, ainsi qu'elle le décrira plus tard.

J'étais dévasté, mais plus encore malheureux pour elle. Je n'arrivais pas à trouver les mots. « Chérie, je suis vraiment désolé », me suis-je contenté de murmurer. Je l'ai prise dans mes bras et je l'ai laissée pleurer un long moment. J'avais beau m'efforcer de faire bonne figure afin de ne pas l'accabler davantage, j'étais meurtri moi aussi.

Nous sommes retournés voir le médecin qui a cherché à nous convaincre de retenter l'expérience. A l'en croire, nous étions encore relativement jeunes — je n'avais que trente-neuf ans et Lorrie, trente et un.

Lorrie était alors en relation avec une autre patiente de la clinique, qui était tombée enceinte le jour même où Lorrie apprenait l'échec de sa FIV. Mais quelque temps plus tard, cette femme a fait une fausse couche. Voir tous ses espoirs anéantis de cette façon était encore plus dévastateur. Face à cette nouvelle, Lorrie a décidé de jeter l'éponge.

« Quel est notre principal objectif ? m'a-t-elle demandé avant de répondre aussitôt : Notre but n'est pas que je mène une grossesse à terme. Mais de fonder une famille. Il y a d'autres manières d'y parvenir. »

Avant notre rencontre, Lorrie était depuis longtemps bénévole dans l'association Grands Frères Grandes Sœurs. Elle concevait cet engagement comme un devoir et un don d'amour. A vingt-six ans, elle avait commencé à parrainer une fillette âgée de cinq ans. Aujourd'hui, à cinquante ans, Lorrie est toujours proche de sa « filleule », Sara Diskin.

Voilà sans doute pourquoi devant son incapacité à concevoir, Lorrie a réussi à formuler précisément le problème que nous affrontions. « J'ai compris de longue date que ce n'est pas le lien biologique qui fait la beauté d'une relation. Je suis prête à tourner la page », m'a-t-elle expliqué.

Nous avons alors choisi d'adopter.

La procédure d'adoption n'est pas un parcours de tout repos — ce sont des montagnes russes interminables, semées d'embûches, bouleversantes et onéreuses qui nous ont totalement transformés.

Dès le départ, Lorrie a choisi de considérer cette démarche comme un travail à plein temps. Comprendre comment fonctionnent les demandes d'agrément n'a pas été tout seul. Les formalités sont assez confuses. Et les voies nombreuses. Laquelle emprunter ? Lorrie a tenté d'établir un plan d'action, mais le processus d'adoption ne répond pas toujours à la logique.

Ce sont les parents biologiques qui choisissent les familles adoptives. Les dossiers s'entassent sur une liste d'attente, puis sont disséqués par des agences spécialisées. Les personnes chargées de délivrer l'agrément ne vous connaissent pas vraiment. Les règles sont mal définies.

Durant cette épreuve, Lorrie s'est montrée très agitée. Et mes tentatives de gérer l'affaire avec pragmatisme et circonspection ont souvent compliqué la situation.

« Tu ne sais pas me réconforter, m'a-t-elle déclaré un jour. Ce n'est pas dans tes compétences. Tu es incapable d'éprouver ce que je ressens. »

Lorrie s'est débattue avec la paperasse, les tonnes de documents à remplir ; elle souffrait de devoir prouver qu'elle était digne d'élever un enfant. Elle a très mal vécu cette période. Durant son traitement contre la stérilité, on l'avait interrogée et brusquée. Elle avait fait le deuil de son corps qui lui refusait la maternité. Elle avait prouvé son engagement. Et voilà qu'aujourd'hui on l'obligeait à présenter des garants qui attesteraient de sa capacité à être mère. C'était presque une insulte.

Le problème est que nous avions des méthodes très différentes pour gérer ce dossier. Un jour alors que nous répondions chacun de notre côté à une batterie de questions, je fus forcé de dire à Lorrie : « Tu réfléchis trop. On ne te réclame qu'une réponse simple et directe. » Ce genre d'intervention la rassurait. Car cela l'autorisait à prendre les choses plus légèrement. On ne lui demandait pas de raconter sa vie. On n'exigeait d'elle que des informations basiques.

Nous avons rencontré plusieurs groupes de parents biologiques dans les mois qui ont suivi : chaque fois, nous espérions être choisis. Cette phase de la procédure n'a pas été facile. Après certaines entrevues, je devais parfois calmer l'excitation de Lorrie qui était convaincue que nous touchions au but. J'essayais d'analyser les données de la situation, de faire preuve de logique : « Effectivement, la mère biologique a parlé de nous en bons termes, répétais-je, mais n'oublie pas qu'elle n'a sûrement pas tout dit. » Lorrie m'accusait alors de lui gâcher sa joie. Je sentais pourtant que nous devions être réalistes, sous peine de vivre une grande désillusion.

Enfin, le 1er décembre 1992, nous avons pris l'avion pour San Diego afin de faire la connaissance d'une femme qui était enceinte de sept mois. Le père était présent à l'entretien.

Le couple nous a interrogés sur nos vies, les rêves que nous faisions pour l'enfant que nous souhaitions élever, mon travail de pilote, etc.

Ils nous ont paru honnêtes et clairvoyants, et de notre côté, nous nous sommes montrés sincères. La réponse est tombée peu après : ils nous choisissaient comme parents adoptifs.

Le 19 janvier 1993 à 2 heures du matin, nous avons reçu un appel téléphonique nous informant que la mère biologique venait d'entrer en salle de travail. Nous devions nous préparer à aller chercher le bébé à San Diego. Si Lorrie était trop excitée pour se rendormir, j'ai fait le choix, à sa grande stupéfaction, de retourner au lit. Elle ne comprenait pas comment je pouvais me recoucher en un moment pareil. Mais j'étais réaliste comme toujours : je savais que je ferais un meilleur père après avoir dormi quelques heures.

Kate est née à 4 heures du matin, et nous avons embarqué sur le vol de San Diego dès le lever du soleil. Nous avions emporté un siège-auto pour pouvoir la ramener à la maison. Et nous étions un peu gênés de déambuler dans l'aéroport avec cette nacelle vide. Les gens qui nous regardaient n'allaient-ils pas se demander où nous avions caché le bébé ?

Une fois à l'hôpital, nous avons foncé directement à la nursery. C'est là que nous avons vu Kate pour la première fois. Je m'en souviens comme d'un moment bouleversant. J'en suis tombé amoureux à l'instant où mes yeux se sont posés sur elle.

Un peu plus tard, quand l'infirmière, qui tenait Kate dans ses bras, a demandé si sa maman voulait la prendre, la mère biologique a indiqué Lorrie du doigt : « C'est elle la mère. » L'infirmière a tendu Kate à Lorrie.

Pendant que Lorrie est allée aux toilettes, il a fallu changer le bébé. C'est moi qui m'en suis chargé, et vous pouvez me croire, je n'en étais pas peu fier.

En début d'après-midi, le personnel de la maternité nous a informés que nous étions libres de partir avec Kate. Lorrie a souhaité prendre congé de la mère biologique. « Que peut-on dire à une femme qui vous a fait un tel présent ? s'est-elle interrogée. Il n'y a pas de mots. »

Les parents de Kate étaient à nos yeux des gens incroyablement courageux. Ne pouvant élever leur enfant à cause de raisons personnelles — leur âge, leur situation, leur manque de revenus —, ils avaient pris une décision très difficile, et accompli un acte d'amour. Ils avaient transformé leur dilemme déchirant en un magnifique cadeau.

Lorrie m'a demandé de patienter avec le bébé dans la nursery — elle ne voulait pas attrister cette femme en se présentant avec Kate — et elle s'est rendue dans sa chambre. Alors qu'elle la remerciait, la mère a essuyé une larme. « Soyez bons pour elle », a-t-elle déclaré.

Toutes deux étaient bouleversées.

Le protocole des maternités oblige les jeunes mamans à quitter l'établissement dans un fauteuil roulant. Lorrie a essayé d'expliquer qu'elle n'avait pas accouché, mais une aide-soignante a néanmoins tenu à nous accompagner jusqu'à la porte d'entrée. Ainsi nous sommes sortis, avec Kate, suivis d'une auxiliaire de soins poussant un fauteuil roulant. La scène était à la fois surréaliste et grotesque. Mais nous étions formidablement heureux.

Sur le parking, nous ne pouvions nous empêcher de jeter des coups d'œil par-dessus notre épaule. On avait presque le sentiment d'avoir volé un bébé. Et une partie de nous avait peur qu'on vienne nous le reprendre. Finalement, nous l'avons installé dans le siège-auto, nous avons roulé un bon kilomètre, puis une fois à distance de l'hôpital, j'ai garé la voiture le long du trottoir.

Nous nous sommes regardés. Puis nous avons contemplé Kate qui ne nous quittait pas des yeux. Je n'ai pas pleuré, mais jamais je n'avais ressenti une telle émotion. J'étais père.

Quatorze heures après sa naissance, Kate prenait l'avion pour la première fois, en direction du nord de la Californie. Et comme vous pouvez l'imaginer, ce n'était pas pour me déplaire.

Deux ans plus tard, nous avons été contactés par une autre femme qui, après avoir examiné trente-six profils de familles prétendant à l'adoption, souhaitait nous rencontrer. Au terme de l'entrevue, elle décidait de nous confier son enfant.

Le 6 janvier 1995, j'étais à Pittsburgh en formation sur un simulateur de MD-80 quand on nous a prévenus que la mère biologique était entrée en salle de travail. J'ai aussitôt interrompu mon stage, pour organiser mon retour à la maison dès le lendemain matin.

Entre-temps, Lorrie était partie pour la maternité. L'accouchement a été très long, et Lorrie qui, contrairement à la naissance de Kate, se trouvait aux côtés de la mère, a passé près de vingt heures sans dormir. Elle avait l'impression d'être dans un film. Dehors, il y avait un orage terrible, des trombes d'eau s'abattaient derrière les vitres, et le vent hurlait. Quand la tête de Kelly est apparue enfin, une infirmière s'est écriée :

— Oh ! mon Dieu !

— Quoi, quoi, que se passe-t-il ? a hurlé Lorrie, le cœur battant.

— Nous avons une petite rousse ! a clamé l'infirmière.

Peu après sa naissance, aux environs de 22 heures, le médecin a tendu Kelly à Lorrie. L'instant était bouleversant. La pluie. Le tonnerre. Ce magnifique nouveau-né. Et moi qui avais manqué tout cela.

Pendant que Lorrie berçait Kelly, j'étais au-dessus des nuages, quelque part près de Denver.

Je suis arrivé à l'hôpital dans l'après-midi et lorsque j'ai découvert Kelly, j'ai eu un deuxième coup de foudre. Et j'ai ressenti une immense gratitude.

Le plus surprenant, c'est que Kelly ressemblait beaucoup à moi lorsque j'étais petit : la forme de sa tête, nos yeux, notre peau d'Irlandais. Enfant, j'avais les cheveux blond vénitien. Depuis, nous nous sommes amusés à réaliser un montage de photographies de Kelly et moi, bébé : il est difficile de nous différencier. Il se passe parfois des phénomènes surprenants dans les cas d'adoption. Lorrie estime que c'est une chance que nos enfants nous ressemblent. Non que nous l'ayons souhaité. Mais j'avoue que c'est très agréable. Et cela nous a permis de ne pas nous sentir obligés d'informer les gens que nos filles avaient été adoptées.

Le dossier de Kelly a été plus compliqué à régler que celui de Kate. Des tas de facteurs peuvent ralentir les formalités, ou même faire échouer la procédure. Les mères biologiques ont quelquefois du mal à prendre une décision. Elles subissent souvent des pressions familiales.

Lorrie et moi avons été confrontés au problème. Et nous avons vécu plusieurs heures de grande incertitude en attendant les documents définitifs dans le restaurant Taxi's, situé tout près de la maternité. Nous y avons déjeuné, puis dîné, l'angoisse au ventre. Plus le temps passait, plus la peur s'installait. Qu'arriverait-il en cas d'imbroglio administratif ? Un enchaînement de retards pouvait-il conduire à annuler toute la procédure ? Je me souviens avoir eu un échange houleux avec l'administrateur de l'établissement hospitalier. Je lui ai demandé de se ressaisir et d'assumer ses responsabilités. J'avoue que mes propos étaient un peu agressifs et péremptoires, mais ils étaient nécessaires pour sortir de l'impasse.

Le jour où nous avons ramené Kelly en voiture à la maison, Kate, qui était alors âgée de deux ans, est sortie sur le perron et a contemplé le bébé avec stupéfaction. Elle croyait que Kelly était une poupée, un cadeau qu'on lui offrait. Elle allait vite comprendre qu'elle s'était trompée.

Lorrie et moi nous nous sommes regardés. « Nous formons une vraie famille maintenant », ai-je déclaré. C'était ce que je ressentais.

Lorrie et moi avons appris au fur et à mesure des années à nous occuper exclusivement de ce que nous avons, au lieu de passer notre temps à chercher ce qui nous manque. Notre couple a traversé de sérieux orages, mais aujourd'hui, à plus d'un titre, nous sommes plus proches que jamais. Et nous cherchons à vivre en accord avec nous-mêmes. Lorrie est devenue coach sportif de plein air. Elle aide les femmes à faire de la remise en forme physique et psychologique. Elle leur apprend à accepter la vie comme elle vient et à en profiter.

Lorrie et moi avons juré de privilégier l'harmonie, d'aimer nos deux filles et de jouir de chaque jour. Bien sûr, nous n'adoptons pas toujours cette attitude positive. Il nous arrive de nous disputer. Mais c'est l'objectif que nous nous sommes fixé.

Et par conséquent, voilà pourquoi j'ai été submergé d'émotion en voyant nos deux adolescentes sautiller bras dessus, bras dessous, dans cette ruelle de Northstar. J'ai réalisé tout ce que j'avais manqué, c'était violent pour moi. Mais j'ai aussi pris conscience de la chance que nous avons de former une famille. Nous avons le devoir d'essayer de vivre heureux tous ensemble, en gardant la gratitude au cœur.

6

RAPIDE, NETTE, MOYENNE…

La plupart des passagers qui attendent le décollage, dans un avion de ligne, ne s'interrogent pas sur la formation qu'ont reçue les pilotes, assis dans le cockpit. Du moins je le présume.

Ils se demandent dans combien de temps ils vont devoir éteindre leurs portables, ou s'ils ont encore le droit de se rendre aux toilettes avant qu'on n'ait fermé la porte de la cabine. Ils pensent à leurs correspondances, ou râlent contre cette fichue place du milieu. Ils ne réfléchissent ni à la formation ni à l'expérience du commandant de bord. Je le comprends.

Certains des voyageurs du vol 1549 qui ont embarqué à LaGuardia ont déclaré qu'ils avaient remarqué mes cheveux blancs, qui prouvaient mon ancienneté. Mais aucun d'eux ne s'est intéressé à mon curriculum vitæ, à mon dossier de vol, ou à mes diplômes universitaires. Et pourquoi le feraient-ils ? Ils estiment, et ils ont raison, que l'US Airways a rigoureusement sélectionné ses personnels navigants techniques sur des critères agréés par les autorités fédérales.

Et cependant, chaque pilote a un parcours personnel ; chacun de nous a suivi une voie différente avant de se retrouver aux commandes de tel type d'appareil ou dans le cockpit de cette compagnie spécifique. Il n'y a pas deux trajectoires ou progressions de carrière similaires, et nous sommes tous arrivés à l'aviation civile par un chemin qui nous est propre. C'est un sujet que nous évoquons rarement — même entre collègues —, mais chaque fois que nous entrons dans un poste de pilotage, nous y amenons notre vécu, notre passé, notre expérience, les millions de kilomètres que nous avons parcourus. Jusqu'au milieu des années 1990, 80 % des pilotes travaillant pour de grandes compagnies aériennes avaient été formés à l'armée, comme le voulait la FAA. Aujourd'hui, ils ne sont plus que 40 %. Les autres ont suivi des programmes de formations civiles — deux cents universités américaines par exemple offrent des cursus pratiques. Les vétérans de la Seconde Guerre mondiale et de la guerre de Corée — les mentors de mes débuts — ont quitté l'aviation commerciale il y a maintenant plus de deux décennies, à l'âge de soixante ans. Il ne reste plus beaucoup de pilotes de l'époque du Vietnam en activité, bien que l'âge de la retraite ait été reculé à soixante-cinq ans en 2007. Personnellement, je suis heureux d'avoir appris mon métier à l'armée. Et je remercie l'Air Force pour la discipline qu'elle m'a inculquée et les nombreuses heures d'entraînement dont j'ai pu bénéficier. L'enseignement n'est pas toujours aussi rigoureux dans certains programmes civils. J'ai connu tellement de mises à l'épreuve durant ces années-là que je me demande parfois avec le recul comment j'ai pu y survivre. Comment ai-je pu aller au bout de cet engagement quand tant d'autres n'y sont pas parvenus ? Comment ai-je réussi à terminer chacun de mes vols, à poser mon avion sans encombre alors que plusieurs de mes compagnons — que je connaissais et respectais — ont perdu la vie avant d'atteindre la piste ? En y repensant, je me rends compte que la préparation et les circonstances sont toujours inextricablement mêlées. C'est une source de compréhension.

***

Mes années à l'Air Force ont été déterminantes dans ma progression de carrière. Mon initiation à la vie militaire a commencé au printemps 1969 quand j'ai rendu visite à mon député, Ray Roberts, dans son bureau de la petite ville rurale de McKinney. J'étais alors en terminale. Roberts, qui était âgé de cinquante-six ans, était l'un des responsables très estimés du Parti démocrate du Texas. Six ans plus tôt, il se trouvait dans le convoi du président Kennedy à Dallas quand les coups de feu avaient retenti, et plus exactement quatre voitures derrière la limousine présidentielle. Mon but, en rencontrant le député Roberts, était d'intégrer l'une des académies militaires du pays. Pour cela, j'avais besoin d'une nomination d'un parlementaire. Dans certains districts congressionnels, le favoritisme faisait rage. Et quelques députés sélectionnaient à leur gré les candidats pour l'académie navale d'Annapolis, dans le Maryland, l'Air Force Academy près de Colorado Springs, l'académie militaire de West Point dans l'Etat de New York, l'académie de la Marine marchande de Kings Point à New York, ou l'académie des Garde-Côtes à New London dans le Connecticut.

Mais Roberts estimait que le processus de recrutement devait reposer sur le mérite. C'est pourquoi de nombreux jeunes hommes ambitieux débarquaient dans son bureau pour passer un entretien devant un panel de généraux et d'amiraux à la retraite, résidents de sa circonscription.

Après avoir réussi tant bien que mal l'examen de la fonction publique qui avait lieu au bureau de poste, nous nous retrouvions devant cette commission ad hoc de poids-lourds qui siégeait dans la permanence du député. Ce conseil avait deux missions : déterminer d'abord si le requérant avait les qualités pour réussir dans une académie militaire. Puis choisir l'école qui lui conviendrait le mieux. Mon père n'ayant aucune relation haut placée, j'étais heureux de bénéficier d'une nomination au mérite.

J'ai eu de la chance. J'étais arrivé à l'entrevue en proie à une grande nervosité, et plutôt mal à l'aise dans mon costume cravate. Mais j'étais aussi impatient et excité. Depuis que je savais lire, je dévorais des ouvrages sur l'armée et l'aviation. J'avais beaucoup travaillé. Aussi, quand je me suis assis face au jury constitué de ces quatre officiers à la retraite pour mon oral de vingt minutes, j'étais bien préparé.

Le général semblait aimer les questions faciles.

— Monsieur Sullenberger, a-t-il lancé, pouvez-vous me dire quelle branche de l'armée compte le plus grand nombre d'avions ?

Je supposais que la plupart des postulants se contenteraient de la réponse évidente : l'US Air Force. Mais je savais qu'il y avait un piège. Et j'avais révisé le sujet. J'avais étudié les spécificités de chaque composante de l'armée américaine et les appareils qu'elles utilisaient.

— Eh bien, monsieur, ai-je répondu, si vous incluez les hélicoptères, c'est l'US Army la mieux dotée.

Le vieux général a souri. J'étais sur le point de réussir mon examen. Plus la conversation avançait, plus il semblait déterminé à m'envoyer à West Point. Mais j'ai fait preuve de franchise. Je voulais piloter des chasseurs dans la Navy ou à l'Air Force, et je ne voulais pas rejoindre West Point.

Mais le député Roberts ayant offert une nomination à l'Air Force Academy à un autre candidat, on m'a sélectionné pour la Naval Academy. Cependant le destin n'avait pas dit son dernier mot : le jeune homme à qui l'on avait proposé l'Air Force a fini par décliner la nomination, et j'en ai hérité.

J'avais dix-huit ans, et j'étais en route pour le Colorado. J'allais y recevoir une éducation de premier ordre. Et en retour, j'acceptais de donner à mon pays cinq années de service actif comme officier de l'Air Force.

Je suis arrivé à l'Air Force Academy le 23 juin 1969. Pour le gamin originaire des terres rurales du Texas que j'étais, la rencontre avec d'autres cadets venus de tout le pays a été un moment saisissant. Certains des mille quatre cent six élèves de ma promotion étaient, bien sûr, des fils de famille, qui devaient leurs nominations aux relations de leurs pères. La plupart étaient des enfants d'officiers, d'autres venaient de dynasties possédant une longue tradition militaire. Mais une fois que nous étions passés à la queue leu leu entre les mains du coiffeur, ces distinctions ne semblaient plus avoir d'importance. Nous aurions tous à affronter le même parcours harassant. Seulement huit cent quarante-quatre cadets parmi les mille quatre cent six nouveaux arrivants obtiendraient leur diplôme.

Le jour de notre arrivée à l'académie, il faisait un temps magnifique, typique du Colorado. Aucun nuage dans le ciel. Depuis ce jour-là, je suis fasciné par l'ouest des Etats-Unis. La vue était dégagée sur des centaines de kilomètres et les montagnes étaient toutes proches — une vision particulièrement étonnante pour un garçon fraîchement débarqué des plaines du Nord Texas.

L'architecture du campus était spectaculaire, et à l'époque les bâtiments étaient encore relativement neufs. Leur construction avait été achevée douze ans plus tôt, et la première promotion en était sortie en 1959. Si je réussissais à tenir quatre ans, j'appartiendrais à celle de 1973, la quinzième.

Les premières femmes ne sont arrivées qu'en 1976, trois ans après mon départ.

J'étais très nerveux ce jour-là. Je ne savais pas ce que l'avenir me réservait. Contrairement à d'autres cadets, j'ignorais l'intensité du bizutage qui nous attendait. A peine avions-nous enlevé nos vêtements civils pour revêtir nos tristes uniformes de troufions, vert olive, que des anciens ont surgi en braillant :

— Tenez-vous droit ! Rentrez le ventre !

— Bombez le torse ! Baissez-moi ces épaules !

— Rentrez-moi ces coudes ! Rentrez le menton, mister !

— Regardez droit devant vous !

Cela m'a-t-il impressionné ? Evidemment. A dix-huit ans, je n'avais pas assez d'expérience de la vie pour prendre de la distance avec ce genre de scènes. J'avais connu une enfance douillette et j'étais soudain projeté dans un monde et une situation qui avaient de quoi vous déboussoler. C'était désarçonnant.

On a parfaitement le droit de s'interroger sur l'intérêt d'une telle mascarade. Etait-elle nécessaire ? Je n'en suis pas convaincu. Mais aujourd'hui, je comprends mieux certains objectifs de ce bizutage. Il était destiné à nous arracher au confort, à la facilité, et à nos habitudes. A nous forcer à réviser nos points de vue et à modifier nos sens des priorités. Ce n'était plus le « moi » qui comptait, mais le « nous ». Cette première année nous préparait à vivre selon des valeurs qui restaient pour nous, jusqu'à présent, totalement théoriques — le devoir, l'honneur et l'idéal de servir. Ces termes ne seraient plus des abstractions. Ils auraient désormais une véritable signification ; nous étions dans la vraie vie, et nous prenions la réalité en « pleine figure ».

Il est étonnant de voir avec quelle aisance et avec quelle rapidité on apprend l'assiduité, le sens des responsabilités et les principes quand la seule réponse que vous autorise votre supérieur est : « Oui, monsieur », « Non, monsieur », « Aucune excuse, monsieur » ou « Je ne sais pas, monsieur ». D'après le règlement, les anciens n'étaient pas censés nous toucher physiquement. Mais les hurlements et les intimidations s'accompagnaient souvent de bousculades.

Ceux qui plaident en faveur du bizutage affirment qu'il aide à créer un sentiment de loyauté entre camarades — c'est en partie vrai. Durant cette première année, je me sentais très proche de mes copains « doolies » (un dérivé du mot grec « doulos » qui veut dire esclave). On s'était portés volontaires pour défendre notre pays, et on était des patriotes. J'avais lu beaucoup de témoignages d'anciens soldats partis au front, et tous soutenaient la même chose : sur le champ de bataille, on se bat pour ses frères d'armes, et non pour un idéal politique ou politicien. On préfère mourir plutôt que de laisser tomber ses compagnons.

Depuis cette année de doolie, je suis lié pour la vie avec certains élèves de ma promotion. L'expérience a été intense, mais elle n'avait rien à voir avec un parcours universitaire classique. On nous testait, on nous maltraitait, on nous défiait physiquement. Tandis que plusieurs cadets s'effondraient sous nos yeux dans nos rangs. Certains étaient incapables de supporter les épreuves physiques et psychologiques qui constituaient notre entraînement de base. Quelques-uns échouaient sur le plan scolaire, ou reculaient devant le bizutage. D'autres demandaient leur transfert dans une université classique : « Je ne suis pas à ma place ici, disaient-ils. Je veux faire de bonnes études, mais pas à ce prix-là. »

Ceux d'entre nous qui ont résisté ont découvert la fraternité.

Durant le premier été, nous avons été consignés pour l'entraînement de base probablement le plus rigoureux de tout le programme, et l'expérience physique la plus épuisante de toute ma vie. Nous devions sortir au pas de course en ordre serré, nos fusils levés au-dessus de nos têtes, en frappant le sol en cadence avec nos bottes. Les recrues qui quittaient les rangs étaient considérées comme des lâches ou des losers. Les seniors hurlaient : « Plus haut le fusil ! Ne fais pas la mauviette ! Tu laisses tomber tes copains ! »

Les gars qui couraient mal le payaient cher. Ils finissaient par s'épuiser, et devaient s'arrêter. Les élèves de dernière année s'agglutinaient autour du malheureux cadet qui avait quitté la formation, et lui hurlaient des insultes. C'était très violent. Certains vomissaient de fatigue. Parfois, d'autres pleuraient.

Ceux de mes compagnons dont le père était officier craignaient d'être reniés s'ils étaient forcés d'abandonner l'académie. Je les plaignais sincèrement. Je me suis demandé plus tard à quel endroit ils avaient échoué, dans une université civile sans doute — un lieu où l'on fait de bonnes études sans supporter une telle adversité.

J'avais grandi dans un paysage situé au niveau de la mer, et je me retrouvais à près de deux mille mètres d'altitude. J'avais du mal à m'acclimater. Et je n'étais pas le seul. J'étais généralement quelque part au milieu du peloton, mais je tenais bon. J'étais résolu à passer l'été et à réussir les quatre années à venir.

Et malgré ma fatigue et le mal du pays, ce premier entraînement avait des aspects plaisants. Les anciens nous divisaient en équipes pour des tests d'aptitudes physiques. C'était la phase d'évaluation. On nous donnait des cordes et des planches, et nous devions trouver un moyen pour franchir d'un bout à l'autre un grand caisson fermé sans toucher le sol, ni l'eau qui était en dessous, et ce dans un temps limité. A côté des officiers, les troisième et quatrième année nous encadraient, planchettes et chronomètres à la main, cherchant à repérer le meilleur meneur, celui qui parvenait à faire traverser son unité sans encombre. Quand mon tour est venu de diriger l'exercice, je m'en suis plutôt bien sorti. Et j'ai gagné un peu de confiance en moi.

Cet été d'entraînement m'a servi ultérieurement. Il m'a aidé à prendre conscience qu'en cherchant bien au fond de moi-même je pouvais trouver une force insoupçonnée. Jamais sans ces épreuves harassantes je n'aurais découvert l'étendue de mes ressources. Non que j'étais un garçon paresseux. Mais jusqu'à cet instant, je n'avais jamais poussé mes limites. Ceux d'entre nous qui réussissaient le parcours réalisaient qu'ils avaient accompli bien plus qu'ils ne l'auraient imaginé.

Au début de l'automne, la rigoureuse préparation physique a cédé la place aux exigences scolaires. Le programme universitaire était vaste et ardu. En plus des matières principales, nous suivions de nombreux cours en sciences fondamentales — génie électrique, thermodynamique, construction mécanique, chimie. Nous recevions aussi un enseignement en philosophie, droit et littérature anglaise. Aujourd'hui, en y songeant, j'apprécie l'instruction qu'on m'a donnée, mais à l'époque ce cursus nous paraissait écrasant.

Heureusement, il y avait quelques petits à-côtés qui réjouissaient ceux d'entre nous qui rêvaient de piloter.

J'ai volé pour la première fois dans un avion de l'armée de l'air au cours de ma première année. C'était dans un Lockheed T-33 qui datait de la fin des années 1940. L'avion doté d'une verrière pouvait atteindre la vitesse de huit cents kilomètres par heure, une caractéristique typique des chasseurs de cette époque. La technologie aérodynamique avait surpassé la technologie de propulsion. Ce n'est qu'au milieu des années 1950 qu'on a conçu des moteurs capables de fournir une poussée suffisante pour bénéficier des avantages induits par les progrès en aérodynamique.

Ainsi ce vieux T-33 manquait de puissance. Cependant, être à son bord était terriblement excitant.

Chaque nouveau cadet avait droit à un vol de quarante-cinq minutes, le but étant de le motiver pour pouvoir rester à l'académie.

C'était la première fois que je portais un parachute, un casque et un masque à oxygène, la première fois aussi que j'étais assis sur un siège éjectable. L'officier qui pilotait l'appareil a exécuté un tonneau, avant de filer à seize kilomètres à l'ouest de Colorado Springs, et de survoler le Pikes Peak, sur le dos. Mon estomac n'a émis aucune plainte. Je ne pensais qu'à l'instant présent. Je buvais du petit-lait. Je savais que, quoi qu'il arrive, j'avais trouvé ma voie.

A la fin des quarante-cinq minutes de vol, il m'a fallu, bien sûr, revenir à la réalité et retrouver le bizutage.

Nous prenions nos repas — petit-déjeuner, déjeuner et dîner — à Mitchell Hall, devant des tables rectangulaires qui pouvaient accueillir dix personnes. Chaque tablée regroupait des *freshmen* (4e classe), des *sophomores* (3e classe), des juniors

(2e classe) et des seniors (1re classe). Les cadets de première année étaient assis, le dos droit, au garde-à-vous, les yeux fixés sur leurs assiettes. Nous devions porter nos fourchettes à nos bouches comme des robots, et il nous était interdit de regarder devant nous. Nous n'avions pas l'autorisation de parler. Sauf si des élèves plus âgés s'adressaient à nous ou nous posaient une question. Durant tout le repas, ils se livraient à un véritable interrogatoire et nous forçaient à répondre en hurlant.

On nous avait fourni un manuel en format poche, intitulé *Checkpoints*. Nous devions mémoriser tout son contenu, un ensemble de règles et de traditions, en particulier le Code de conduite. Il nous en coûtait cher de ne pas le connaître sur le bout des doigts.

Le Code de conduite, établi par le président Eisenhower en 1955, était d'une importance cruciale. En effet, durant la guerre de Corée, les prisonniers américains avaient été poussés à collaborer sous la torture. On disait à l'époque qu'ils avaient subi un « lavage de cerveau ». L'armée avait donc établi des règles spécifiques que nous étions censés apprendre par cœur. En tant que futurs officiers supérieurs, nous devions jurer par exemple : « Je n'abandonnerai jamais mes hommes tant qu'ils auront les moyens de résister. » Nous ne pouvions capituler que face « à une mort certaine ». Nous devions répéter les phrases clés : « Si je suis capturé, je résisterai par tous les moyens disponibles. Je travaillerai à mon évasion et à celle de mes compagnons. Je n'accepterai aucune libération conditionnelle ni faveur de l'ennemi. »

Les heures des repas étaient chaque jour un peu plus stressantes, car les exigences des cadets plus âgés ne faisaient qu'augmenter. Il fallait retenir dans le détail le fonctionnement d'un grand nombre d'avions. Mais aussi la politique étrangère, l'histoire mondiale et américaine, et les résultats sportifs de la veille. On nous obligeait à réciter à toute allure les noms entiers de tous les anciens de la tablée, y compris leurs initiales, et le nom de leur ville natale. Quarante ans plus tard, la plupart de leurs patronymes sont gravés dans ma tête. Je me rappelle également leurs lieux de naissance.

Le degré de harcèlement variait en fonction de la place qu'on nous avait attribuée autour de la table. En entrant dans la salle à manger, si l'on découvrait qu'on était assis à côté d'un senior plutôt gentil, on était soulagés. Mais s'il s'agissait d'un dur à cuire, bien connu pour ses brimades, notre cœur se serrait. On savait que le repas serait un enfer.

Dans ces circonstances, on espérait deux choses : que les cadets plus âgés se focaliseraient sur l'un de nos camarades doté d'une mauvaise mémoire — on pourrait alors manger tranquillement — ou que l'un de nos copains de promotion se révélerait être un génie, un hypermnésique ou un type omniscient. Quand les élèves de dernière année tombaient sur un M. Je-Sais-Tout, ils déployaient toute leur énergie à le perturber, à le piéger, à le coincer, et ils lui faisaient passer un sale quart d'heure à la première erreur. Dans ces cas-là, ils nous ignoraient et, pour nous, le repas se poursuivait agréablement.

Je me souviens d'un élève-officier, d'un an plus âgé que moi, qui ne mâchait pas ses mots, mais qui n'aimait pas les bizutages violents.

Un jour, alors que nous nous préparions pour aller déjeuner, il s'est approché de moi. Je me tenais au garde-à-vous. Comme il faisait chaud, nous étions en manches courtes.

— Tu as bien ciré tes chaussures ? m'a-t-il demandé.

— Oui, monsieur, ai-je répondu.

— Jusqu'à quel point en es-tu sûr ?

— Monsieur, j'en suis tout à fait sûr.

Je n'avais pas le droit de dire : « J'suis sûr » — les *freshmen* avaient interdiction d'utiliser des contractions.

Il a décidé de me lancer un défi.

— Veux-tu comparer avec les miennes ? a-t-il demandé.

— Oui, monsieur.

Il a défini les règles :

— Si tu es convaincu que tes chaussures sont mieux cirées que les miennes, et si au final tu as raison, je ferai ton plumard demain. Mais si c'est moi qui gagne, tu feras le mien et le tien.

Nous devions tous faire nos lits au carré. Même les élèves des promotions supérieures. Il fallait tirer les draps et les couvertures jusqu'à ce qu'il ne reste aucun pli. Ensuite, on lançait dessus une pièce de vingt-cinq cents. Si elle ne rebondissait pas, on était condamnés à tout arracher et à recommencer. Ce n'était pas amusant. Ce serait merveilleux si ce type me débarrassait de cette corvée le lendemain.

Il m'a autorisé à baisser la tête, et à inspecter nos chaussures respectives. Nos deux paires semblaient aussi bien lustrées l'une que l'autre. Mais j'ai choisi l'audace.

— Monsieur, j'ai gagné, ai-je lancé.

— Ça se vaut, a-t-il répondu. Mais le test n'est pas terminé. Comparons nos semelles.

En équilibre sur un pied, il a levé sa jambe pour que j'examine le semelage de son soulier, la partie voûtée entre le talon et la cambrure. Le cuir brillait. Ce qui n'était pas le cas de mes semelles. A l'exemple d'un bon avocat d'assises, il ne posait jamais de question sans en connaître la réponse. Il m'avait piégé.

— Monsieur, vous m'avez battu, ai-je reconnu.

Il m'a vu esquisser une moue amusée, et bien que les *doolies* n'aient pas l'autorisation de sourire quand ils étaient en rang, il m'a laissé tranquille et il est parti sans me demander de comptes.

Il m'arrivait souvent d'avoir envie de rire.

Lorsque nous marchions au pas, nous devions compter en cadence chacun notre tour : « gauche, gauche… gauche, droite, gauche… »

J'avais remarqué depuis fort longtemps que les personnalités qu'on voyait à la télévision, en particulier les présentateurs de journaux comme Chet Huntley et David Brinkley, avaient une élocution parfaite et sans accent. Je m'efforçais de les imiter, et de me débarrasser des rudes inflexions texanes de mes compatriotes. Alors quand c'était à moi de scander à haute voix, les autres cadets oubliaient que je venais du Texas.

Mais je me souviens d'un *doolie* prénommé Dave qui, chaque fois qu'il ouvrait la bouche, ne pouvait cacher qu'il était originaire de la partie ouest de l'Etat. Quand il marquait la cadence on entendait : « lay-uff, lay-uff… lay-uff, raah-yut, lay-uff…[1] »

Je gloussais intérieurement, mais mon visage restait impassible pendant le défilé. « Lay-uff, lay-uff… lay-uff, raah-yut, lay-uff… »

L'académie abritait un véritable melting-pot. Et on se serait parfois cru au générique d'un film sur la Seconde Guerre mondiale. Il y avait un type doté d'un patronyme polonais arrivant de Chicago, un Texan, un jeune juif des banlieues new-yorkaises, un gars de Portland dans l'Oregon.

C'est drôle ce dont on se rappelle.

Quand ma fille Kate est entrée au lycée à l'automne 2007, Lorrie et moi nous nous sommes rendus à une réunion parents-professeurs. Son enseignant de mathématiques m'a paru d'emblée familier. Quand il a pris la parole, le souvenir m'est revenu : il était deux classes au-dessus de moi à l'Air Force Academy. Et il faisait partie de ces élèves-officiers qui m'interrogeaient autour de la tablée de la salle à manger. Une fois qu'il s'est présenté, je me suis approché de lui et je lui ai lancé : « Rapide, nette, moyenne, amicale, bonne, bon. »

Il m'a regardé, et il m'a reconnu aussitôt. Il a compris exactement ce que je voulais dire.

A la fin de chaque repas, les cadets de première année assis en bout de table étaient chargés également de remplir le formulaire 0-96 de l'Air Force Academy — la critique du déjeuner ou du dîner. Encore un rituel inutile. Par tradition,

1. En anglais, « gauche » se dit « *left* » et « droite », « *right* ». (NdT)

nous faisions toujours les mêmes commentaires. « Comment avez-vous jugé le service ? Rapide. L'apparence du serveur ? Nette. La taille de la portion ? Moyenne. L'attitude du personnel de la salle à manger ? Amicale. La boisson ? Bonne. Et le repas ? Bon. »

Le professeur de mathématiques et moi, nous nous sommes serré la main en souriant, comme deux hommes âgés qui se remémoraient l'ancien langage cadencé de leur jeunesse.

En mai 1970, à l'approche de la fin de la première année universitaire, le bizutage s'est arrêté. L'heure était venue de ce qu'on appelait : « La Cérémonie de reconnaissance », une date qui nous transformait officiellement en anciens. Nous n'étions plus obligés de donner du « monsieur » aux cadets plus âgés. Les repas se déroulaient désormais dans une paix relative. Et lorsque c'était à mon tour d'interroger les jeunes recrues, je les questionnais calmement sur le pilotage, au lieu d'exiger d'eux des tests stupides de mémorisation. Je préférais jouer un rôle éducatif auprès des bleus.

Malgré la discipline excessive qui régnait à l'Académie, nos supérieurs et nos professeurs semblaient fermer les yeux sur certaines transgressions : en réalité ils nous autorisaient tacitement à mettre sur pied des projets interdits, révélant notre sens de l'initiative ou notre ingéniosité. Chaque année, ainsi que le voulait la tradition, on demandait aux *freshmen* de s'affirmer et de montrer leurs talents, en inventant des pitreries aussi énormes, ou encore plus loufoques, que celles réalisées par la promotion précédente.

Ma classe avait ainsi décidé de redécorer la façade du planétarium où les cadets prenaient leur cours d'astronomie. Le bâtiment en forme de dôme était blanc comme un igloo, mais un soir, après l'extinction des feux, mes copains se sont glissés hors de leurs chambres et, après l'avoir recouvert d'une immense bâche en plastique noir, ils ont collé un grand 8 au centre de la coupole. Quand toute l'académie s'est rassemblée le lendemain matin avant de se rendre en ordre serré à la salle à manger pour le petit-déjeuner, l'édifice ressemblait à une boule magique n° 8. Bien que je n'aie pas participé à l'opération, j'ai eu l'impression agréable d'en être responsable. Cette plaisanterie et les quelques autres qui ont suivi nous ont aidés à garder le moral.

L'été précédant notre deuxième année, nous avons tous suivi un entraînement de survie. Chacun de nous était envoyé en forêt pendant quatre jours, sans eau ni nourriture. Ce stage avait pour nom : « formation SERE », un acronyme pour « *Survival*, *Evasion*, *Resistance and Escape*[1] ». L'objectif de ce programme était de nous apprendre à échapper à une capture, ainsi qu'à maîtriser les techniques de survie et les grandes lignes du Code de conduite militaire américain.

Les anciens, habillés comme des soldats communistes, se lançaient à notre recherche. Malgré son aspect un peu trop théâtral, ce stage physique n'était pas une plaisanterie. J'ai vécu quelques journées très difficiles, presque anéanti parfois par le manque de sommeil et de nourriture. Mais j'ai eu plus de chance que mes camarades, car j'ai réussi à me glisser incognito dans le campement des seniors où j'ai fauché du pain et de la confiture. Certains autres n'ont rien mangé pendant quatre jours.

Une fois parvenu en deuxième année, j'ai réalisé à quel point, grâce à toutes ces épreuves, j'avais gagné en maturité. Durant mes six premiers mois à l'académie, j'avais vraiment eu le mal du pays. Mais dès que j'ai pu rentrer à la maison en permission, ma nostalgie a disparu. A peine sorti de l'adolescence, j'avais déjà rencontré des gens du monde entier. J'avais accompli des prouesses dont je ne me serais jamais cru capable. J'avais l'impression d'être devenu un homme, et ma ville natale me paraissait plus petite que dans mes souvenirs.

N'ayant piloté aucun avion durant ma première année à

1. « Survie, évasion, résistance et fuite. » (NdT)

l'Air Force Academy — c'était interdit aux *doolies* — j'étais un peu rouillé en retrouvant la piste gazonnée de M. Cook durant mes congés. Je ne comptabilisais pas encore assez d'heures de vol pour avoir des réflexes. Ce n'était pas aussi automatique que faire du vélo. Il fallait que je retrouve mes repères.

Dès l'année suivante, mon cursus comprenait une formation intensive au pilotage et de nombreux entraînements. Dès que j'avais une minute de libre, je courais au terrain d'aviation.

J'ai également suivi des cours de planeur. J'ai adoré cette expérience : le vol à voile est la forme la plus pure de l'aviation. On se prend pour un oiseau. Il n'y a pas de moteur, c'est beaucoup moins bruyant, et on évolue à une vitesse moins élevée, environ à quatre-vingt-seize kilomètres par heure. On sent chaque rafale de vent, on a conscience de la légèreté de l'appareil et d'à quel point on est à la merci des éléments.

C'est dans le Colorado que j'ai appris comment rester plus longtemps dans les airs : la meilleure façon est d'utiliser les ressources de la nature. En été, particulièrement, le soleil réchauffe inégalement le sol. En perdant sa densité, l'air qui se trouve au-dessus se réchauffe, et donne naissance à des colonnes ascendantes plus ou moins larges qui montent dans l'atmosphère. Quand l'avion traverse une de ces bulles de convection, il est comme soulevé. Lorsqu'on prend un virage serré pour se maintenir dans la colonne, c'est comme un ascenseur qui vous emmènerait toujours plus haut. On appelle cela une ascendance thermique, et en transitant d'une masse chaude à une autre, on peut ainsi voler pendant des heures. L'hiver, on a des ascendances orographiques. Ces dernières résultent du contournement par le haut d'un vent rencontrant un relief. C'est comme de l'eau qui coulerait sur un rocher. L'air est alors dévié en altitude. En recherchant ces zones très porteuses, on peut rester en l'air très longtemps.

Outre ces heures passées à pratiquer le vol à voile, j'ai

obtenu mon brevet d'instructeur à l'école militaire. J'ai commencé à former d'autres cadets, y compris une dizaine d'amis, au pilotage d'avions et de planeurs.

Ces expériences m'ont valu, en marge de mon diplôme de l'Air Force Academy, que j'ai décroché en 1973, le titre honorifique de « Meilleur Cadet en Disciplines Aéronautiques ». Une distinction qui récompensait ma ténacité et ma volonté sans faille de parfaire mes compétences de pilote.

J'ai beaucoup appris grâce à l'Air Force Academy — j'ai découvert d'abord la nature humaine, le dépassement de soi, la notion de travail et, tout aussi important, les clés de l'équilibre personnel.

Sur le campus, l'éducation que nous recevions était intitulée : « Le Concept d'homme global ». Nos supérieurs ne nous enseignaient pas simplement les sciences militaires. Ils cherchaient à nous transmettre une force de caractère, à combler nos lacunes, et à nous faire trouver notre propre contribution au monde, bien au-delà des murs de l'établissement. Pour plaisanter entre nous, nous avions rebaptisé ce principe : « Le Concept de la bouche d'égout[1] », mais nous savions foncièrement que la discipline et la rigueur que l'on nous imposait nous seraient utiles.

Nous avions presque l'impression qu'on nous préparait à devenir chef d'état-major de l'Air Force. En réalité, un seul de mes camarades, Norton Schwartz, y est parvenu ; il a été nommé à ce poste prestigieux en août 2008. Mais beaucoup d'entre nous ont fait une carrière honorable, quoique différente. Nous avons tracé notre chemin dans le monde, dotés de multiples compétences et d'un grand sens du devoir.

« Rapide, nette, moyenne, amicale, bonne et bon. »

1. Jeu de mots entre « *Whole Man Concept* », et « *Manhole Concept* ». « *Whole Man* » signifie littéralement « l'homme tout entier », et « *Manhole* » veut dire « bouche d'égout ». (NdT)

7

OPTIMISTE À LONG TERME, RÉALISTE À COURT TERME

A l'exemple de mon père, j'ai été un officier qui n'a jamais participé à un combat. En m'enrôlant dans l'armée, je savais comme lui que je risquerais peut-être ma vie à la guerre. Avec un sens aigu du devoir, nous avions l'un et l'autre accepté cette hypothèse, mais aucun de nous n'a finalement connu la gloire militaire. Mon père a eu l'honneur de servir son pays comme officier naval. Mon passage dans l'Air Force en temps de paix répondait à une vocation, mais je l'ai vu comme une mission exaltante, car chaque entraînement me préparait à défendre la nation si j'étais appelé.

Nombreux sont les soldats qui, après s'être préparés pendant des années à accomplir des tâches qu'ils n'exécuteront jamais sur le terrain, s'interrogent sur l'attitude qu'ils auraient eue au front. Je comprends ce sentiment d'inachevé, même si je ne l'ai jamais éprouvé. Les avions de chasse que j'ai pilotés étaient conçus pour anéantir nos ennemis. Je suis heureux de n'avoir jamais blessé gravement quelqu'un ni d'avoir payé physiquement mon engagement.

Mais comment me serais-je comporté au feu ? Je ne le saurai jamais vraiment. Certes, j'ai affronté de grands dangers dans ma carrière de pilote de chasse ; c'est un métier à risques, même au cours des missions d'entraînement. Cependant, au fil des années, comme beaucoup d'officiers qui ont servi en temps de paix, je me suis interrogé : face au défi suprême — l'instant fatidique entre la vie ou la mort —, aurais-je été à la hauteur ? Aurais-je été assez solide, assez courageux et assez intelligent pour supporter la pression d'une telle épreuve ? Aurais-je été capable de protéger les hommes placés sous mes ordres ?

Je suppose que j'aurais agi en accord avec la formation que j'ai reçue. Je ne crois pas que j'aurais paniqué ou que j'aurais commis une faute lourde. Mais j'ai accepté l'idée que je ne connaîtrais jamais vraiment la réponse.

Je pensais que ma carrière de pilote de ligne se déroulerait sur le même mode. Je décollerais et atterrirais des centaines de fois sans encombre. Nous sommes tous formés aux situations d'urgence — nous nous entraînons sur des simulateurs de vol — et nous avons conscience des risques, si faibles soient-ils.

Heureusement, l'aviation commerciale a fait de tels progrès en matière de sécurité qu'un pilote peut passer toute sa carrière sans jamais devoir gérer une panne de moteur. Mais il faut toujours éviter l'excès de confiance, se préparer à l'imprévu, et au pire, sans savoir s'il surviendra ou non. C'est l'un des plus grands défis de notre profession.

Mon métier peut tellement s'apparenter à une routine que, sincèrement, jamais je n'aurais imaginé vivre un jour la situation d'urgence que j'ai connue sur le vol 1549. Pourtant, avec le recul, je réalise que, même si je n'ai pas combattu dans une guerre, j'ai passé des années à m'entraîner, à rester attentif, constamment en alerte, toujours exigeant envers moi-même. J'ai parfois évité de justesse des accidents, et j'ai analysé avec soin les erreurs fatales commises par certains de mes confrères. Cela n'a pas été du temps perdu. A cinquante-sept ans, j'ai pu tirer les enseignements de ces années d'apprentissage et répondre aux questions que je me posais sur moi-même.

J'ai obtenu mon diplôme de l'Air Force Academy le 6 juin 1973 et, quelques semaines plus tard, je me suis inscrit au cursus d'été de la Purdue University de West Lafayette dans l'Indiana pour y préparer un master de sciences en psychologie industrielle (facteurs humains). C'est une discipline qui s'intéresse à la compréhension des interactions entre les hommes et les autres éléments d'un système. Comment agit et réagit un être humain ? Que peut-il faire et ne pas faire ? Comment concevoir un appareil de façon à améliorer son utilisation ?

Ce master était un programme de coopération qui permettait aux élèves fraîchement diplômés de l'Air Force Academy d'obtenir plus rapidement un diplôme d'une université civile, sans retarder leur entrée dans une école de pilotage, école que cherchaient à intégrer de nombreux officiers de l'Air Force. J'avais suivi des cours de deuxième et troisième cycles durant ma dernière année à Colorado Springs, et une fois mes crédits transférés à Purdue, je n'ai mis que six semaines à obtenir mon master.

A Purdue, j'ai étudié la conception des machines et des systèmes. Ou comment les ingénieurs imaginent l'ergonomie d'un cockpit et les dispositions d'un tableau de bord, en analysant l'adéquation entre le placement des interfaces et la position du pilote. C'est-à-dire en tenant compte des zones où les pilotes peuvent poser leurs mains, ou leurs yeux, et en éliminant les éléments susceptibles de les distraire. Il me semblait que ces connaissances me serviraient dans ma carrière, et j'ai eu raison. Ce regard à la fois universitaire et scientifique sur les réelles justifications des procédures de vol m'a été utile. Quand on apprend le métier de pilote, on se forme à ces procédures, mais on ne sait pas toujours expliquer en quoi elles sont capitales. Ces dernières années, lorsque je me suis consacré aux problèmes de sécurité aérienne, j'ai réalisé que c'est grâce à mon bagage universitaire que je sais établir des priorités. Je comprends aussi bien le pourquoi que le comment.

Après six mois passés dans l'Indiana, l'Air Force m'a envoyé à Columbus dans le Mississippi pour suivre une formation de pilote de premier cycle (UPT). Le programme prévoyait des instructions théoriques sur le pilotage, des entraînements sur des simulateurs et un total de deux cents heures de vol. J'ai commencé par voler sur un Cessna T-37, un bimoteur d'entraînement militaire utilisé par l'Air Force. D'une longueur de huit mètres, ce biplace pouvait atteindre la vitesse maximale de six cent quatre-vingt-cinq kilomètres par heure. Puis je suis passé sur le Northrop T-38 Talon, le premier avion d'entraînement supersonique du monde. Il pouvait voler à plus de mille trois cents kilomètres heure, c'est-à-dire à plus de Mach 1.0.

J'avais fait du chemin depuis l'époque où je survolais tranquillement le champ de M. Cook dans son Aeronca 7DC monomoteur, qui dépassait à peine les cent soixante kilomètres par heure. On me préparait désormais à voler à très haute vitesse et en formation, mes ailes frôlant les chasseurs qui m'encadraient. Et j'étais assis sur un siège éjectable, prêt à sauter en parachute en cas de perte de contrôle de mon appareil.

J'avais alors vingt-trois ans, et mes deux instructeurs, dans le T-37 puis dans le T-38, tous deux lieutenants, étaient à peine plus âgés que moi. Ils venaient respectivement du Massachusetts et du Colorado, et ils partageaient une qualité hors du commun : ils ne se contentaient pas de faire leur travail. « Je veux que tu réussisses », me disaient-ils, en m'aidant de leurs conseils.

Après le Mississippi, l'Air Force m'a envoyé sur la base de Holloman, près d'Alamogordo au Nouveau-Mexique, une base qui a une histoire légendaire. Durant la Seconde

Guerre mondiale, c'est là que se sont entraînés les pilotes des Boeing B-17 (les forteresses volantes) et des Consolidated B-24 Liberator, les bombardiers lourds les plus utilisés par les forces alliées.

Le B-24 qui disposait d'un long rayon d'action était l'appareil militaire américain le plus produit. On en avait fabriqué à la chaîne plus de dix-huit mille modèles durant la guerre. Mais les équipages trouvaient l'avion très vulnérable au combat. De plus, avec le placement de ses réservoirs de carburant dans la partie inférieure du fuselage, il prenait feu facilement. De nombreux pilotes de B-24 lâchaient leur cargaison — chaque machine pouvait contenir quatre mille kilos de bombes — sacrifiant au passage leurs vies. Beaucoup de ces pilotes disparus m'avaient précédé à Holloman.

Holloman a aussi été le théâtre de plusieurs autres succès aéronautiques historiques. Le 16 août 1960, le capitaine Joseph Kittinger Jr. est monté dans un ballon doté d'une nacelle à cent deux mille huit cents pieds pour tester la faisabilité d'un sauvetage en altitude. Il a sauté du dirigeable au-dessus de Holloman, effectuant une chute libre de quatre minutes et trente-six secondes, avec une pointe de vitesse de neuf cent quatre-vingt-huit kilomètres par heure. C'était la plus longue chute libre jamais réalisée par un être humain. Mais à la suite d'une fissure dans son gant droit, sa main a enflé jusqu'à deux fois la taille normale. Kittinger a néanmoins survécu et il a reçu la Distinguished Flying Cross.

A l'image de Holloman, toutes les bases sur lesquelles j'ai stationné avaient une histoire. On sentait presque la présence de leurs anciens héros dans le vent qui soufflait sur les pistes.

A Holloman, je suivais le programme FLIT, c'est-à-dire l'entraînement initial des pilotes de chasse (*Fighter lead-in Training*). On nous formait aux manœuvres élémentaires de combat aérien, à la tactique et au vol en formation sur T-38. Je n'étais pas encore un vrai pilote de chasse, mais dans cet endroit, j'allais le devenir. J'avais beaucoup à apprendre, mais je croyais en ma réussite.

On ne pouvait oublier qu'on avait intégré un corps d'élite. Sur les trente-cinq officiers inscrits dans mon cursus de formation dans le Mississippi, la plupart souhaitaient devenir pilotes de chasse. Mais seuls deux d'entre nous avaient pu rejoindre Holloman. Mes supérieurs avaient eu foi en moi, je n'avais pas le droit de les décevoir. J'avais l'intention de travailler dur pour justifier leurs attentes.

Ensuite, pendant dix mois, j'ai été stationné à la base de Luke située près de Glendale en Arizona, pour me former sur le F-4 Phantom II. Cet avion de chasse, qui peut tirer des missiles à guidage radar longue portée, atteint la vitesse maximale de deux mille trois cents kilomètres par heure, ou Mach 2. Contrairement à beaucoup de chasseurs, le F-4 était un biplace. Le siège du pilote était à l'avant, et celui du navigateur officier systèmes d'armes (NOSA), à l'arrière.

Nous étudions le F-4 système par système — électrique, hydraulique, essence, moteurs, contrôles de vol, armements, etc. Nous décortiquions leur fonctionnement séparément, puis en bloc.

Mes camarades pilotes, les NOSA et moi-même n'apprenions pas seulement à piloter le F-4 — ça c'était la partie la plus simple —, mais également à nous en servir comme d'une arme. Nous lâchions des bombes factices. Nous nous exercions aux engagements air-air. Nous nous entraînions à voler en formation tactique. Et surtout nous prenions l'habitude de faire équipe avec nos NOSA.

Jour après jour, nous découvrions les rouages de la machine, nos capacités à la maîtriser et nos maladresses. Tout aussi important, nous progressions dans la connaissance de nous-mêmes.

Le combat aérien était à la fois très exigeant et excitant. Les commandes du cockpit étaient essentiellement manuelles. Il n'y avait pas le pilotage automatisé comme aujourd'hui pour nous aider dans nos calculs. Contrairement aux pilotes de chasse actuels qui disposent de systèmes informatiques complexes, nous faisions pratiquement tout à vue. Aujourd'hui, grâce aux ordinateurs, les bombes lâchées par les équipages atteignent leur cible avec une grande précision. Dans les chasseurs que je pilotais, il fallait regarder par la fenêtre et calculer mentalement la trajectoire. Avant de décoller, on étudiait le tableau de calcul pour prévoir le largage en fonction de l'angle de piqué, de la vitesse et de l'altitude au-dessus de la cible. Un angle de piqué trop étroit, et la trajectoire de la bombe serait trop courte ; avec un angle trop profond, elle serait trop longue. De la même façon, la vitesse au moment du lâcher et l'altitude affectaient aussi la portée de l'engin explosif. Il fallait également compter avec les vents latéraux en survolant la cible. Les avions modernes possèdent un système de guidage de précision pour ce genre de missions.

En 1976, et au début 1977, durant quatorze mois, j'ai continué à piloter des F-4 à la Royal Air Force Lakenheath, la base située à cent dix kilomètres au nord-est de Londres, où j'étais stationné. C'était ma première affectation en tant que pilote de chasse opérationnel.

Jim Leslie, qui est aujourd'hui commandant de bord à la Southwest Airlines, a servi en même temps que moi dans l'Air Force. Nous sommes arrivés à Lakenheath à quelques jours d'intervalle en 1976, et nous nous ressemblions beaucoup avec notre silhouette dégingandée d'un mètre quatre-vingt-sept, nos cheveux blonds et notre moustache. Les gens nous confondaient lorsqu'ils nous voyaient tous les deux. Et certains pensaient que nous ne formions qu'une seule personne, du moins jusqu'au moment où nous apparaissions ensemble dans la même pièce.

Les pilotes plus âgés savaient que l'un de nous s'appelait Sully, mais dans les premiers temps, ils ignoraient si c'était

Jim ou moi. A force d'entendre crier : « Hé ! Sully ! » Jim finissait par se retourner. Presque convaincu que c'était lui qu'on saluait.

Quand j'ai posé le vol 1549 sur l'Hudson, il est fort possible que quelques vieux pilotes de Lakenheath aient cru que Jim en était le commandant de bord.

De son propre aveu, Jim jouait un peu les fanfarons aux commandes de son avion. Alors que j'avais choisi sans trop d'imagination l'indicatif « Sully », lui avait opté pour « Hollywood ». Il portait des lunettes de soleil fantaisie et des bottes non réglementaires en tissu et en cuir. Il était légèrement extravagant, mais également intelligent et consciencieux. Il prenait du recul sur les événements. « On ne peut pas connaître en détail toutes les techniques de pilotage d'un avion de chasse, mais on doit en savoir le plus possible, car on est obligé d'être l'homme de la situation », aimait-il à répéter.

Après Lakenheath, j'ai fait un stage de trois ans sur la base de Nellis dans le Nevada où j'ai obtenu le grade de capitaine. Jim y était également stationné.

Nous sommes devenus amis, même si nous n'avions pas la même approche de notre métier de pilote. Il était fier d'être un électron libre. Moi, j'étais plus discipliné. Lors de nos missions d'entraînement au combat aérien, la réglementation nous imposait de garder une certaine distance avec les autres avions en cas de passe frontale. Si on nous demandait de maintenir trois cents mètres, Jim essayait cent cinquante mètres. « Je sais que je peux le faire », disait-il, et il avait raison. « Sully, tu peux y arriver aussi. » Je n'en doutais pas, mais je tenais à garder une marge de manœuvre afin d'éviter l'imprévu, car une mauvaise perception ou une faute d'appréciation, même légère, pouvait vous amener à frôler un autre appareil de la formation.

Je respectais Jim. Il ne risquait pas la vie des autres, car il était pleinement conscient de ses aptitudes. Mais nous étions à l'entraînement, pas au combat. Je dosais davantage mon agressivité. Il m'est arrivé dans ma carrière, y compris en tant que pilote de ligne, de faire montre de pugnacité. Dans certaines circonstances, cela peut se révéler utile et approprié.

Les liens entre pilotes étaient primordiaux. Dans toutes les bases où j'ai été stationné, on m'a rappelé à de nombreuses reprises à quel point il faut se méfier de l'autosatisfaction. Il est vital de bien connaître son appareil et d'être conscient de ses moindres faits et gestes. Le métier de pilote de chasse est dangereux — nous le savions tous —, et certains accidents ne sont pas imputables aux hommes. Néanmoins, la vigilance, la préparation, le discernement et la maîtrise permettent de diminuer les risques. Nous avions tous besoin les uns des autres pour y parvenir.

Les pilotes de chasse forment une communauté très soudée, en partie parce que c'est une question de survie. Par conséquent, nous apprenions à accepter la critique mais aussi, en cas de besoin, à juger sévèrement nos camarades. Quand un gars commet une erreur, vous ne pouvez ni l'ignorer ni la laisser passer. Vous n'avez pas envie qu'il commette de nouveau la même faute la prochaine fois qu'il volera avec vous. Il faut absolument lui parler. Votre vie et celle de vos compagnons en dépendent.

J'ai rencontré, je crois, environ cinq cents pilotes et NOSA au cours de ma carrière dans l'Air Force. J'ai perdu douze copains dans des accidents à l'entraînement. Je les ai pleurés, mais je me suis efforcé de comprendre comment le drame s'était noué. Car je savais qu'il était indispensable d'analyser en profondeur ces échecs et d'assimiler les raisons de ces crashs pour assurer la sécurité des autres pilotes. Chacun de ces amis disparus nous laissait en héritage, à nous les vivants, un certain nombre d'enseignements dont nous devions tirer les leçons.

***

L'Amérique a surnommé Charles Lindbergh « *Lucky Lindy*[1] », mais il était davantage que cela. J'ai lu *Mon avion et moi*, le livre qu'il a écrit en 1927 sur son fameux vol transatlantique. Il explique clairement que le succès de sa traversée en solitaire n'était pas dû à la chance ou, comme je préfère le dire, aux circonstances, mais à des préparatifs techniques extrêmement poussés. Bien évidemment, le surnom « *Prepared Lindy* » n'aurait pas eu le même charme ni la même magie, mais la façon dont Charles Lindbergh concevait la préparation d'un pilote a toujours retenu mon attention.

Dans l'Air Force, chaque fois qu'un de mes camarades perdait la vie, j'essayais d'imaginer mes propres réactions. A sa place, quelles décisions aurais-je prises ? Aurais-je survécu ?

A Nellis, chaque pilote et son NOSA se voyaient attribuer un avion précis. Nos noms étaient gravés sur les glissières de la verrière.

A un moment donné, j'ai été affecté pour une mission spécifique sur la base d'Eglin à Fort Walton Beach, en Floride. Il s'agissait de larguer un missile air-air sur un drone cible télécommandé au-dessus du golfe du Mexique. C'était pour moi une chance unique.

Pendant ce séjour en Floride, on a confié le soin à un autre équipage de ramener mon F-4 à Nellis. Le F-4 était doté d'un système de direction des roues du train avant à contrôle électrique, et alimenté par un mécanisme hydraulique. Un connecteur reliait les commandes du cockpit aux roues de ce train avant. De temps en temps, il arrivait que des moisissures s'y infiltrent. Et cela finissait par court-circuiter les broches de connexion, ce qui empêchait le pilote de

1. « *Lucky* » signifie « chanceux » en anglais et « *Prepared* » signifie « bien préparé », « organisé ». (NdT)

contrôler les roues du train avant. Il fallait alors noter cette défaillance dans le carnet d'entretien ; les mécaniciens vérifiaient l'anomalie et la réparaient si nécessaire. Parfois, il suffisait de sécher le connecteur pour qu'il fonctionne à nouveau correctement.

Ce matin-là, un pilote devait partir en vol d'entraînement avec mon avion. Alors qu'il était au roulage, il a remarqué que la direction du train avant avait un problème. Il a regagné l'aire de trafic, a coupé les moteurs et a noté le défaut dans le carnet d'entretien. L'équipe de maintenance a apporté des corrections et a signé le registre.

Ce même F-4 devait partir un peu plus tard dans la journée pour un décollage en formation, c'est-à-dire qu'une fois les deux patrouilles alignées les pilotes mettaient plein gaz, lâchaient les freins et décollaient en position, en accordant leur accélération.

L'un des pilotes de la patrouille était aux commandes de mon F-4 — celui-là même qui avait connu une défaillance dans la matinée. Peu après le décollage, la roue avant (roulette de nez) a viré brutalement sur la gauche, sans qu'il en ait donné l'ordre, précipitant l'avion dans un fossé au bord de la piste, le train d'atterrissage brisé. Sous l'impact, l'un des réservoirs externes s'était rompu, occasionnant une fuite de carburant.

Alors que le pilote et son NOSA cherchaient à s'extraire de l'épave, l'appareil a pris feu, transformant ses deux malheureux passagers en torches vivantes.

Si j'avais été aux commandes de ce F-4, aurais-je consulté le dossier de maintenance ? Aurais-je vérifié comment les mécaniciens avaient traité l'anomalie du train avant ? Aurais-je eu la présence d'esprit de remarquer tous les indices signalant un accident futur ?

Ce pilote et ce NOSA avaient le sens du collectif. Mais à leurs funérailles, je n'ai pu m'empêcher de me répéter qu'un bon équipage devait rester vigilant sur tous les fronts et sur chaque vol.

J'en ai eu l'illustration chaque fois que j'ai frôlé la catastrophe.

Comme par exemple, ce jour-là à Nellis, où j'effectuais un vol à haute vitesse et très basse altitude. Le but de la mission était de réaliser un vol tactique, une nécessité quand on veut éviter le radar de l'ennemi. J'étais à trente mètres au-dessus du sol, à une vitesse de quatre cent quatre-vingts nœuds, et je devais survoler des collines. L'exercice visait à raser un relief sans grimper exagérément de façon à ne pas signaler ma présence.

Cette manœuvre exige un grand entraînement. Je devais lever le nez de l'appareil au moment du franchissement et l'abaisser une fois l'obstacle passé. C'était un peu comme faire des montagnes russes. Si la ligne de crête était plus raide, je devais l'approcher, monter en flèche et, une fois au-dessus de la cime, exécuter un baquet en vol dos, redescendre de l'autre côté du versant pour revenir à ma position initiale.

Ce jour-là donc, à l'approche d'une ligne de crête, alors que je m'apprêtais à la franchir selon cette technique, je me suis aperçu, au moment de pousser le manche vers l'avant pour entamer ma descente, que je ne volais pas assez haut. Mon manque d'appréciation pouvait m'être fatal. J'ai dû rapidement remonter et effectuer un virage de dégagement.

Je n'avais eu que quelques secondes pour corriger ma position, et j'y étais parvenu. Mais laissez-moi vous dire que cet incident m'a marqué. Des pilotes ont trouvé la mort après pareilles fautes de jugement.

Quand nous avons regagné le bâtiment de l'escadron, j'ai endossé la responsabilité de ce loupé. Je me suis tourné vers le NOSA qui m'accompagnait. « Désolé, Gordon. J'ai failli nous tuer aujourd'hui, mais cela n'arrivera plus », lui ai-je dit. Puis je lui ai expliqué ce qui s'était passé et les raisons de mon erreur d'évaluation.

Après plusieurs années passées à Nellis, j'ai été affecté dans un bureau d'enquêtes accidents de l'Air Force. Nous examinions les conditions du crash d'un F-15 sur la base de Nellis. Le pilote aux commandes de l'appareil avait tenté un virage audacieux à trop basse altitude, sans mesurer précisément son rayon, et il n'avait pas pu terminer sa manœuvre. Sur les terrains d'entraînement, situés au nord et à l'ouest de Las Vegas, certains reliefs s'élèvent à environ neuf cent vingt mètres au-dessus du niveau de la mer. D'autres sont encore plus hauts. Si notre altimètre barométrique renseignait l'altitude par rapport au niveau de la mer, il n'indiquait pas celle par rapport au sol. Le pilote avait apparemment mal appréhendé son altitude. Et l'espace dont il disposait. Il s'en était probablement aperçu trop tard. Ainsi que le disent les pilotes : « Il avait perdu la représentation mentale. » (Cadre, image.)

Des erreurs s'étaient glissées dans sa connaissance situationnelle ; il ne les avait pas remarquées et n'avait donc pas pu les corriger, ce qui avait entraîné la catastrophe.

On m'avait chargé de recueillir le témoignage des autres membres de son escadrille, de trier les photographies de l'accident, des images de l'épave éparpillée en mille morceaux sur le sable du désert. Le carnage était décrit dans ses moindres détails, et le dossier comportait des clichés représentant les parties encore identifiables du crâne du pilote.

Comme dans tous les accidents survenant au sein de l'Air Force, les enquêteurs devaient éplucher et retourner dans tous les sens les circonstances précises du crash afin d'en avoir une compréhension parfaite. C'était un peu comme si le pilote décédé avait la lourde responsabilité d'assurer la sécurité future de ses compagnons.

On apprend aux pilotes à garder une *Situational Awareness*[1], ou SA, dans n'importe quelle situation. C'est-à-dire la capacité à se forger une image mentale virtuelle et parfaite de ce

1. Conscience situationnelle. (NdT)

qui se passe autour d'eux, en confirmant continuellement leurs perceptions à la réalité.

Ce militaire qui s'est écrasé dans le sable de Nellis avait eu de toute évidence une SA défaillante, et je ne pouvais pas enquêter sur cet accident sans me rappeler les enjeux auxquels sont confrontés les pilotes de chasse. On exige de nous un haut degré d'excellence : on nous demande d'exécuter des manœuvres époustouflantes à quelques mètres du sol et à haute vitesse, de changer rapidement et fréquemment de direction, tout en nous assurant que la voie est libre et sans danger.

Dans la vie, il faut se montrer optimiste à long terme et réaliste à court terme. C'est vrai dans de nombreux domaines. Mais c'est encore plus essentiel face aux dangers inhérents à l'aviation militaire. Nous n'avons pas le droit de prendre nos désirs pour des réalités. Nous devons avoir conscience de l'étendue de nos connaissances et de nos lacunes, de nos possibilités d'action et des interdits. Nous devons appréhender parfaitement les capacités de l'avion et ses limites, et ce quelle que soit la situation. Nous devons savoir calculer notre rayon de virage à n'importe quelle vitesse, évaluer la quantité de carburant nécessaire pour rentrer à bon port, et connaître l'altitude à adopter si une urgence nous oblige à un atterrissage forcé sans moteur.

Notre jugement peut être affecté dans certaines circonstances, il ne faut jamais l'oublier. Il y a quelques années, un rapport mené sur l'éjection des équipages a cherché à comprendre pourquoi les pilotes retardaient de quelques secondes le moment de sauter de leur appareil qui était pourtant sur le point de s'écraser. Quand ces hommes tiraient sur la poignée, il était souvent trop tard. Soit ils s'éjectaient à trop basse altitude, et heurtaient le sol avant l'ouverture de leur parachute, soit ils tombaient avec l'avion.

Pourquoi attendaient-ils ? D'après l'étude, les pilotes coupables d'une erreur de jugement hésitaient davantage à quitter leur appareil en détresse. Au lieu de déclencher l'éjection, ils gâchaient un temps précieux à essayer de régler un problème insoluble ou de dénouer une situation désespérée. Pour quelles raisons ? Tout simplement parce qu'ils craignaient une sanction en perdant un chasseur de plusieurs millions de dollars. Lorsque l'avarie avait une cause mécanique qui ne relevait pas de sa responsabilité, le pilote était plus prompt à abandonner sa machine. Et il déclenchait le mécanisme à plus haute altitude.

En 1984, alors que mon ami Jim Leslie participait à une mission d'entraînement, son F-4 a décroché au beau milieu d'un combat aérien, à la suite d'une défaillance mécanique. Il était devenu impossible à manœuvrer.

« Les pilotes ne sont que des hommes », m'a-t-il déclaré un peu plus tard. « Dans les situations de stress, notre cerveau nous dit ce que nous voulons entendre : “Ça ne peut pas m'arriver !” Du coup, on refuse l'idée que l'avion soit en train de tomber. On pense avoir le temps de trouver une solution ou de s'échapper, alors qu'en fait c'est presque la fin. Et on s'éjecte trop tard. »

Jim a tiré sur la poignée, ce qui a d'abord propulsé le siège de son NOSA hors du F-4. Une seconde après, c'était à son tour.

« Je pensais avoir déclenché le mécanisme largement à temps, m'a-t-il dit, mais j'ai appris ensuite que je l'avais activé seulement trois secondes avant que l'avion ne touche le sol. » Aurait-il attendu rien qu'une seconde supplémentaire, il ne serait pas sorti vivant de son appareil.

« Personne n'a envie de se crasher, m'a expliqué Jim. Ça fait mauvais effet sur ton dossier de vol. Ce jour-là, la perte de ce F-4 a coûté à l'Air Force quatre millions de dollars. Mais j'ai survécu. Certains meurent parce qu'ils ne veulent pas assumer la responsabilité d'avoir bousillé un zinc. »

Plus tard dans sa carrière, Jim a eu la chance de piloter le F-16. Deux de ses camarades de chambrée ont trouvé la mort au cours d'une mission d'entraînement sur ce Fighting

Falcon. C'est Jim qui a dû emballer leurs affaires pour les rendre à leurs familles. Par la suite, Jim s'est à nouveau éjecté d'un F-16 devenu incontrôlable. Une fois encore, il a survécu. « Chaque jour supplémentaire est un bonus », me dira-t-il.

Le vol le plus éprouvant de ma carrière militaire, je l'ai vécu aux commandes d'un F-4 au départ de Nellis. Mon GIB, mon gars à l'arrière, s'appelait Loren Livermore ; c'était un ancien employé de banque originaire du Colorado qui avait décidé d'abandonner son travail de bureau pour devenir navigateur dans l'Air Force. Nous survolions un champ de tir au-dessus du désert du Nevada. Je menais une patrouille de quatre avions, en formation box autour de la cible posée au sol, dans le cadre d'une mission d'entraînement au bombardement.

Nous étions à très basse altitude, et soudain j'ai senti l'appareil bouger tout seul. Imaginez, vous conduisez une voiture, et soudain, sans même que vous tourniez le volant, elle se met à dévier sur la gauche. C'est un peu effrayant.

Dans le F-4, notre inquiétude a grimpé d'un cran lorsque l'avion a fait un écart intempestif sans que j'aie touché aux commandes de vol. Quand, ultérieurement, on a écouté la bande du magnétophone que Loren avait branché afin de conserver l'enregistrement de nos échanges et de nos transmissions radio, ma réaction était on ne peut plus claire.

— Nom de Dieu !

— C'était quoi ? a hurlé Loren.

— Je ne sais pas.

Croyez-moi, personne n'a envie de connaître cette expérience : se trouver à trente mètres au-dessus du sol, à une vitesse de quatre cent cinquante nœuds dans un avion devenu autonome. Nul ne souhaite vivre ça.

J'ai tiré sur le manche pour redresser le F-4. Je devais absolument remonter pour m'éloigner de la terre ferme, qui ne pardonnait pas. Je devais gagner du temps et me donner du champ. A plus haute altitude, Loren et moi pourrions peut-être comprendre l'anomalie et la gérer efficacement. Plus important, si la situation empirait, nous serions en meilleure posture pour récupérer, ou nous éjecter avec succès et survivre.

J'ai lancé un appel radio :

— Tasty, 1-1, *knock it off*.[1]

Chaque pilote a reçu mon ordre.

— 2, *knock it off*.

— 3, *knock it off*.

— 4, *knock it off*.

— *Mayday ! Mayday ! Mayday !* ai-je crié. Tasty 1-1. Anomalie des commandes de vol.

En tant que leader de la formation, je devais donner mes instructions aux trois autres appareils : « 2 et 4 rentrez à la maison, 3 avec moi. »

Je souhaitais que deux des chasseurs retournent à Nellis. Ils n'avaient aucune utilité, et je ne voulais pas endosser une responsabilité supplémentaire. En tant que leader de la formation, j'avais la charge d'une patrouille de quatre appareils, sans compter moi et mon NOSA. Il était plus prudent de stopper l'entraînement qui comportait désormais de gros risques. Et j'avais une autre priorité : en gros, rester en vie le plus longtemps possible.

J'avais choisi le n° 3 comme escorte, car son pilote était aussi un leader et il était plus expérimenté que celui du n° 2 ou du n° 4. Il pourrait peut-être m'aider à comprendre quel était le problème de mon F-4.

Avant que le 2 et le 4 quittent le champ de tir et la fréquence, j'ai lancé un nouvel appel radio :

— Tasty 1-1, armement vérifié, terminé.

Chaque pilote m'a répondu :

1. Ou KIO. Instruction de sécurité de cesser les manœuvres, attaques ou activités d'un exercice de combat aérien. (NdT)

— 2, armement vérifié, terminé.

— 3, armement vérifié, terminé

— 4, armement vérifié, terminé.

Ainsi, les interrupteurs du dispositif de mise à feu étaient sécurisés avant que les avions ne s'éloignent du *range*.

Le pilote numéro 3 s'appelait George Cella. A l'époque, il y avait à la télévision une publicité très populaire pour le vin Lambrusco Cella. L'aimable personnage de la réclame, nommé Aldo Cella, était un petit Italien grassouillet, le visage barré d'une moustache noire. Il portait un costume blanc et un chapeau, et évoluait au milieu d'un essaim de femmes, attirées par la réputation de son vin. Comme on s'en doute, l'indicatif de George était : « Aldo ».

— Tu devrais vérifier la maniabilité, m'a dit Aldo.

Une fois arrivé à plus haute altitude, à environ quinze mille pieds, j'ai réduit les gaz pour m'assurer que l'avion resterait contrôlable à une plus faible vitesse quand l'heure serait venue de tenter un atterrissage.

Loren, mon navigateur, a feuilleté la check-list de procédures d'urgence et de secours jusqu'à la page correspondante, c'est-à-dire la E-11, et nous nous sommes assurés que nous pouvions garder le contrôle de l'avion.

Aldo s'est approché de mon F-4. Lui et son NOSA ont inspecté le fuselage et la structure globale de mon appareil, à la recherche d'un dégât apparent, d'une fuite quelconque ou de toute autre anomalie.

— Tu as l'air OK, m'a signalé Aldo en restant dans mon sillage.

J'ai contacté la tour de contrôle de Las Vegas et j'ai averti l'opérateur civil de l'urgence de ma situation. Je demandais l'autorisation urgente de retourner me poser à Nellis. Le contrôleur m'a imposé certaines contraintes sur mon vol de retour. Et il a émis des réserves sur le temps qu'il me faudrait pour m'aligner. Il voulait que j'effectue un virage très serré au moment de mon approche finale.

— Impossible, ai-je répondu.

C'est la réponse standard quand un pilote ne peut exécuter ce qui vient d'être demandé ou ordonné.

Je lui ai expliqué que j'avais besoin d'une approche finale de huit kilomètres afin d'être correctement stabilisé pour réussir l'atterrissage. Heureusement que j'avais insisté sur ce point : alors que j'étais en descente, un coup de vent a fait brutalement plonger une aile. Aldo et son NOSA ont cru que je perdais le contrôle du F-4. Ils s'attendaient à nous voir surgir hors de l'avion comme des boulets de canon dans nos sièges éjectables. Mais j'ai poussé à fond le manche à droite et j'ai pu corriger l'angle d'incidence de l'aile. Pour le moment, nous tenions bon.

A la suite de cette rafale de vent, j'ai veillé à garder les ailes parfaitement horizontales et à maintenir soigneusement notre trajectoire verticale et horizontale vers l'entrée de piste. Et surtout à rester aligné dans l'axe.

Aldo m'a suivi, prêt à me prévenir si je déviais de ma route ou si j'adoptais une attitude de vol dont je ne me remettrais pas. J'avais le sentiment de garder le contrôle, mais je restais méfiant. L'avion pouvait encore me trahir, et m'obliger à m'éjecter.

Nous nous sommes alignés dans l'axe de l'aire de sécurité menant à l'entrée de la piste et, en quelques secondes, nous avons posé les roues, notre parachute de freinage déployé.

Nous avions atterri sans encombre.

J'ai immobilisé l'avion, puis j'ai entamé mon roulage jusqu'à l'aire de stationnement. Après avoir sauté à bas du marchepied, Loren et moi sommes restés sur place un instant, en serrant toujours nos casques et nos masques à oxygène. Puis Loren m'a serré la main en s'écriant avec un large sourire : « Je te remercie, ma mère te remercie, mon frère te remercie, ma sœur te remercie… »

Avec l'aide d'Aldo et de son NOSA, nous avions mené à bien notre mission, notre équipe était performante. Nous avions réussi à garder le contrôle de l'appareil et résolu tous les problèmes avant d'atterrir.

Si j'étais mort ce jour-là, les autres pilotes m'auraient pleuré. On aurait chargé certains de mes camarades d'enquêter sur l'accident. Ils auraient découvert les raisons du crash. Je suis heureux d'avoir pu leur éviter les photographies de mon crâne.

Tous les hommes que nous avons perdus ont connu un destin tragique et j'ai gardé en mémoire tant de détails les concernant.

Il y avait sur la base de Nellis un certain Brad Logan, mon ailier (c'est-à-dire qu'il me suivait, me soutenait et couvrait mes arrières). Nous volions en formation de quatre, Brad était aux commandes de l'avion n° 2. Nous avions partagé une quarantaine de missions. C'était un excellent pilote.

J'étais capitaine, lui lieutenant, et il avait quelques années de moins que moi. C'était un type sans prétention, modeste, jovial, toujours le sourire aux lèvres. Grand, solide, et amical, il ressemblait à Dan Blocker, l'acteur qui jouait le rôle de Hoss Cartwright dans *Bonanza*. Naturellement, son indicatif était : « Hoss ».

Après son passage à Nellis, il a rejoint une base aérienne en Espagne. Un jour, pendant une mission d'entraînement, alors que sa patrouille traversait en descente une couche nuageuse, il a été victime d'une erreur d'appréciation ou d'une mauvaise communication entre le contrôle aérien et le leader de sa formation. Du moins c'est ce qu'on m'a raconté. Son avion s'est écrasé sur le flanc d'une montagne cachée sous les nuages bien qu'il ait maintenu sa position et qu'il n'ait commis aucune faute.

Les autres appareils, qui avaient une altitude suffisante pour franchir les sommets, s'en sont sortis, mais Brad et son NOSA ont été tués.

Son assurance-vie mise en place par le gouvernement n'a

versé, si je me souviens bien, à son épouse et à son enfant, que dix mille ou vingt mille dollars. C'était le sort réservé aux familles des pilotes qui trouvaient la mort dans un accident. L'aide qu'elles recevaient était des plus modestes. Mais nous le savions lorsque nous avons signé. Nous avions conscience que certains d'entre nous n'en sortiraient pas vivants, parce qu'aucune mission d'entraînement n'est sans danger. On court toujours le risque d'être surpris par des nuages bas, ou par un relief non signalé. Autant d'exemples qui peuvent causer notre perte.

Les survivants se débrouillaient fréquemment pour nous faire savoir qu'ils avaient déjoué un destin dramatique. Ils bénéficiaient d'une certaine aura.

Je me rappelle un pilote formidable qui s'appelait Mark Postai. Nous étions stationnés ensemble en Angleterre en 1976. C'était un gars d'une vingtaine d'années, très intelligent, un peu maigrichon, aux cheveux bruns et à la peau mate. Il était sorti major de sa promotion d'ingénieur aéronautique de l'université du Kansas.

Le 14 août 1976, Mark avait décollé de la piste 6 de la base de Lakenheath, en direction du nord-est, une piste qui aboutissait dans une forêt épaisse. A la suite d'un dysfonctionnement de son système de commandes de vol qui rendait son avion ingouvernable, il avait réussi à s'éjecter avec son NOSA avant que l'appareil ne prenne feu en achevant sa course dans les bois. Les deux hommes s'en étaient sortis sans la moindre blessure.

« Tu sais que cette forêt appartient à la reine d'Angleterre », avait-on signalé à Mark quand il avait regagné la base. Il avait répliqué en souriant : « S'il te plaît, dis à Sa Majesté que je suis désolé d'avoir incendié la moitié de sa propriété. »

Mark logeait au quartier des officiers réservé aux célibataires, et une semaine ou deux après l'accident, il nous avait invités à une fête qu'il organisait dans sa chambre : « J'ai quelque chose à vous montrer », avait-il prévenu.

Le personnel de l'Air Force avait retrouvé dans les fourrés le siège éjectable qui lui avait sauvé la vie. En guise de reconnaissance, Mark l'avait déposé dans un coin de la pièce où nous circulions, un verre à la main. Je me souviens qu'une infirmière de la base était présente à cette soirée. « Allez vous asseoir dedans », nous avait-il lancé. Nous avions tous trouvé normal d'y poser nos fessiers et d'en tester la magie. Sans doute cela nous rassurait-il de savoir que ce genre d'engins nous sauverait peut-être la vie un jour.

Mark nous avait ensuite expliqué ce qu'il avait ressenti au moment de la propulsion, à quel point son cœur battait. Nous connaissions tous, évidemment, le principe et le fonctionnement d'un siège éjectable.

Tous les pilotes de chasse peuvent être amenés à quitter d'urgence un aéronef en détresse, à la suite d'un enchaînement d'événements. Une fois que vous tirez la poignée, la verrière s'envole. Là, une charge explosive aussi puissante qu'un obus vous catapulte hors de l'avion. Dès que vous vous trouvez à une certaine distance de l'appareil, un moteur fusée stabilise le siège et aide à ralentir votre accélération. Quand les moteurs fusées s'éteignent, le parachute se déploie, et les systèmes de sécurité qui maintiennent le pilote se débloquent. Le baquet tombe alors de son côté, et vous descendez jusqu'au sol.

Enfin si tout marche bien, comme cela avait été le cas pour Mark.

Au cours de la soirée, il nous avait montré fièrement la lettre qu'il avait reçue de la Martin-Baker Aircraft Company Ltd, qui se présentait comme un « fabricant de sièges éjectables et de systèmes de sauvetage ». De toute évidence, ils envoyaient un courrier type à chaque pilote qui avait survécu grâce à leur matériel. Ils écrivaient à Mark :

> *Vous êtes la 4 132e personne à devoir la vie à un siège éjectable Martin-Baker.*

Mark est ensuite rentré comme moi aux Etats-Unis où nous avons été affectés tous les deux sur la base de Nellis pour des missions d'entraînement sur F-4. Sa formation d'ingénieur aéronautique et ses aptitudes de pilote lui ont valu d'intégrer l'une des escadrilles Test et Evaluation de l'US Air Force. Cette unité opérait dans le plus grand secret.

Mark a fini par épouser une jeune et séduisante jeune femme appelée Linda.

Il avait enfin la vie qu'il méritait. Mais un jour, nous avons appris qu'il avait trouvé la mort dans un accident. Personne n'a su quel type d'avion il pilotait, mais il avait perdu la vie entre autres, nous a-t-on dit, à la suite d'une tentative d'éjection ratée.

Ce n'est que récemment, plus de vingt ans après, que j'ai compris grâce à un article de la revue *Air & Space* ce qui lui était arrivé. Le journal expliquait comment les Etats-Unis s'étaient efforcés de trouver des renseignements sur les avions ennemis durant la guerre froide, en particulier sur les MiG soviétiques. Le papier évoquait un pilote américain qui était mort en s'éjectant d'un MiG-23 en 1982. C'était Mark. Curieusement, il s'est avéré que l'appareil était tombé aux mains des Américains. Le travail de Mark consistait à former des pilotes de chasse US pour combattre la flotte aérienne soviétique.

Le magazine mentionnait un livre intitulé *Red Eagles : America's Secret MiGs* que je me suis procuré. Selon cet ouvrage, le MiG que pilotait Mark avait été victime d'un incendie moteur. Après avoir tenté un atterrissage sur sa base située en plein désert, avec son réacteur en panne, il avait été contraint d'abandonner l'avion. Les sièges éjectables des chasseurs soviétiques étaient à l'époque notoirement de mauvaise qualité. Je suppose que Mark le savait quand il avait tiré sur la poignée et prié pour la suite.

Le nombre de pilotes amenés à s'éjecter au cours de leur carrière est très faible. Mon vieil ami Mark a connu l'expérience à deux reprises. Mais la deuxième fois, bien sûr, il n'a pas eu droit à une lettre de félicitations du fabricant.

Deux ans après la mort de Mark, j'ai croisé dans une soirée sa jeune veuve, Linda. J'ai tenu à lui dire que son mari était un gars formidable, et un pilote talentueux dont j'avais toujours apprécié la compagnie. Je lui ai présenté mes plus sincères condoléances. Puis, je me suis tu. Il n'y avait pas grand-chose à ajouter.

Quand mon engagement dans l'Air Force a pris fin, en 1980, j'avais un peu l'impression d'être un survivant. Certes, je n'avais participé à aucun véritable combat. Mais j'avais vécu suffisamment d'épisodes inquiétants pour savoir à quoi m'en tenir. Je ne pouvais ignorer ce qui était en jeu.

J'aurais pu mourir d'une dizaine de façons différentes à de multiples reprises durant ces années de service. J'ai survécu en partie grâce à ma vigilance et à mon discernement, mais aussi grâce à des circonstances favorables. Je suis passé sain et sauf de l'autre côté de la barrière, fort d'un immense respect pour le sacrifice de tous ces hommes qui ont perdu la vie. Je les revois encore — ces jeunes visages enthousiastes ne quittent pas ma mémoire.

8

« ICI LE COMMANDANT DE BORD »

Des militaires du monde entier venaient à Nellis participer à des manœuvres dans les vastes étendues désertes du Nevada. J'ai été engagé dans des combats aériens contre les marines, la Navy, mais aussi contre la Royal Air Force anglaise, des unités canadiennes ou contre des pilotes arrivant du lointain Singapour.

La base de Nellis est célèbre pour son Red Flag, un exercice militaire aérien à grande échelle impliquant plusieurs pays alliés, qui se déroule trois ou quatre fois par an durant plusieurs semaines. Les participants qui sont séparés en deux forces — la bleue, «les gentils » ; et la rouge, « les méchants » — s'affrontent en plein ciel en suivant des scénarios et des tactiques destinés à tromper l'adversaire. Le but est d'éviter d'être abattu.

L'objectif du Red Flag, à ses débuts en 1975, visait à corriger les défaillances que les pilotes américains avaient montrées durant la guerre du Vietnam. L'analyse diligentée par l'Air Force, et baptisée *Project Red Baron II*, révélait que les pilotes qui avaient mené au moins dix missions de combat avaient considérablement plus de chances de survivre lors de leurs prochaines opérations. Après une telle expérience, ils avaient dépassé la stupeur initiale inhérente à toute bataille.

Conscients de ce qui se déroulait autour d'eux, ils pouvaient se déployer dans les airs sans angoisse. Et cette confiance acquise leur permettait de revenir à la base sains et saufs.

Le Red Flag nous proposait des missions de combat air-air « intenses et parfaitement réalistes », et l'élément clé de ces exercices de survie était le débriefing et l'évaluation des performances. L'idée était de permettre à chaque pilote d'effectuer dix vols d'entraînement, en situation.

Les engagements aériens se déroulaient sur des milliers de kilomètres carrés au-dessus des étendues désertiques du Nevada. Nous pouvions larguer des bombes et franchir le mur du son sans gêner personne. Nous disposions de cibles fictives — des vieux tanks et des camions abandonnés — sur lesquelles nous lâchions des projectiles factices ou des engins explosifs réels. Evidemment, dans ce dernier cas, il fallait d'abord s'assurer que les escadrilles s'étaient éloignées du *range* et ne risquaient pas d'être touchées par les éclats et la mitraille.

Chaque appareil était équipé d'une « nacelle électronique » qui enregistrait les combats. Une couverture radar filmait les attaques et analysait en temps réel les différentes manœuvres et la validité des tirs. Nous avions quantité de briefings avant et après les exercices.

J'ai eu l'occasion de commander la force Bleue et donc de préparer une mission impliquant une cinquantaine d'avions. C'était une opération compliquée qui exigeait des vols à haute vitesse, des raids à très basse altitude avec différents types d'appareils. Nous devions déterminer à quel moment procéder à un ravitaillement en vol, comment éviter les menaces, et comment utiliser au mieux nos ressources pour parvenir au meilleur résultat. Il fallait des aptitudes de leader et un sens de la coordination pour que les cinquante pilotes soient au diapason.

Si les entraînements de style Red Flag me paraissaient

grisants, j'appréciais nettement moins d'autres aspects de la vie militaire.

A la fin des années 1970, alors que mon temps de service tirait à sa fin, j'ai senti que j'avais déjà vécu le meilleur de ce que l'armée avait à m'offrir. La page se tournait. J'avais donné six ans à mon pays, et je m'étais régalé à piloter des avions de chasse. Mais je savais que je ne pourrais pas construire une carrière digne de ce nom dans l'Air Force en me contentant de grimper dans un cockpit. Si je voulais monter en grade, j'allais devoir choisir une voie qui m'éloignerait progressivement du pilotage. Cela voudrait dire consacrer de nombreuses heures à des séances de briefing, à signer de la paperasse, assis derrière un bureau.

Dans l'Air Force en temps de paix, les apparences comptaient. Et pas simplement au niveau de la coupe de cheveux ou du lustrage des chaussures. Il fallait savoir se présenter à ses supérieurs. Pour avoir de l'avancement, il valait mieux être un bon politicien, nouer des alliances et trouver un mentor au bras long.

Bien sûr, certaines personnes respectaient mes compétences de pilote, mais je n'étais pas très doué pour entretenir mon réseau. Je n'y mettais aucune énergie. J'avais l'impression que mes mérites d'aviateur me permettraient seuls de tracer mon chemin.

D'autres paramètres m'ont poussé à quitter l'Air Force. A la fin des années 1970, la page du Vietnam étant tournée, on assistait à des réductions drastiques du budget de la Défense. Ces coupes claires, ajoutées à l'augmentation du prix des carburants, contraignaient l'armée à faire des économies. Par conséquent, nous ne pouvions plus voler autant qu'avant.

Il faut des années d'entraînement pour réussir à utiliser un avion de chasse comme une arme, donc les pilotes doivent décoller le plus souvent possible. J'avais compris qu'avec ces problèmes budgétaires je resterais cloué au sol plus souvent qu'à mon tour.

A cette période de ma vie, mes choix de carrière n'étaient motivés que par une seule question : à quel rythme vais-je pouvoir voler ?

J'étais tenté de déposer ma candidature pour devenir astronaute, mais en cette fin des années 1970, alors que j'aurais pu passer les épreuves de recrutement, les missions habitées ne faisaient pas partie des projets prioritaires de la NASA. Le programme Apollo qui avait envoyé douze hommes sur la Lune entre 1969 et 1972 venait d'être annulé. La navette spatiale n'était pas encore opérationnelle. Deux de mes camarades de l'académie ont rejoint son équipage au début des années 1990, et j'avoue que je les ai un peu enviés. Mais je savais que cela signifiait de longues années de préparation pour seulement un ou deux voyages dans l'espace. Et encore fallait-il que je sois sélectionné… Je n'avais pas de diplôme d'ingénieur et, contrairement à mes deux amis, je n'avais jamais été pilote d'essai.

J'ai définitivement quitté l'armée le 13 février 1980, trois semaines après mon vingt-neuvième anniversaire. Le temps me semblait venu de retourner à la vie civile.

Mon dernier vol, une mission d'entraînement de combat air-air, a eu, comme vous l'imaginez, un goût doux et amer. Cet engagement aérien m'opposait au commandant de notre escadron, le lieutenant-colonel Ben Nelson. Nous avions tous deux conscience de l'émotion que je ressentais. Une fois l'exercice terminé, j'ai sauté de mon appareil, serré la main du lieutenant-colonel Nelson, et de certains de mes supporters qui se tenaient sur le tarmac, et j'ai salué pour la dernière fois. C'était un simple au revoir.

« Bonne chance, Sully », m'a lancé le lieutenant-colonel Nelson.

Mon départ était officiel. Je n'ai plus jamais pris les commandes d'un avion de combat. Mais ce n'est pas pour ça que je ne suis plus un pilote de chasse. De la même façon qu'il n'existe pas d'ex-marine. Quand on a appartenu à ce corps prestigieux, on le reste à vie.

J'ai envoyé ma candidature à presque toutes les compagnies américaines, mais il n'était pas facile à cette époque d'obtenir un poste de pilote de ligne. Les entreprises de transport aérien perdaient de l'argent, et commençaient à ressentir les effets de la dérégulation adoptée par le gouvernement fédéral quinze mois plus tôt. Il y avait des problèmes croissants entre les employeurs et les salariés. Au cours de la décennie qui a suivi, plus d'une centaine de sociétés ont mis la clé sous la porte, dont neuf parmi les principales compagnies.

En 1980, on comptait à peine plus de mille pilotes dans l'ensemble du secteur aérien, et j'ai eu de la chance de décrocher un emploi. Il faut dire aussi que je ne coûtais pas cher.

A mes débuts à la Pacific Southwest Airlines, je gagnais moins de deux cents dollars la semaine en tant que second officier et ingénieur de vol sur Boeing 727. Et encore, il s'agissait du brut, et non du salaire que je ramenais effectivement à la maison.

Nous étions huit employés au sein de la nouvelle équipe mise en place par la PSA. Je louais une chambre à San Diego avec un ancien pilote de la Navy qui s'appelait Steve Melton. Steve et moi suivions des cours quotidiens pour obtenir la qualification d'ingénieur de vol. Le soir, après notre entraînement sur simulateur, nous transformions le placard de notre studio en une sorte de cockpit improvisé, au moyen de posters représentant l'esquisse détaillée d'un tableau de bord. Nous nous récitions la liste des différents instruments de navigation — les interrupteurs de lumière, les cadrans, les boutons de réglage, les jauges — et de toutes les procédures à connaître absolument. La masse d'informations à retenir était colossale, et nous n'avions pas beaucoup de temps pour cela.

Nous étions tous les huit tellement fauchés que, l'après-midi, nous nous rendions fréquemment dans un bar-restaurant fréquenté par le personnel de l'aéronautique civile, situé près de l'aéroport. On y servait des bières à un dollar durant l'*happy hour*, et les amuse-gueules étaient gratuits. Cela faisait office de dîner plusieurs soirs par semaine.

Je suis entré dans l'industrie aérienne à la fin de ce qu'on a appelé : « l'âge d'or de l'aviation ». Avant la libéralisation du secteur, les voyages en avion étaient relativement onéreux, et se rendre dans un aéroport était pour la plupart des gens un événement hors du commun.

A mon arrivée dans le métier en 1980, c'était devenu plus ordinaire, mais on croisait encore beaucoup d'hommes et de femmes endimanchés. Aujourd'hui, les passagers donnent de plus en plus l'impression de rentrer de leur cours de gymnastique, de la plage, ou d'une séance de jardinage.

Les services offerts par les compagnies aériennes étaient plus satisfaisants lorsque j'ai démarré dans la carrière. L'accueil était courtois. Sur la plupart des grandes lignes, on offrait un repas quelle que soit la classe. Les enfants qui faisaient leur baptême de l'air recevaient des insignes ou des écussons et ils avaient droit à la visite du poste de pilotage. Les hôtesses de l'air proposaient des jeux de cartes en cabine. Quand vous a-t-on proposé un paquet de cartes pour la dernière fois à bord d'un avion ?

Néanmoins, j'ai toujours été heureux d'être pilote de ligne. Sincèrement, j'avais acquis des compétences dont je n'avais plus besoin. Personne ne me demanderait plus de ravitailler mon avion en vol. Je ne larguerais plus de bombes et je n'effectuerais plus de combats aériens. L'époque où je volais à trente mètres du sol à une vitesse de cinq cent quarante nœuds était révolue. Mais j'étais fier de rejoindre une profession aussi prestigieuse — une profession où il y a beaucoup d'appelés mais peu d'élus.

Voilà une constatation qui mérite réflexion. Lorsqu'on

a volé quelques années pour une compagnie aérienne, on s'aperçoit que son passé n'a aucune importance. On peut avoir été le cador de son escadron ou de sa base, ou même un ancien astronaute ou un héros de guerre. Vos collègues pilotes peuvent vous respecter, certes, mais cela n'a aucun impact sur votre carrière. L'élément déterminant reste votre ancienneté au sein de votre entreprise. A quelle date avez-vous été embauché ? La réponse à cette question conditionne vos horaires, votre emploi du temps, votre rémunération, vos destinations, votre latitude pour refuser les vols de nuit, en bref tout le déroulement de votre parcours professionnel.

Ni mon assiduité ni mon travail acharné n'ont accéléré mon avancement. J'ai occupé pendant trois ans et demi un poste d'ingénieur de vol, puis je suis resté copilote pendant plus de quatre ans.

Au bout de la huitième année au sein de la PSA, je suis devenu commandant de bord. Mais si j'ai pu bénéficier de promotions plutôt rapides, ce n'est pas grâce à mes compétences. A l'époque, ma compagnie était en pleine croissance, beaucoup de mes collègues partaient à la retraite, et la flotte était en constante augmentation. La façon dont s'est décidée mon évolution professionnelle ne m'a pas posé de problèmes.

J'ai compris pourquoi notre secteur fonctionne au système d'ancienneté. Cette politique salariale, qui a démarré dans les années 1930, visait à lutter contre le favoritisme, le copinage et le népotisme qui gangrenaient les débuts de l'aviation civile. C'était autant une question de sécurité que de justice sociale. Ce mode de calcul protégeait des intrigues de bureau et du chantage à l'emploi. Les gens qui ne sont pas du métier pourraient croire à première vue qu'une telle pratique récompense la médiocrité. Mais rien n'est plus éloigné de la vérité. Les pilotes, qui sont des gens très fiers, s'enorgueillissent du respect de leurs pairs. Le système est efficace.

En revanche, cette échelle de séniorité ne permet pas la

mobilité latérale. Nous sommes mariés à nos compagnies aériennes pour le meilleur, pour le pire, pour la richesse ou la pauvreté, jusqu'à ce que la mort nous sépare (ou jusqu'à la réception du versement de notre dernier chèque de pension).

Quand on partage le cockpit avec un autre pilote, on remarque des tas de détails, avant même de quitter la porte d'embarquement. On sait immédiatement s'il est organisé, quel est son caractère, quels sont ses centres d'intérêt. Et comment il parvient à gérer personnellement les problèmes angoissants auxquels le métier est désormais confronté : je veux parler des restrictions budgétaires et de la disparition de nos pensions de retraite. Et comment il communique avec les hôtesses, surtout si son ex-femme a fait partie de la profession.

Au bout de quelques heures de vol en sa compagnie, on affine ses impressions. Tous les copilotes que je connais sont compétents et qualifiés. C'est fondamental. Mais sont-ils capables de m'enseigner des choses ? Dégagent-ils une parfaite assurance ? Tout paraît-il facile quand on les observe ?

Les pilotes qui évoluent dans un cockpit avec une aisance consommée, en donnant le sentiment que tout est enfantin (alors que nous savons tous que ce n'est pas vrai), sont plus qu'expérimentés : on peut avoir en eux une confiance absolue. Ils semblent capables de régler n'importe quel problème. Le pilotage est pour eux une sorte de défi intellectuel, et chaque heure passée dans les airs est une opportunité de se perfectionner. J'ai tenté de devenir ce genre de pilote. Et j'ai retiré une grande satisfaction à exceller dans ce métier particulièrement rigoureux et exigeant.

Le matin, avant de prendre mon service, je bâtis une projection mentale de ma journée de vol. Je commence par me forger cette fameuse SA dont on nous a tant parlé dans l'Air Force. Je veux connaître, avant même d'arriver à l'aéroport, les conditions météorologiques de mon point de départ, et de mon aéroport d'arrivée, en particulier si je dois traverser le continent.

Les passagers ne se rendent généralement pas compte du mal que se donnent les pilotes au cours d'un vol. Personnellement, je mets tout en œuvre, par exemple, pour contourner les turbulences. Je contacte à plusieurs reprises le régulateur de la compagnie pour tenter d'adapter mon trajet et d'éviter les zones trop agitées. Durant le parcours, je cherche à déterminer, en collaboration, bien sûr, avec les contrôleurs aériens, s'il serait souhaitable de modifier mon altitude, et j'échange des informations radio avec les autres pilotes. Mon objectif est d'offrir à l'équipage et aux voyageurs les meilleures conditions de vol possibles. Les turbulences sont souvent imprévisibles, et on ne peut pas toujours y échapper. Mais rechercher un air stable représente pour moi un défi intellectuel.

J'ai transporté environ un million de personnes au cours de mes vingt-neuf années de carrière professionnelle dans l'aviation commerciale, et jusqu'au vol 1549, peu d'entre elles se souviennent de moi. Parfois, si nous nous croisons, les gens me saluent au moment de l'embarquement, mais il arrive fréquemment qu'ils ne me voient même pas. Une fois que nous avons atterri, ils poursuivent leur existence, et je continue la mienne.

Les centaines de milliers de téléspectateurs qui ont suivi à la télévision les reportages sur l'incident du vol 1549 n'ont probablement pas réalisé qu'ils m'avaient un jour confié leur vie durant deux heures. C'est la particularité de notre société : nous déléguons un bref instant notre sécurité et celle de nos familles à des étrangers que nous ne rencontrerons plus jamais.

A la fin d'un vol, j'aime rester un moment à la porte du cockpit pour dire au revoir à mes passagers. J'aime échanger avec eux, mais vous comprendrez qu'après autant d'années je ne peux pas me rappeler tous ces visages.

Certains se détachent du lot — les grincheux, les enthousiastes qui prennent l'avion pour la première fois, les personnalités célèbres, fidèles des premières classes.

Une nuit à la fin des années 1990, la comédienne Ellen DeGeneres se trouvait à bord du MD-80 que je pilotais de La Nouvelle-Orléans à New York. L'embarquement venait de s'achever. A peine s'était-elle installée à la place 2D que mon second a quitté le cockpit et s'est avancé à l'entrée de la cabine. « Vous êtes une marrante, madame », lui a-t-il lancé avec jovialité.

Je contemplais la scène en riant. Personnellement, ce n'est pas ainsi que je l'aurais complimentée, et je suis persuadé qu'aucun guide de gestion des ressources humaines ne nous demande d'apostropher nos passagers de la sorte. Mais Ellen a souri, sans se formaliser visiblement.

Nous avons regagné le cockpit, et nous avons convoyé Ellen et tous les « autres rigolos » à leur destination.

Notre vie est surtout composée de vols de routine, mais à peine achevée la phase de repoussage, nous devons nous préparer à l'inattendu.

Il y a dix ans, je faisais la liaison entre Philadelphie et West Palm Beach en Floride lorsqu'à 21 heures, alors que nous nous trouvions à environ quatre-vingts kilomètres au sud de Norfolk en Virginie, à trente-cinq mille pieds d'altitude, une hôtesse est venue me prévenir qu'une femme âgée de cinquante-sept ans ne se sentait pas bien.

Du poste, nous avons aussitôt lancé la procédure : nous avons demandé à un radioamateur de contacter un service d'urgence au sol pendant que Linda Lory, l'hôtesse, s'occupait de la passagère. Puis Linda a récupéré des renseignements médicaux à son sujet auprès des gens qui l'accompagnaient, son frère et un autre parent, renseignements qu'elle nous a transmis aussitôt. Au dire de sa famille, cette dame avait eu un emphysème dans le passé, bien qu'elle n'ait pas vu de médecin depuis des années.

Il s'est écoulé encore quelques minutes, et au moment où nous avons pu établir la liaison avec les équipes médicales, nous avons appris que la femme était inconsciente.

Malgré l'exiguïté des lieux, nous l'avons allongée tant bien que mal sur le plancher, au milieu de l'allée. Les personnes assises à proximité observaient la scène avec attention. « Prenez les commandes », ai-je dit au copilote, Rick Pinar. J'ai contacté la tour de contrôle et signalé une urgence médicale pour l'un des passagers. J'ai reçu aussitôt l'autorisation de descendre et de virer à gauche en direction de Norfolk. « Descente d'urgence, déroutement sur Norfolk », ai-je signalé à Rick.

Quelles sont les obligations d'un pilote envers un voyageur malade ? Nous ne sommes pas médecins. Alors comment déterminer la gravité de la situation et prendre la décision de dérouter l'avion vers l'aéroport le plus proche, doté des structures de secours compétentes, au risque de bouleverser les projets des autres passagers ?

Nous avons accès à des services médicaux au sol et, avec leur aide et celle du régulateur de vol, nous choisissons ou pas, au vu des informations collectées, de dévier de notre route, afin d'atterrir sur l'aéroport le plus adapté. Une telle décision nous engage légalement, mais avant tout nous avons l'obligation morale de protéger les vies humaines. Nous sommes garants de la sécurité de tous ceux qui sont à bord. Si je dois en conscience poser un avion pour sauver un passager, je le fais sans hésiter.

Ce jour-là, nous avons volé en direction de Norfolk aussi vite que l'avion le permettait. La réglementation aérienne fédérale impose une restriction de vitesse en dessous de dix mille pieds. Pour les avions à réaction elle est fixée à deux cent cinquante nœuds, soit environ quatre cent soixante-trois kilomètres par heure. Dans l'espoir de sauver la vie de cette femme, nous avons un peu outrepassé l'autorisation — trois cents nœuds. Nous avons fait aussi une descente rapide.

Une fois au sol, nous avons freiné énergiquement pour raccourcir la distance de roulage à l'atterrissage et quitter la piste plus rapidement. Et nous avons rejoint la porte d'embarquement aussi vite que possible.

Face à la situation, les passagers étaient déconcertés. Il y avait cette dame, inerte, allongée dans l'allée. Ce freinage brusque, cette vitesse de roulage au sol inhabituelle.

Linda ne s'était ni attachée ni sanglée sur son siège en prévision de l'atterrissage. Elle pratiquait le bouche-à-bouche sur la patiente. C'était héroïque de sa part.

Les équipes de secours nous attendaient sur la passerelle. Sous le regard des voyageurs, ils se sont précipités dans l'appareil, munis d'un brancard qu'ils ont glissé sous le corps de la malade. Il leur a fallu néanmoins un certain temps pour parvenir à la soulever, à manœuvrer la civière entre les rangées de fauteuils et à l'évacuer de l'avion.

J'avais rejoint sur la passerelle les secouristes et les proches de la passagère. Ces derniers m'ont expliqué qu'ils se rendaient en Floride à l'enterrement d'un membre de leur famille, et ce nouveau drame les attristait encore davantage.

Le personnel médical a pris en charge la victime sur place, à même le sol, et pendant de longues minutes, ils ont tenté de la réanimer, avec tout le matériel dont ils disposaient. Mais soudain, l'un d'eux a levé la tête vers moi. « Elle n'a pas survécu », m'a-t-il dit. Il était difficile de savoir à quel moment elle était décédée. Peut-être alors que nous roulions vers la porte.

J'ai tenté de réconforter la famille, l'instant était lourd et pénible. Ils ne pleuraient pas, mais semblaient totalement accablés. Mais malgré la compassion que je ressentais pour eux, je ne pouvais pas m'attarder. Je devais remonter à bord et faire une annonce passager.

Ils s'étaient montrés compréhensifs, coopératifs, et ils avaient assisté à toute la scène. Ils méritaient de connaître la vérité. Je me suis approché de l'Interphone de bord.

« La dame qui s'est trouvée mal au cours du vol a été prise en charge par les secouristes sur la passerelle, ai-je déclaré, mais ils n'ont pas réussi à la réanimer. »

Le silence régnait dans la cabine. Nous étions tous bouleversés. Certains voyageurs avaient côtoyé cette femme pendant l'embarquement, l'avaient vue déposer ses affaires dans le coffre à bagages. Et voilà qu'environ une heure après le départ de Philadelphie, elle était morte.

Nous avons dû attendre quarante-cinq minutes que l'équipe de maintenance remplace la trousse médicale d'urgence dont Linda s'était servie. Nous devions également nous ravitailler en carburant et obtenir un nouveau plan de vol. Les passagers ont patienté tranquillement pendant ces opérations.

La famille a récupéré les affaires de la victime dans la cabine — ils restaient avec le corps à Norfolk —, mais les bagages en soute allaient devoir nous suivre jusqu'en Floride. Nous n'avions pas le temps de les chercher et de les rendre. Une fois à West Palm, il faudrait les ré-étiqueter et les renvoyer à leurs destinataires.

Cinq minutes avant le décollage, j'ai prié les quatre hôtesses de nous rejoindre, Rick et moi, dans le cockpit. En tant que commandant, j'étais le premier responsable des décisions prises au cours de la nuit. Nous avions vécu des heures stressantes, j'en avais conscience. J'avais peur que le personnel de cabine ait l'impression de ne pas avoir tout tenté pour sauver la vie de cette passagère.

J'ai commencé par les remercier pour leur travail et leur implication. « Vous avez fait de votre mieux. Nous avons connu une situation dramatique, mais elle le serait plus encore si nous nous laissions distraire des tâches que nous devons accomplir. »

Les hôtesses étaient pâles et semblaient épuisées. « Dans ce poste de pilotage, Rick et moi allons faire ce pour quoi nous sommes formés. Nous allons lire la check-list. Nous allons décoller. Puis nous nous poserons sans encombre à West Palm. Vous avez vos consignes à délivrer, et je sais que vous remplirez votre rôle comme à l'accoutumée. Nous devons tous revenir à nos procédures, reprendre notre routine, et veiller à maintenir le niveau de sécurité habituel. »

Les hôtesses sont retournées dans la cabine. Et l'avion a quitté la porte d'embarquement, après avoir accueilli à bord trois passagers supplémentaires.

Le vol de Norfolk à West Palm s'est déroulé sans anicroche. Nous sommes arrivés une heure et demie plus tard à destination. Je me suis posté devant le cockpit pendant que les gens sortaient de l'avion. « Merci pour votre patience ce soir », leur ai-je dit en les saluant d'un hochement de tête. Certains m'ont remercié d'un sourire, d'autres d'un signe d'acquiescement. Mais chacun d'entre nous s'est couché cette nuit-là en pensant à cette famille que nous avions laissée à Norfolk.

Ce mardi matin de septembre 2001, j'avais quitté à l'aube mon domicile de Danville et je roulais en direction de l'aéroport de San Francisco. Je devais attraper un vol pour Pittsburgh où j'étais basé à l'époque, et décoller ensuite aux commandes d'un MD-80 à destination de Charlotte. J'écoutais la radio, une chaîne d'information continue, lorsque j'ai entendu qu'un avion s'était écrasé dans la tour Nord du World Trade Center à New York. *Comment quelqu'un a-t-il pu dévier ainsi de sa trajectoire ?* ai-je pensé. Le brouillard devait être sacrément dense. J'ai repensé alors à ce crash tristement célèbre survenu un samedi matin de 1945 : un pilote de bombardier de l'Army Air Force qui s'était égaré dans la brume s'était encastré dans l'Empire State Building.

Aucune des quatorze personnes à bord n'avait survécu. J'imaginais un accident similaire au World Trade Center.

Je me suis garé dans le parking de l'aéroport, et je n'avais pas plus tôt gagné le terminal que j'apprenais qu'un deuxième appareil avait frappé la tour Sud et qu'un troisième s'était écrasé sur le Pentagone.

A 6 h 30 du matin, heure du Pacifique (9 h 30 sur la côte Est), on avait ordonné la fermeture totale de l'espace aérien américain, et la FAA avait interdit le décollage de tous les avions commerciaux. Il était évident que je ne me rendrais pas à Pittsburgh ce jour-là comme le voulait mon emploi du temps. (Mon vol a fait partie des quelque trente-cinq mille annulés ce jour-là dans tout le pays.)

Je me suis rendu au bureau des opérations aériennes de l'US Airways à San Francisco, où j'ai rencontré deux équipages. Contrairement à moi, ils ne vivaient pas en Californie du Nord. Ils étaient coincés sur place, et personne ne savait quand le trafic reprendrait. « Vous feriez mieux de réserver un hôtel immédiatement, avant qu'ils ne soient complets », leur ai-je suggéré.

J'ai téléphoné aux dispatchers de la compagnie pour les avertir que je ne pouvais pas décoller pour Pittsburgh. Puis je suis rentré à la maison et j'ai regardé CNN. Les reportages étaient insoutenables, à la fois pour le pilote et le citoyen. J'étais bouleversé et tellement perturbé qu'au bout d'un moment j'ai éteint la télévision et j'ai filé dans le jardin, histoire de me ressaisir. En Californie, le temps était radieux, et tout était paisible. Avec tous ces appareils cloués au sol, le ciel était silencieux. Habitué comme je l'étais au bruit des avions, cela m'a m'attristé.

Au cours du mercredi et de la majeure partie du jeudi, seule l'armée avait l'autorisation de décoller. J'étais angoissé, à la fois par le terrorisme et par l'immobilisation des vols décrétée par la FAA sur tout le territoire national. J'avais hâte de retourner dans un cockpit. Comme de nombreux pilotes, j'éprouvais un immense élan de patriotisme. Je voulais voler pour prouver que nos compagnies aériennes étaient opérationnelles, que nous savions transporter des passagers en toute sécurité et que les terroristes ne gagneraient pas.

Le jeudi soir, j'ai pu enfin embarquer sur un vol de nuit à destination de Pittsburgh. Et le vendredi matin, j'étais disposé à reprendre les commandes.

Dans la salle des équipages située sous le terminal de l'aéroport international de Pittsburgh, la situation était totalement chaotique. Tous les personnels navigants n'avaient pas pu rejoindre leur base. « J'ai un copilote, mais nous cherchons une hôtesse », a lancé un commandant de bord. Aussitôt, une femme s'est portée volontaire.

Finalement, on m'a affecté sur le vol de Pittsburgh à Indianapolis. L'avion était presque vide : à l'aller, seules sept personnes avaient bravé leur peur. Au retour, elles n'étaient que huit.

A peine plus nombreuses que l'équipage. Nous les avons installées en première classe. Certaines m'ont avoué leur nervosité ; je leur ai parlé et j'ai tenté de les rassurer au moment de l'embarquement.

Il ne s'était écoulé que trois jours depuis les attaques, et nos avions restaient vulnérables. Mais je voulais que les passagers sachent que même si on n'avait pas encore renforcé la porte du poste de pilotage, la détermination des pilotes et des hôtesses était plus forte que jamais. Eux-mêmes étaient tout aussi résolus.

« Tout sera fait pour que ce genre de tragédies ne se reproduise plus », ai-je expliqué à quelques-uns.

Les pilotes étaient les premières victimes de ce 11 septembre 2001. Il était donc naturel qu'entre nous, nous discutions de ce que nous aurions fait ce jour-là à leur place. La vérité, c'est que nous n'avions été formés que pour éviter ou gérer un détournement d'avion, et non une mission suicide, style kamikaze.

La vie a changé depuis ces attentats pour le personnel des compagnies aériennes. Le secteur a connu une grave crise financière, et beaucoup de pilotes, les plus jeunes essentiellement, ont été licenciés. Certains étaient d'excellents éléments, ils nous manquent.

Les attaques du 11-Septembre ont cessé de m'obséder. En cela, je suis comme tous mes concitoyens. Le temps a passé. Il y a eu de nouvelles tragédies. Depuis ce jour-là, j'ai effectué des centaines de vols.

Mais chez les employés des compagnies aériennes, les occasions de se souvenir sont encore présentes. Parfois, lorsque je déambule dans l'aéroport international de Boston-Logan, je franchis les portes par lesquelles sont partis deux des vols du 11-Septembre — le vol 11 de l'American Airlines, porte 32 dans le terminal B, et le vol 175 de United Airlines, porte 19 dans le terminal C.

Près de la passerelle flottent des drapeaux américains en guise d'hommage silencieux. Il ne s'agit pas d'un mémorial officiel. On doit cette marque de respect aux différents salariés de la zone aéroportuaire et des compagnies aériennes. A chacun de mes passages, ces couleurs me rappellent le sentiment de responsabilité que j'ai ressenti le jour de ces attentats — poursuivre mon métier de pilote, continuer de transporter des voyageurs à destination, et perpétuer notre mode de vie.

Depuis quelques années, je rentre souvent épuisé de mon travail. J'ai effectué une rotation de plusieurs jours. J'ai parfois parcouru jusqu'à douze mille kilomètres. J'ai subi toutes sortes de conditions météorologiques et de nombreux retards. Je suis prêt à aller me coucher. « Comment s'est déroulée ta journée au bureau ? » demandent généralement les épouses. Les maris évoquent les ventes qu'ils ont réalisées, les affaires qu'ils ont conclues. Moi aussi, j'ai un métier prenant.

Un soir, à mon retour à la maison, Lorrie se trouvait dans la cuisine. En réponse à sa question, j'ai commencé à lui raconter mon dernier vol.

J'avais piloté un Airbus A321 de Charlotte à San Francisco. C'était l'une de ces nuits où le trafic est peu dense. Les aiguilleurs du ciel chargés de réguler les flux n'avaient eu que peu de restrictions à imposer en matière de vitesse et d'altitude.

Ils m'avaient laissé libre de choisir comment effectuer les derniers cent quatre-vingts kilomètres et entamer ma descente de trente-huit mille pieds en approche de l'aéroport de San Francisco.

La nuit était claire, incroyablement belle, l'air stable, et l'aéroport était visible à quatre vingt-seize kilomètres de distance. J'avais commencé ma descente à la bonne distance pour que le régime moteur soit au ralenti jusqu'au moment précédant l'atterrissage. Si je touchais la piste au bon endroit, je pourrais me passer des aérofreins, qui provoquaient quelques vibrations dans la cabine quand on les déployait. Pour y arriver j'avais besoin de gérer parfaitement les régimes moteurs.

« C'était une descente en profil lisse et continue, ai-je expliqué à Lorrie, une trajectoire incurvée, lente, avec une décélération progressive de l'appareil. Les roues ont touché si doucement la piste que les spoilers ne se sont pas déployés immédiatement, parce qu'ils n'ont pas détecté le toucher de roues. »

Mon enthousiasme a ému Lorrie. Elle sentait ma sincérité. « J'en suis heureuse », m'a-t-elle répondu.

— Et tu sais quoi ? Je crois que personne à bord ne l'a remarqué. Certains ont peut-être trouvé le vol particulièrement paisible, mais je suis sûr qu'ils n'y ont pas accordé une grande attention. Je l'ai fait pour mon plaisir.

Lorrie aime répéter que j'adore « l'art de l'aviation ». Elle a raison.

L'industrie s'est transformée, la profession aussi, et moi-même j'ai changé. Mais je me souviens encore de la passion à laquelle je rêvais à l'âge de cinq ans. Je l'avais vécue cette nuit-là.

9

SE PRÉSENTER À LA VIE

En mars 1964, à l'âge de treize ans, j'ai vu au journal télévisé du soir un reportage que je ne suis pas parvenu à oublier.

Je dînais dans le salon familial devant un plateau télé en compagnie de mes parents et de ma sœur, face à notre appareil Emerson en noir et blanc, un poste massif encastré dans une armoire en bois blond.

Comme d'habitude, mes parents ont tourné le bouton de réglage en plastique blanc pour trouver le programme *The Huntley-Brinkley Report* de NBC. David Brinkley était basé à Washington DC et Chet Huntley se trouvait à New York où l'on venait d'apprendre qu'une jeune femme de vingt-huit ans, du nom de Kitty Genovese, domiciliée dans le Queens, avait été poignardée à mort devant son immeuble. Alors qu'elle était agressée et violée par un inconnu, ses voisins, pourtant alertés par ses cris, n'avaient apparemment rien tenté pour lui venir en aide.

Selon le journaliste de NBC, trente-huit personnes avaient entendu ses appels au secours, mais aucune n'avait appelé la police, de peur d'être impliquée dans l'affaire. En psychologie sociale, on a baptisé cette inaction : « L'effet du témoin ». En cas d'urgence, les gens se révèlent moins capables de secourir une personne en détresse quand ils pensent ou espèrent que d'autres spectateurs interviendront.

Ces premières informations sur le drame allaient finalement se révéler exagérées. Si certains habitants de l'immeuble n'avaient pas réagi, c'était parce qu'ils pensaient assister à une querelle d'amoureux. D'autres doutaient de ce qu'ils avaient entendu, derrière leurs fenêtres fermées en cette nuit glaciale. Un des résidents avait fini par appeler la police.

Mais à l'époque, en 1964, je ne connaissais de l'affaire que ce que *The Huntley-Brinkley Report* en avait relaté, et cela m'avait profondément choqué. Ma famille également.

J'ai longtemps pensé à Kitty et à ses voisins à New York. Un tel événement m'était totalement étranger. Je ne pouvais imaginer un drame pareil dans le nord du Texas. Là où je vivais, les gens avaient le sens de la collectivité ; et ils savaient qu'ils seraient seuls en cas d'urgence. Ce double sentiment d'appartenance à une communauté et d'autonomie était indispensable dans une zone rurale peu densément peuplée.

Quels que soient les dangers ou les difficultés qu'on affrontait, on ne pouvait pas se contenter de composer le 911. La première caserne de pompier et le poste de police étaient bien trop éloignés. Il fallait donc dans un premier temps se débrouiller par soi-même, ou bien courir chercher de l'aide chez le voisin le plus proche, qui habitait souvent à près de deux kilomètres. L'autonomie était pour nous une obligation. Néanmoins, nous avions conscience qu'en cas de besoin nous pouvions compter sur nos compatriotes qui feraient le maximum.

L'idée que ces New-Yorkais aient pu refuser de secourir une résidente de leur immeuble que l'on était en train d'assassiner m'attristait au plus haut point. Le commissariat ne se trouvait qu'à quelques blocs, et il était tellement facile de téléphoner. Je ne comprenais pas l'absence de valeurs humaines et la passivité qui avaient permis ce drame. A l'époque, je n'avais jamais mis les pieds à New York — je ne m'y suis rendu pour la première fois qu'à l'âge de trente ans — et découvrir qu'un tel événement pouvait se produire dans une grande ville me perturbait profondément. Je me souviens avoir déclaré à mes parents à quel point la vie new-yorkaise semblait éloignée de nos traditions et de nos convictions.

Et je me suis fait le serment à l'âge de treize ans que si un jour quelqu'un, dans la situation de Kitty Genovese, avait besoin de moi, j'agirais. Je ferais tout ce qui est en mon pouvoir. Je n'abandonnerais jamais une personne en danger. Comme on le dit dans la Navy : « *Not on my watch.*[1] ».

Bien entendu, je sais pertinemment que beaucoup de New-Yorkais éprouvent le désir d'aider leurs semblables et qu'ils ont autant d'empathie pour autrui que n'importe quel habitant de ce pays. Nous en avons tous été témoins le 11 septembre 2001. Et je l'ai à nouveau constaté personnellement quand le vol 1549 s'est posé sur l'Hudson : on a eu l'impression que la ville entière se levait pour secourir les passagers et l'équipage.

Mais à l'âge de treize ans, quand j'ai entendu l'histoire de Kitty Genovese au journal télévisé, j'ai éprouvé une grande détermination. Je n'ai rien couché sur le papier. C'était davantage un engagement personnel, une résolution, une conception de la vie.

J'aimerais croire que j'y ai été fidèle.

Je suis aujourd'hui convaincu que chaque rencontre est une opportunité — bonne ou mauvaise. J'ai donc essayé de me comporter envers ceux que j'ai croisés avec le plus de sincérité et de respect possible. A mon petit niveau, je me suis efforcé d'être utile. Et j'ai tenté d'inculquer à mes filles l'idée qu'il est de notre devoir de protéger la vie, parce qu'elle est fragile et précieuse.

1. « Pas sous ma gouverne » ou « Pas de cela avec moi ! » (NdT)

Nous avons tous entendu parler, grâce aux médias, de citoyens ordinaires qui se retrouvent dans des situations extraordinaires. Ils se conduisent avec courage et responsabilité, et souvent, on nous explique qu'ils ont agi sur un coup de tête. Qui n'a pas déjà entendu ce genre d'histoires ? L'homme qui saute sur les rails du métro pour sauver un inconnu ; un pompier qui se précipite dans un bâtiment en flammes, pleinement conscient des risques ; le professeur qui protège ses élèves durant une fusillade, avant d'y trouver la mort.

Je suis persuadé qu'un grand nombre de ces héros du quotidien ont pris leur décision des années auparavant. A un certain moment de leur vie, ils ont fini par déterminer quel genre de personnes ils voulaient être, et ils ont mené leur existence en conséquence. Ils se sont juré de ne jamais se comporter en observateurs passifs. Si le destin leur demande d'agir avec courage ou altruisme, ils le feront.

Lorrie et moi avons contribué — à notre façon et bien modestement — à l'intérêt général. Il y a un an, nous étions arrêtés à un feu rouge à Danville, quand une femme d'une bonne quarantaine d'années a traversé la rue devant nous avec un petit chien. Lorrie a remarqué que la voiture qui nous précédait allait tourner à gauche. « Il va la renverser ! a-t-elle crié. Il va la renverser ! » C'est effectivement ce qui s'est passé.

L'automobiliste était-il distrait ou bien avait-il le soleil dans les yeux ? Toujours est-il que la femme a perdu connaissance et que son chien s'est échappé. Elle était allongée, face contre terre, et j'ai été le premier à courir auprès d'elle.

Je me suis assuré qu'une personne avait composé le 911, qu'une autre avait pris son pouls, évalué l'état de sa respiration et vérifié l'absence d'hémorragie, puis j'ai aidé à régler la circulation en attendant l'arrivée de la police. J'ai été frappé par l'attitude des autres conducteurs. Tous avaient compris la gravité de l'accident : ils se montraient patients. Personne n'a klaxonné, ou essayé de déboîter pour quitter les lieux.

Tout le monde semblait se comporter humainement et dignement, et se montrer à la hauteur de la situation. Quelqu'un a rattrapé le chien. Un passant a pris le téléphone portable de la victime et a récupéré le numéro de sa fille dans la liste des contacts. La femme a été transportée à l'hôpital en ambulance, et elle a survécu.

J'ai apprécié l'attitude des habitants de Danville et j'ai été ravi d'apporter mon concours.

L'enthousiasme avec lequel mes filles aident leurs semblables m'a ému et impressionné.

Kate a élevé et dressé deux chiots pour le programme *Guide Dogs for the Blind*[1]. L'organisation nous a envoyé notre premier bébé chien, une femelle labrador jaune sable prénommée Misty, en novembre 2002. Kate en est tombée immédiatement amoureuse. Jour après jour, elle a fait en sorte d'aider Misty à comprendre des consignes verbales. Pour qu'un chiot se soulage sur ordre, le moniteur doit attendre qu'il en montre l'envie, et puis lui dire : « Fais tes besoins ! » L'idée était que Misty associe les mots avec l'acte : ainsi, une fois au service d'une personne handicapée, elle serait propre sur commande.

A neuf ans, Kate a pris ses responsabilités très au sérieux. Un jour d'orage, alors que je regardais par la fenêtre, je l'ai aperçue dehors sous une pluie battante, vêtue de son ciré jaune et chaussée de ses bottes en plastique. Elle attendait que Misty lève la patte afin de pouvoir lui lancer : « Fais tes besoins ! »

J'ai appelé Lorrie pour lui montrer la scène. Nous étions fiers de Kate. Elle était tellement adulte. Et elle aimait tellement cette petite chienne.

1. Association de chiens-guides. (NdT)

Une fois le dressage de Misty achevé, nous devions la rendre à l'organisation qui la placerait chez un déficient visuel. Nous savions que la séparation serait très difficile à vivre pour Kate. La « remise officielle » est tombée le jour de la Saint-Valentin 2004 alors que Misty avait quinze mois. Kate s'est maîtrisée jusqu'à l'heure du départ. Puis elle s'est mise à pleurer. Il lui a fallu un certain temps pour se remettre, et durant plusieurs semaines elle a déclaré que jamais plus elle ne voulait tomber amoureuse. « C'est trop dur quand c'est fini », disait-elle. En perdant Misty, elle avait eu le cœur brisé pour la première fois de sa vie.

Cependant, cette épreuve lui a permis de comprendre l'importance de ce programme de chiens-guides. « Nous aidons les gens, expliquait-elle, et on leur rend leur liberté. C'est agréable de pouvoir faire ça. En plus, c'est amusant d'avoir un chiot. »

Quant à Kelly, c'est l'une des personnes les plus empathiques que je connaisse. Déjà à la maternelle, c'était toujours elle qui levait la main et se portait volontaire pour aider la maîtresse. Elle a également rejoint le réseau *Books for the Barrios*, créé à l'initiative de la femme d'un ancien officier de marine et pilote de l'American Airlines. Ce programme a expédié douze millions de livres à des étudiants de pays pauvres.

Alors qu'elle était en CE1, Kelly s'est rendue avec sa classe à l'entrepôt de l'organisation qui se trouve à Concord en Californie. Les élèves ont découvert le quotidien des gamins défavorisés qui vivent dans les îles situées au large des Philippines. On leur a expliqué qu'un grand nombre de ces adolescents dormaient à même le sol, et que les cartons d'emballage contenant les livres étaient toujours bien accueillis. Leurs familles les ouvraient et s'en servaient comme matelas.

Kelly est rentrée émue de ce voyage scolaire et, pour la fête donnée à l'occasion de son huitième anniversaire, elle a décidé de sa propre initiative de demander à ses amis d'apporter des bouquins et des cadeaux destinés aux enfants des barrios. L'idée était qu'ils soient adaptés aux jeunes des Philippines. Les festivités se sont déroulées à l'entrepôt, et Kelly a déposé les présents empaquetés dans des conteneurs. Puis elle et ses camarades ont passé une heure à aider à ranger les livres offerts par l'association dans des cartons qu'ils ont eux-mêmes décorés.

La bonne réputation de chacun se fait au quotidien. Il y a les petits gestes individuels — les efforts louables, les instants où l'on s'est rendu utile aux autres —, et au terme d'une vie, tous ces actes s'additionnent. On a alors le sentiment d'avoir servi à quelque chose.

Jusqu'au vol 1549, je croyais que je mènerais une existence parfaitement anonyme. J'ai essayé d'exercer mon métier du mieux possible. Lorrie et moi, nous nous sommes efforcés de transmettre à nos filles les valeurs qui comptent le plus à nos yeux. J'ai donné de mon temps bénévolement à des projets qui le méritent. Ces initiatives mises bout à bout me permettront peut-être, à la fin de mon existence, de dire que j'ai amélioré un tant soit peu le sort de mes semblables et de ma communauté.

En réalité, j'appartiens à plusieurs confréries. A celle des habitants de Danville, bien entendu. Mais aussi à ce groupe humain qui se reconstitue quotidiennement dans tous les aéroports du pays. C'est une collectivité composée de visages familiers — les employés des zones aéroportuaires, mes collègues de l'US Airways, les équipages des autres compagnies — et des milliers d'inconnus qui peuplent les terminaux chaque jour.

Il n'est pas toujours aisé de communiquer réellement dans un aéroport. Les gens vont et viennent, dans l'idée d'atteindre leur destination, puis ils rentrent chez eux. Mais on peut y montrer son humanité de bien des manières, et j'admire ceux qui y parviennent.

*
* *

Le travail d'un pilote consiste, d'abord et avant tout, à convoyer un avion en toute sécurité, et à transporter des passagers d'un point A à un point B. Nous disposons de check-lists qui nous indiquent un certain nombre de tâches à accomplir. Mais de nombreuses activités ne font pas partie de notre job : elles sont de la responsabilité des agents d'escale, des bagagistes, des porteurs, des prestataires de restauration à bord et du personnel d'entretien.

La plupart de ces employés exécutent leurs missions avec professionnalisme, mais les aéroports et les compagnies aériennes ne sont pas parfaits. Cela peut se révéler exaspérant pour les voyageurs, comme pour nous. Lorsque j'ai les moyens de donner un coup de main pour améliorer les choses, je m'efforce de le faire.

Un jour, notre avion en provenance de Philadelphie venait d'atterrir à Hartford, dans le Connecticut. Il était 22 h 30. Un jeune couple d'une trentaine d'années avec un bébé attendait en vain leur poussette sur la passerelle. J'ai souhaité les aider. Dans ce genre de situations, mon attitude envers les passagers se résume à ceci : je vous ai transportés jusqu'ici, je ne vais pas vous laisser tomber maintenant.

J'ai descendu l'escalier et j'ai rejoint l'aire de trafic pour m'entretenir avec les bagagistes. Puis je suis retourné voir le couple pour l'informer qu'on avait perdu ou oublié leur poussette à Philly. « Venez avec moi », leur ai-je dit. Après les avoir conduits au bureau des réclamations, je leur ai expliqué comment remplir un formulaire. Il était tard. Les lumières s'éteignaient dans le terminal. Si je ne leur servais pas de guide, ils se retrouveraient coincés dans l'aéroport, où tous les services seraient fermés, y compris celui des bagages.

Alors que je me trouvais en leur compagnie, une hôtesse, qui passait non loin de là, m'a fait remarquer que rares étaient les pilotes, ou le personnel navigant commercial, qui se donnaient la peine de secourir des voyageurs. Pourtant, mon geste n'avait rien d'exceptionnel. J'avais à peine modifié mon itinéraire : la navette de l'hôtel que je m'apprêtais à prendre était stationnée à quelques mètres du bureau des réclamations.

Néanmoins, j'ai compris l'allusion de cette hôtesse. De nombreux employés des compagnies aériennes, et particulièrement de la mienne, l'US Airways, sont accablés par leurs conditions de travail. Nous avons subi un tsunami économique. Certains ont l'impression qu'on leur a braqué un revolver sur la tempe afin de leur arracher des concessions. Nous avons eu droit à des baisses de salaire, à une politique de rigueur, à des réductions d'effectif, à des licenciements collectifs.

Nous sommes des travailleurs blessés.

Les salariés en ont assez de mener les mêmes combats, encore et encore, chaque jour. L'agent de piste n'a pas mis en place la passerelle à temps. Le porteur a omis d'apporter un VHP (il m'est arrivé plus d'une fois d'installer des personnes âgées dans un fauteuil roulant, puis de les pousser moi-même dans l'aéroport). Le prestataire de restauration à bord n'a pas livré tous les repas des première classe — les sociétés de catering aérien semblent toujours tirer les prix vers le bas, et ce sont les championnes du turnover. A la fin d'une longue journée, alors que vous descendez de l'avion avec votre équipage et traversez le terminal, vous découvrez que le minibus qui doit vous conduire à l'hôtel ne se trouve pas à l'endroit prévu.

Ces dysfonctionnements vous dépriment. Vous vous épuisez à corriger en permanence ce que vous avez déjà corrigé la veille.

Beaucoup de pilotes et d'employés des compagnies refusent de prendre le relais, par crainte que leurs directions en profitent pour limiter les embauches et les formations pourtant indispensables, ou pour refuser d'engager un agent chargé d'apporter les fauteuils roulants. Et mes collègues ont raison sur ce point. Dans certaines sociétés, le management dépend en grande partie de la bonne volonté ou du professionnalisme des salariés qui compensent eux-mêmes les défaillances systémiques, le manque d'effectif chronique et les piètres prestations des sous-traitants.

Néanmoins, un grand nombre de salariés des entreprises du transport aérien, y compris des cadres, cherchent sincèrement à améliorer la situation. Mais il y a un monde entre abandonner les passagers à leur sort et admettre les déficiences de sa compagnie. La décision nous revient : c'est à nous de choisir si on est prêt ou pas à accomplir un geste aussi simple que d'accompagner un couple avec un bébé au bureau des réclamations.

Personnellement, face à ces problèmes, je me bats pour perfectionner le système tout en aidant les voyageurs du mieux possible.

Je me souviens d'un autre incident qui s'est produit, tard un soir, à l'aéroport de Charlotte. A la suite d'une mauvaise météo et d'une perturbation du trafic, nous accusions un retard important à l'arrivée. Alors que j'attendais sur le trottoir avec mon équipage la navette qui devait nous conduire à l'hôtel, une femme, qui avait remarqué mon uniforme, s'est approchée de moi. Elle avait une cinquantaine d'années et des cheveux noirs coupés court. Elle n'avait ni sac ni bagage, juste une cigarette à la main.

Elle m'a expliqué qu'elle et sa famille venaient d'arriver à Charlotte sur un vol de l'US Airways et qu'ils attendaient leur correspondance. Ses proches se trouvaient à l'embarquement. Leur avion était retardé à cause des conditions météorologiques.

— J'ai demandé à un employé de l'aéroport où je pourrais fumer une cigarette, et il m'a envoyée ici sur le trottoir, m'a-t-elle déclaré.

Sans réfléchir, elle avait confié son sac et sa carte d'accès à bord à sa famille qui patientait à la porte d'embarquement, de l'autre côté des portiques de sécurité. Pour aggraver la situation, les postes de contrôle avaient fermé, quelques minutes plus tôt, à 22 h 30. La Transportation Security Administration (TSA) est une agence bureaucratique. Quand elle ferme, elle ferme. A 22 h 30, vous pouvez encore passer. A 22 h 31, c'est trop tard. Cette dame était coincée.

J'aurais pu lui rétorquer que je ne pouvais rien faire pour elle, puis monter dans le minibus en la laissant sur place. Mais cela aurait manqué d'élégance. J'ai donc sorti mon téléphone portable et appelé quelques employés opérationnels. Après leur avoir donné son nom et son numéro de mobile, j'ai essayé de contacter quelqu'un qui pourrait l'aider à regagner la salle d'embarquement — ou au pire à lui obtenir un *voucher* pour une chambre d'hôtel.

Je ne sais pas ce qu'est devenue cette femme, cette nuit-là. Mais il m'a paru important de lui venir en aide. Je ne pouvais décemment pas rejoindre mon hôtel et l'abandonner.

Encore une fois, ce geste ne m'a pas vraiment coûté. De plus, je refuse de mener ma vie en spectateur.

Face à des problèmes de maintenance ou de retards, j'estime qu'il faut tenir les passagers au courant. Il arrive qu'on soit obligé de mettre un avion hors service, même une fois l'embarquement effectué, et à quelques minutes du décollage. Je n'aime pas confier aux hôtesses le soin d'expliquer la mauvaise nouvelle. Je fais une annonce et j'expose la situation en détail aux voyageurs. Dans ces cas-là, je m'avance à l'entrée de la cabine afin que tout le monde me voit et je déclare : « Mesdames et Messieurs, ici le commandant de bord. Cet avion doit être immobilisé, alors nous allons être contraints de changer d'appareil. Nous allons tous descendre, et l'agent d'escale vous enverra à une nouvelle porte d'embarquement. Je vous remercie pour votre patience et je vous présente nos excuses pour ce dérangement. »

Mon but est également de protéger les hôtesses des plaintes et des injures de certains passagers excédés. « Je suis le seul responsable de ce changement », ai-je coutume de dire. Tandis que les gens quittent l'appareil, je reste devant la porte, et je les regarde droit dans les yeux, en leur adressant un léger signe de tête. Je veux qu'ils comprennent qu'en cas de problème c'est moi leur interlocuteur. Ils ne doivent pas se défouler sur l'équipage.

Le choix des mots est important, je l'ai appris. Devant un retard, j'aime m'adresser aux voyageurs en ces termes : « Dès que j'en sais plus, je promets de vous tenir au courant. » Cette formulation fait une énorme différence. Elle est inclusive. Elle montre notre intention de dire toute la vérité ; les gens comprennent que nous les respectons et que nous leur faisons suffisamment confiance pour partager nos informations. Le manque de franchise peut certes éviter dans un premier temps les questions brutales, mais il peut avoir des conséquences pour le personnel navigant commercial qui se retrouve obligé de gérer des passagers convaincus qu'on leur a menti. Cela nuit aussi à la réputation de la compagnie.

Les voyageurs qui s'estiment maltraités embarquent furieux sur leur vol de correspondance. Et le cercle vicieux s'installe. Ceux qui ont déjà une mauvaise opinion de nous noteront tous les détails alimentant leur idée préconçue. Ils rejetteront en bloc les éléments positifs qu'ils attribueront à la chance, et ils ne verront plus que les aspects négatifs, ce qui leur permettra de s'accrocher à leur opinion de départ : « Cette compagnie est vraiment minable. »

De mon cockpit, je peux éviter cette spirale en faisant preuve de franchise.

La plupart des passagers sont aimables et compréhensifs. Certes, à bord des avions, la courtoisie n'est plus ce qu'elle était, mais étant donné la promiscuité et le manque d'espace auxquels sont confrontés les gens — des conditions de voyage parfois exaspérantes et inconfortables —, je dois dire qu'en règle générale ils se montrent à la hauteur.

Souvent, je compatis avec eux. J'ai pleinement conscience de ce que leur impose le transport aérien aujourd'hui : des contrôles de sécurité renforcés, des cabines surpeuplées, des vols sans distribution de repas. Je ferai de mon mieux.

Les voyageurs ignorent la plupart du temps les efforts que nous déployons en leur nom. Parfois nous les soutenons — tranquillement ou discrètement.

Les compagnies aériennes tiennent par exemple à ce que les vols partent à l'heure. Afficher un meilleur taux de ponctualité que leurs concurrents contribue à leur réputation et à leur image. Les agents d'escale sont jugés sur leur capacité à respecter les horaires. Cette exigence qui favorise les tensions parmi les employés n'est pas toujours une aubaine pour les passagers.

Il m'est arrivé à plusieurs reprises de devoir camper sur mes positions.

Je me souviens d'un dimanche après-midi où je m'apprêtais à assurer un vol entre West Palm Beach et Pittsburgh. Un grand nombre de gens placés sur liste d'attente attendaient d'embarquer. Une fois les personnes munies d'une réservation installées à leurs places, l'agent d'escale est venu nous avertir qu'il allait fermer la porte. Il voulait que le repoussage ait lieu à l'heure dite. Je lui ai rétorqué qu'il restait deux sièges vides.

— Pourquoi n'envoyez-vous pas ceux qui sont en standby ? ai-je demandé.

L'agent n'a rien voulu entendre. Il insistait pour que nous fermions la porte et lancions la procédure de repoussage. Il savait que son chef d'escale évaluait ses performances en partie sur la ponctualité des vols. Craignant une réprimande de son supérieur hiérarchique, l'employé refusait de perdre deux minutes pour embarquer deux personnes supplémentaires.

Je n'ignore pas que, dans une entreprise aérienne, le travail de chacun a des répercussions. Le chef d'escale se défoule sur ses agents. Ces mêmes agents poussent les équipages à charger plus vite. Mais ce système fondé sur des statistiques ne pardonne pas quand il faut, par exemple, embarquer six personnes en fauteuil roulant. Cela ralentit forcément la procédure.

En tout cas, cet agent d'escale et moi étions en désaccord sur ces deux places libres, et j'ai dû élever la voix.

— Rappelons-nous pourquoi nous sommes ici, lui ai-je dit. Nous sommes là pour emmener à destination des clients qui ont payé leurs billets. Vous en avez deux dehors qui veulent monter dans cet avion, et il y a deux sièges disponibles. Je vous demande donc de procéder rapidement à leur embarquement.

Mon point de vue l'a emporté. Après tout, la règle suprême veut que le commandant soit le seul maître à bord. Les deux passagers figurant en tête de la liste d'attente nous ont rejoints, et le repoussage a eu lieu deux minutes plus tard. A l'arrivée à Pittsburgh, nous n'avions qu'une à deux minutes de retard.

Le mardi suivant — c'était mon jour de repos —, j'ai reçu un appel téléphonique à la maison. Il s'agissait du chef pilote adjoint. Il avait reçu une lettre provenant du responsable du service clientèle situé à West Palm.

— Il paraît que tu t'es mêlé de la procédure d'embarquement, et que cela a retardé le vol, m'a-t-il lancé.

Puis il a commencé à me faire la leçon d'un ton strict comme si j'étais un renégat qui avait empêché les agents d'escale de faire leur travail.

Ce coup de fil m'a mis en rogne.

— J'ai à cœur d'exercer correctement mon métier, lui ai-je rétorqué, et il n'y a que deux façons de juger cet incident.

Soit les agents suivaient les procédures décidées par la compagnie, et ces dernières sont mauvaises. Soit ils ne les respectaient pas, et alors ils avaient tort. Nous avions cent cinquante sièges, et deux étaient vacants. Je voulais les voir remplis. Cela rendait service à la compagnie et aux passagers.

Le chef pilote adjoint n'a pas apprécié d'être rabroué. Mais nous avons mis un terme à cette conversation.

Six mois plus tard — c'était encore un dimanche —, je me suis retrouvé dans la même situation. Des sièges vides. Des gens dans la zone d'embarquement impatients de s'en emparer. Les agents voulaient fermer la porte de la cabine. J'ai insisté pour qu'on embarque ces passagers, et notre avion a quitté l'aire de trafic six minutes plus tard.

Les agents se sont plaints à nouveau, et j'ai eu droit à un autre appel du chef pilote adjoint. Cette fois, il était hors de lui. « Le chef pilote veut t'infliger deux semaines de mise à pied sans salaire », m'a-t-il annoncé.

Mon représentant syndical a fini par s'adresser à la direction qui a renoncé à sa menace de suspension. Après tout, je n'étais pas seul. Beaucoup de commandants de bord affrontaient régulièrement ce genre de conflits. Puis un jour, quelques mois plus tard, les responsables de la compagnie ont publié un communiqué qui déclarait qu'on ne devait pas abandonner des passagers lorsqu'il y avait des places disponibles. J'ai souri en le lisant. Nous connaissons tous ce genre de petites batailles, batailles que nous choisissons de livrer ou d'esquiver. Certains commandants partagent mon avis et mènent le combat. D'autres se résignent et abandonnent. Aucun de nous n'aime laisser des voyageurs à la porte, mais quelques personnes renoncent en affirmant : « Je ne peux pas me battre tous les jours. »

Je suppose que je n'avais pas encore perdu ce que j'appelle : « mon sens de l'entraide ». J'ai eu de l'empathie pour ces gens figurant sur la liste d'attente. Mais plus important, j'aurais commis une faute en refusant de les embarquer. Alors j'ai agi.

Ce sont des gestes insignifiants, je le sais. Mais je me sens mieux dans ma peau en déployant ce genre d'efforts. Et j'aime cette impression d'avoir fait un peu de bien.

Lorsque je faisais la navette entre San Francisco et ma base de Charlotte, j'ai lu énormément. La traversée du pays me semble plus rapide quand je suis plongé dans un livre. Depuis mon enfance, mes goûts n'ont pas tellement changé : je continue d'aimer l'histoire.

J'ai découvert quelques ouvrages formidables sur les lauréats de la Medal of Honor[1]. Leurs vies sont source d'inspiration. Mais je reste particulièrement hanté par celle de Henry Erwin, un opérateur radio de vingt-trois ans de l'US Army Air Forces, originaire de l'Alabama, qui a montré un héroïsme époustouflant durant la Seconde Guerre mondiale. Le 12 avril 1945, le sergent Erwin était en service sur un B-29 pour attaquer une raffinerie située à Koriyama au Japon. L'une de ses missions visait à aider les bombardiers à repérer leurs cibles, en larguant une bombe au phosphore à travers un tube passant dans le plancher de l'avion. L'engin fumigène explosa dans le tube lanceur, qui s'enflamma à l'intérieur du fuselage. Aveuglé, Erwin se retrouva cerné par les flammes tandis que la fumée emplissait l'appareil. Conscient qu'une déflagration allait bientôt atteindre la soute à bombes, en provoquant la destruction du B-29 et la mort de l'équipage, Erwin, malgré la douleur, rampa sur le sol, et attrapa la charge explosive à mains nues en la serrant sur sa poitrine. Il l'emporta jusqu'au cockpit, hurla au copilote d'ouvrir sa fenêtre, et la lança à l'extérieur, sauvant ainsi les onze autres hommes à bord.

1. La Médaille d'Honneur est la plus haute distinction militaire des Etats-Unis. (NdT)

Tout le monde pensait qu'Erwin ne survivrait pas à ses blessures, et le général Curtis LeMay décida, sans perdre de temps, de le décorer de la Medal of Honor. Mais comment en trouver une dans le Pacifique occidental ? La plus proche se trouvait à des heures de là dans une vitrine à Honolulu. On envoya donc un pilote la chercher au beau milieu de la nuit. Ce dernier ne parvenant pas à trouver la clé qui ouvrait le présentoir, en brisa la fenêtre. Il prit la décoration et la rapporta en avion jusqu'à Guam où on l'épingla sur le sergent Erwin, toujours en vie mais inconscient, le corps bandé de la tête aux pieds.

Erwin surprit tous les observateurs en survivant à quarante-trois opérations. Il fut hospitalisé jusqu'en 1947, mais une fois revenu à la vie civile, il resta défiguré et handicapé à vie. Cependant, il continua de servir son pays comme consultant à l'hôpital des Vétérans en Alabama. Il est mort en 2002.

Qui parmi nous aurait été jusqu'à serrer à mains nues une bombe incandescente contre sa poitrine ? Personnellement, face à cette situation, je crois que je l'aurais laissée brûler le plancher du B-29. Maintenant que je sais qu'il a existé des personnes comme Henry Erwin, capables d'actes aussi extraordinaires — d'un héroïsme presque incompréhensible —, je trouve que le moins que je puisse faire, c'est de me rendre utile de toutes les façons possibles.

Cela signifie parfois se remémorer les sentiments que j'ai éprouvés à l'âge de treize ans lorsque j'ai entendu l'histoire de Kitty Genovese et que je me suis juré de devenir un jour la personne que j'espérais être. Et quelquefois, cela signifie simplement accomplir un petit geste — aider un couple à retrouver une poussette égarée ou permettre à un passager figurant sur une liste d'attente d'obtenir une place disponible sur un vol au départ.

Le vol US Airways 1549 venait juste de décoller de l'aéroport de LaGuardia à New York lorsqu'il a heurté des oiseaux, endommageant gravement les moteurs et forçant à un amerrissage d'urgence sur l'Hudson[1]. (*Associated Press*)

1. La traduction des légendes des photos est l'œuvre de l'éditeur.

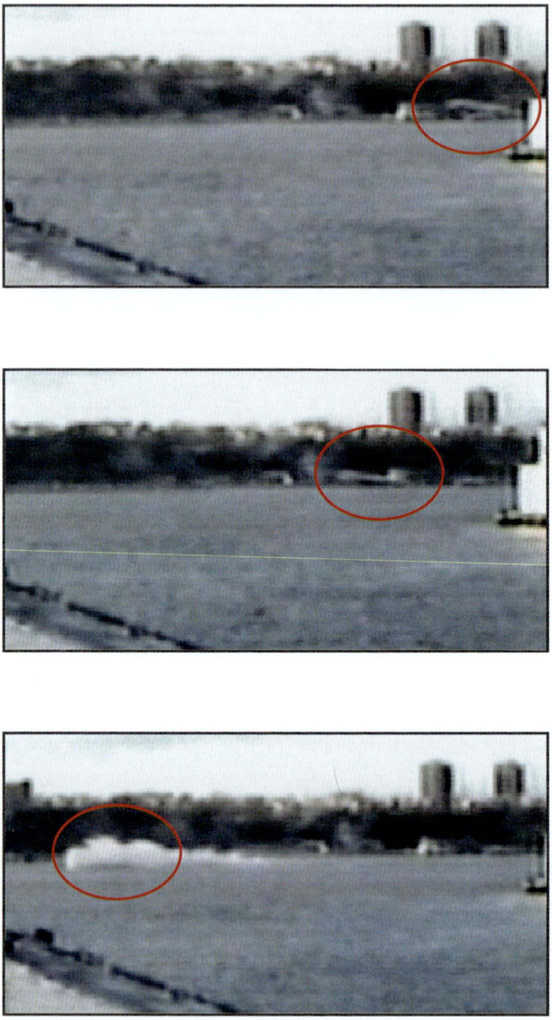

Une série de photos spectaculaires du vol 1549,
prises par une caméra de sécurité. (*Associated Press*)

Nous avons atterri près du terminal des ferries, ainsi les premiers secours ont pu atteindre l'avion rapidement et secourir les passagers et l'équipage. (*Associated Press*)

Malgré mes efforts pour compter le nombre de passagers durant le sauvetage, ce n'est que plusieurs heures plus tard que j'ai eu le verdict final : aucune perte, les 155 passagers et membres d'équipage étaient sains et saufs. (*Associated Press*)

Les événements du 15 janvier 2009 ne se seraient pas terminés de cette manière sans l'extraordinaire travail des secours. Le premier ferry était sur les lieux en moins de quatre minutes, garantissant la survie de tous les passagers. (*Associated Press*)

Je serai à jamais reconnaissant aux secouristes pour leur courage, leur adresse, leur détermination et leur rapidité d'intervention. (*Associated Press*)

La température de l'air, ce jour-là, était de – 6 °C. L'eau était à 2 °C. (*Associated Press*)

Le lundi 9 février 2009, le maire de New York, Michael Bloomberg, a remis les clés de la ville à l'équipage du vol 1549. (*Associated Press*)

L'avion, qui se trouvait toujours dans l'Hudson au petit matin, attendait d'être remonté. (*Associated Press*)

J'ai rencontré le contrôleur aérien Patrick Harten (*au centre*) le 24 février 2009, quand nous avons tous deux témoigné devant le Département de l'aviation de la Commission des Transports et des Infrastructures. Sa présence d'esprit et sa concentration sans faille nous ont grandement aidés et ont contribué à l'issue favorable du 15 janvier. (*Associated Press*)

Le 22 juin, j'ai rendu visite à certains des capitaines et équipes de NY Waterway qui ont participé au sauvetage des passagers. Le premier en partant de la gauche est Arthur Imperatore, propriétaire de NY Waterway. Les trois personnes en chemise blanche sont (*de gauche à droite*) le capitaine du *Moira Smith* Manuel Liba, le capitaine du *Gouverneur Thomas H. Kean* Brittany Catanzaro et le capitaine du *Thomas Jefferson* Vince Lombardi. (*Daniel H. Birman*)

L'avion est conservé dans le New Jersey, chez J. Supor & Fils, entreprise de camionnage spécialisée dans l'acheminement de convois exceptionnels. (*Daniel H. Birman*)

Le 15 avril 2009, l'Air Force Academy m'a décerné la médaille Jabara de l'aéronautique. Mon camarade de classe, le superintendant général John Regni, m'a remis la médaille. (*Air Force Photo/Mike Kaplan, DenMar Services Inc.*)

J'ai vécu de nombreuses expériences marquantes depuis le 15 janvier, mais peu sont aussi mémorables que le fait de se voir remettre une décoration par l'un de ses pairs. (*Air Force Photo/Dave Ahlschwede, DenMar Services Inc.*)

L'Air Force Academy a organisé pour moi un vol en planeur durant ma visite. (*Air Force Photo/Dave Ahlschwede, DenMar Services Inc.*)

La prochaine génération de cadets est un groupe d'hommes et de femmes absolument exceptionnels, dont la dévotion à leur pays est une source d'inspiration. Comme marque de reconnaissance, le commandant des cadets de l'escadre C1C, Jonathan Yates, m'a remis un faucon sculpté à la main, la mascotte de l'Air Force Academy. (*Air Force Photo/Dave Ahlschwede, DenMar Services Inc.*)

Depuis le 15 janvier, j'ai donné le coup d'envoi de matchs pour les Giants de San Francisco, pour les Athletics de Oakland et pour les Yankees de New York. Cela a demandé de l'entraînement, mais j'ai réussi à envoyer la balle au receveur à chaque fois. Ici, Lorrie et les filles profitent de notre visite au AT & T Park à San Francisco. (*Alex Clemens*)

Lorrie en compagnie de Diane Sawyer, le 9 février 2009, avant l'enregistrement de *Good Morning America.* (*Alex Clemens*)

Depuis le 15 janvier, notre vie, à Lorrie et à moi, est une perpétuelle aventure, qui nous a conduits au dîner des Correspondants de la Maison Blanche, à Buckingham Palace et même à une soirée organisée par l'Académie des oscars. Nous voici à Tampa, en Floride, pour le 43e Super Bowl. (*Alex Clemens*)

La National Football League (NFL) a rendu hommage à l'équipage du vol 1549 pendant la cérémonie d'avant-match de la 43e finale annuelle du Super Bowl, le 1er février 2009. (*Alex Clemens*)

Lorrie et moi avons toujours soutenu l'hôpital des enfants malades de St. Jude, et je suis aujourd'hui reconnaissant de pouvoir jouer un rôle plus important auprès d'eux afin de les aider dans leurs recherches. J'ai rendu visite à Darcy et à sa mère, Cathy, le 29 mai 2009. (*St. Jude Children's Research Hospital, BMC, Ann-Margaret Hedges*)

Lorsque j'ai quitté New York pour rentrer en Californie, Danville, ma ville natale, a organisé une cérémonie en mon honneur. J'ai été bouleversé et très touché par tous les amis et les voisins qui sont venus m'accueillir.

La famille Sullenberger avec le président Barack Obama et la Première dame lors d'un bal inaugural, le 20 janvier 2009. (*Collection personnelle de l'auteur*)

Je me sentirai toujours très fortement lié aux habitants de New York et du New Jersey, qui se sont conduits de manière si admirable le 15 janvier, et qui m'accueillent toujours aussi chaleureusement à chaque fois que je reviens les voir. (*Alex Clemens*)

10

TOUT EST POSSIBLE

Lorrie et moi avons notre colline préférée et, par chance, elle se trouve à quelques minutes de chez nous, sur une vaste parcelle de terrain située à la limite de notre quartier de Danville. Nous nous y rendons ensemble pour réfléchir, respirer, admirer. C'est un lieu absolument magique.

Quelle que soit la période de l'année, on y voit de hautes herbes indigènes, qui vont du brun au mordoré. A la fin du printemps, pendant un court laps de temps, la végétation tourne au vert plus luxuriant. Mais sa couleur m'importe peu. J'apprécie la beauté de cette prairie en toutes saisons.

Le 11 janvier 2009 dans l'après-midi, Lorrie m'a proposé de grimper sur la colline. C'était un dimanche, et je devais partir tôt le lendemain matin pour une rotation de quatre jours qui s'achèverait par le vol 1549.

Ce jour-là, nous étions soucieux. Comme beaucoup d'Américains, la crise économique nous inquiétait, et nous cherchions à régler nos graves problèmes financiers. La décision de la franchise Jiffy Lube de ne pas renouveler son bail pour notre local me préoccupait, et je ne voyais pas comment nous pourrions continuer d'honorer le crédit que nous avions pris pour acheter ce bien immobilier. Cette question n'était pas facile à résoudre. Lorsque je réfléchis à mes soucis personnels ou aux difficultés budgétaires qui frappent le secteur du transport aérien, je ne peux plus penser à rien d'autre, mais Lorrie sait instinctivement comment me changer les idées.

Nous étions assis dans la cuisine, et Lorrie a trouvé la solution. « Viens, me dit-elle. Allons marcher. »

Nous avons gravi le chemin forestier qui débouche par un sentier sinueux au sommet de cette magnifique butte escarpée dépourvue de nom.

Nous avons fait halte pour admirer la vallée en contrebas. D'un côté, le site offre un beau panorama sur la ville, et de l'autre, sur de vastes étendues vierges. La vue a littéralement le pouvoir d'élargir votre vision du monde. On relativise ses soucis sans savoir pourquoi. Elle vous revigore et vous régénère.

Nous avons apprécié le paysage en silence, un court moment, puis j'ai dit à Lorrie : « Quand on est ici, on a l'impression que rien n'est impossible. »

Elle m'a souri. Elle le savait déjà, sans que j'aie besoin de le dire. Ça, c'est Lorrie. Si vous voulez découvrir à quel point il est bon de croire que tout est possible, grimpez sur une colline en sa compagnie. Vous serez rassuré et inspiré.

Lorrie est une femme d'une force exceptionnelle, et j'ai beaucoup appris sur le pouvoir de l'optimisme et de l'acceptation, et sur la capacité que nous avons tous de forger notre propre bonheur, en la regardant affronter les problèmes qu'elle a connus dans sa vie et les défis qu'a rencontrés notre famille.

Elle et moi sommes un peu différents. Je crois à l'« optimisme réaliste », pour moi c'est l'outil le plus efficace. Il s'agit en réalité d'un réalisme de court terme combiné à un optimisme de long terme. Lorrie admet cette philosophie, évidemment, mais elle est convaincue qu'il n'y a rien de tel pour la santé, les relations avec autrui et le mental, qu'un optimisme pur et dur.

Lorrie parle franchement, et toujours avec le cœur ; elle sait profiter de la vie et en tirer des instants et des expériences qui trouvent un profond écho chez les autres femmes : grâce à son métier de professeur de remise en forme en plein air et à son activité — *Fit and fabulous... Outdoors !* — qu'elle dirige en solo, elle parvient à transformer littéralement leurs existences.

Elle organise des randonnées en montagne pour des groupes. Et quand ces femmes redescendent avec Lorrie, elles ne sont plus les mêmes. Elles ont découvert le monde et se regardent différemment. Il m'est arrivé de les conduire au point de départ, ou de les ramener chez elles, une fois la marche terminée. J'ai déjà attendu Lorrie, au début du sentier, et je l'ai vue revenir avec ses « élèves ». Le résultat est remarquable.

Il est vrai que je suis son mari, que je l'aime, et que je peux donner l'impression d'exagérer. Mais celles qui ont gravi un sommet en sa compagnie savent de quoi je parle.

Helen Ott, l'une de ses amies, qui a participé à de nombreuses sorties de remise en forme le formule ainsi : « Lorrie est comme une lumière vive. » Helen explique qu'elle s'est beaucoup amusée durant ces randonnées, car Lorrie sait merveilleusement raconter les histoires, et encourager les autres. « Elle a un don pour donner confiance aux gens, révéler leurs capacités, affirme Helen. Et elle les aide à se sentir bien dans leur peau. »

Lorrie s'est lancée dans cette activité — avec l'idée qu'elle est plus profitable en groupe et en pleine nature — à la suite d'un parcours personnel compliqué et difficile. Elle évoque ouvertement avec les femmes l'époque où, enfant, elle était « l'archétype de la petite grosse ». Elle a cherché à comprendre l'impact qu'avait eu l'alcoolisme de son père sur ses habitudes alimentaires et sur les sentiments qu'elle a abrités tout au long de sa jeunesse. Son enfance n'a pas été sans douleur, mais elle n'est pas du genre à se chercher des excuses.

Adulte, Lorrie a longtemps été en surpoids également, en particulier à cause des traitements qu'elle a suivis contre la stérilité. Ces médicaments lui ont fait prendre douze kilos, des kilos qui l'ont blessée profondément et intimement. Devant son incapacité à devenir mère, elle a eu l'impression que son corps l'avait trahie. Même après l'adoption de Kate et de Kelly, alors que nous étions parvenus à former enfin une famille parfaite, elle restait écorchée vive.

« Je suis tombée follement amoureuse de mes filles dès qu'on les a ramenées à la maison, a expliqué Lorrie à ses clientes. Sully et moi avions le sentiment d'avoir gagné à la loterie, et d'avoir reçu les plus beaux bébés du monde. Mais les sentiments de trahison ne disparaissent pas par magie. A la fin de cette épreuve, j'avais deux filles magnifiques que j'aimais de toutes les fibres de mon être, mais j'étais furieuse contre mon corps. »

Il y a dix ans, peu avant l'entrée dans la quarantaine, Lorrie a décidé de se débarrasser de sa colère et de faire la paix avec son apparence physique. Elle s'est d'abord inscrite à un cours de gymnastique. Mais marcher sans but sur un tapis de course ne la satisfaisait pas pleinement. Elle continuait d'entretenir, selon son expression, des « conversations négatives » avec certaines parties de son anatomie. Elle se sentait « mal à l'aise » dans la salle de sports. « Plus je me concentrais sur mes fesses, plus elles me semblaient énormes », disait-elle. A l'exemple de beaucoup de gens, elle tentait de maigrir en soumettant son corps.

Le corps et l'esprit étant étroitement connectés, sa longue aversion envers elle-même représentait un véritable problème. Elle a alors rejoint un club de gymnastique local animé par une femme du nom de Denise Hatch qui l'a aidée à prendre du recul. « Remercie ton corps pour ce qu'il sait faire au lieu de te focaliser sur ses défauts. Tu ne peux pas avoir d'enfants. C'est dur, je sais. Mais tes bras et tes jambes fonctionnent. Tu es en bonne santé. Tes deux filles ont besoin que tu adoptes une vie saine. Tu dois désormais cesser de dénigrer ton image corporelle. »

Lorrie a compris qu'elle devait avant tout trouver un mode d'exercice qui lui convienne. « Si vous détestez courir, alors marchez, dansez, déclare-t-elle maintenant à ses clientes. Soyez courageuses. Repérez l'activité qui vous plaît, et foncez. C'est comme pour tout dans la vie, quand on aime faire quelque chose, on s'y adonne plus souvent. »

Elle, c'est la randonnée qui l'a libérée. En marchant en pleine nature, caressée par la brise d'été, au cœur des collines de Californie soyeuses comme un tapis, en admirant les buses à queue rousse qui planaient au-dessus de sa tête, elle a vécu des expériences spirituelles qu'elle n'avait jamais connues sur un tapis de course.

Et son enthousiasme a été contagieux. Elle voulait partir marcher tous les jours, et nous demandait, aux filles et à moi, de l'accompagner.

« Je pense que je suis tombée amoureuse… de l'activité physique », m'a-t-elle avoué une fois.

Lorrie a fini par devenir consultante de remise en forme sur la chaîne de télévision de San Francisco affiliée à ABC. Dans ses émissions, elle explique aux femmes comment le grand air peut améliorer leur santé. Elle emmène des groupes en randonnée, elle les écoute et partage son vécu.

« Ce corps qui m'a trahie pendant si longtemps a répondu à la nature, leur explique-t-elle. Le trekking m'a donné la confiance qui me manquait. Cela m'a aidée à devenir une meilleure mère, une meilleure épouse et une meilleure amie. Et la marche m'a fait perdre ces treize kilos en trop. »

Lorrie est franche. « Nous, les femmes, devons être à l'aise avec nos corps. C'est vital. Celles qui ne le sont pas éteignent la lumière le soir en disant à leurs maris : “S'il te plaît, ne me touche pas." Quand une femme se sent bien dans sa peau, elle est plus désireuse que son compagnon l'approche. »

Voilà des années que je suis devenu l'un des personnages récurrents des histoires que Lorrie raconte à ses clientes. Je ne suis pas persuadé de vouloir connaître en détail ce qui se dit sur notre vie privée au cœur de ces montagnes. Mais je me réjouis de la teneur du principal message que diffuse Lorrie : « La randonnée a redynamisé notre couple. »

C'était l'idée de Lorrie. Elle a souhaité que nous fassions l'ascension du mont Whitney, niché dans la Sierra Nevada en Californie, au sud-est de notre domicile. Avec ses quatre mille quatre cent dix-huit mètres, c'est le sommet le plus élevé des Etats-Unis, du moins de ses quarante-huit Etats contigus.

Lorrie, qui venait alors de découvrir les joies de la randonnée, avait initialement organisé cette excursion pour huit couples. Elle avait obtenu un permis auprès de l'US Forest Service, mais un par un, pour des raisons de calendrier ou par manque de préparation physique, nos compagnons de voyage s'étaient désistés. Et cette ascension à seize s'était transformée en un périple à deux que nous avions décidé de maintenir coûte que coûte.

Nous avons suivi un entraînement rigoureux. Chaque fois que j'étais à la maison, nous chaussions nos baskets avant de partir au pas de course en direction du centre commercial situé à près de deux kilomètres de chez nous, où une série d'escaliers grimpe la colline jusqu'à un parking. Nous montions et descendions ces volées de marches en courant à quinze ou vingt reprises avant de rentrer à petites foulées.

Nous faisions de la musculation intensive dans une salle de sports sans cesser de pratiquer la randonnée dans la région, avec des sacs à dos lourdement chargés. Nous avons également grimpé à vélo le mont Diablo, au nord-est de Danville.

Lorrie pense qu'il est important de noter le programme qu'on s'est fixé. Mais plus encore, de chercher à l'atteindre quotidiennement au moyen de ce qu'elle et d'autres appellent « l'action authentique » : par exemple, solliciter quelqu'un, ou accomplir un geste concret qui vous permet de vous approcher de votre objectif.

Quand on a décidé d'escalader le sommet le plus élevé des Etats-Unis (hors Alaska), il faut s'y préparer et sortir chaque jour. Lorrie y a veillé. Au cours de notre entraînement, je suis tombé en VTT sur une piste en gravier au mont Diablo, ce qui m'a valu une fracture du bassin. Résultat, six semaines d'arrêt de travail. Le retour aux préparatifs pour notre randonnée au mont Whitney n'en a été que plus laborieux.

Lorrie estimait également que cette remise en forme physique était profitable à notre couple, à l'instar des épreuves que nous avions vécues au cours de nos procédures d'adoption. Nous nous réconfortions mutuellement. Quand l'un de nous était fatigué, l'autre l'encourageait. Ce soutien actif nous préparait à ce qui nous attendait lors de la randonnée proprement dite.

La date de l'ascension du mont Whitney fut fixée au 2 septembre 1999. Nous avions embauché une baby-sitter qui s'occuperait des filles pendant notre absence, et au lieu d'accomplir en voiture les sept heures de route jusqu'au parc national, nous avions décidé de louer un Cessna turbo 182RG (un monomoteur quatre places) et de nous y rendre par les airs. Un moyen de transport très romantique pour cette excursion à deux qui nous permettrait de nous tester en pleine nature.

Comme nous comptions effectuer la randonnée en une seule journée, nous devions donc partir de très bonne heure. Nous avons passé la nuit dans un motel situé près du Mont. A 3 heures du matin, nous étions debout, et à 4 h 15, déjà sur le sentier, avec nos lampes frontales et nos sacs à dos, prêts à l'action. La piste qui mène au sommet démarre à deux mille deux cent cinquante mètres d'altitude et, aller et retour, l'itinéraire totalise près de trente-quatre kilomètres.

Nos havresacs contenaient des vêtements de pluie, des casquettes, des gants, des piles de rechange, des allumettes, des barres énergétiques, de l'eau, des sandwichs au beurre de cacahouète et d'autres objets indispensables. J'avais également emporté un petit sac plastique qui contenait les cendres de ma mère, morte en janvier précédent. J'avais l'intention de les disperser sur les flancs de la montagne, un lieu qui me paraissait totalement approprié.

Mon père était décédé quatre ans plus tôt, et après avoir formé avec lui un couple plutôt traditionnel, ma mère avait mené son existence à sa guise au cours de ces dernières années. Pendant longtemps, elle était restée loyalement à la maison à ses côtés, acceptant son caractère casanier. Mais à sa disparition, elle s'était mise à voyager avec ses amies, un peu comme si elle rattrapait le temps perdu. C'était merveilleux de voir à quel point elle saisissait toutes les occasions de profiter de la vie. Emporter ses cendres jusqu'au sommet du mont Whitney, puis les lâcher dans le vent pour qu'elle poursuive ses pérégrinations nous avait paru judicieux.

Quand nous avons entamé notre ascension, il faisait encore nuit noire, mais la lune gibbeuse était tellement haute dans le ciel que nos lampes frontales étaient presque superflues.

L'obscurité qui précédait l'aube était magnifique. « La visibilité était bonne », comme le diraient les astronomes, l'air stable, et les étoiles, lumineuses et claires, clignotaient à peine. On aurait presque pu les toucher.

Nous avons d'abord marché à l'ombre de grands arbres, vêtus simplement de vestes légères. Mais quand le soleil s'est levé, réchauffant la montagne, nous avons pu les glisser dans nos sacs à dos.

L'aurore fut spectaculaire. Nous progressions sur le versant oriental, face à l'ouest, et l'un des pics qui se trouvait derrière nous était parfaitement aligné sur le soleil ; il formait une ombre triangulaire sur la chaîne montagneuse du Whitney qui se dressait devant nos yeux. Quand l'astre lumineux s'est élevé dans le ciel, le polygone noir a glissé le long du flanc des parois granitiques.

Un spectacle étonnant.

Plus nous montions en altitude, plus la nature changeait autour de nous. C'était fascinant. A chaque nouveau palier, les sols, le relief et la flore étaient différents. Il y avait des zones marécageuses, des lacs, des ruisseaux, mais au fur et à mesure que nous approchions des sommets, la végétation se raréfiait. A notre sentier accidenté et rocailleux succédait une piste encombrée de larges rochers qu'il nous a fallu escalader. Puis l'effet de l'altitude a commencé à se faire sentir. Nous l'avions prévu — grâce à la lecture de quelques livres —, mais cela restait pénible à gérer. Lorrie souffrait d'une violente migraine ; nous avancions plus lentement et nous étions épuisés.

Pour nous rassurer, nous nous répétions cette vieille rengaine des marathoniens : « Ce n'est pas trente-quatre kilomètres. C'est un kilomètre trente-quatre fois. » Ou bien cet autre mantra : « Tout le monde peut escalader le mont Whitney. Il suffit de pointer un pied vers le haut, et d'avancer. » Nous récitions cela en boucle.

Autre conséquence normale, nous avions perdu l'appétit, et nous nous forcions à manger pour conserver notre énergie. Les guides de voyage conseillaient d'emporter sa nourriture préférée, même des cochonneries, car l'essentiel était de s'alimenter. Chaque fois que nous sortions un produit comestible de nos sacs, des geais bleus tentaient de se poser sur nos épaules ou nos affaires pour le dérober. Des marmottes surgissaient de derrière les rochers, presque de nulle part, dans le simple espoir de glaner quelque chose à grignoter. Ces animaux étaient manifestement si habitués à la présence humaine qu'ils avaient compris que là où il y a un homme, il y a aussi de la nourriture.

A trois mille neuf cents mètres, le sentier étroit franchissait un col, au bord d'un à-pic vertigineux. Nous nous trouvions bien au-delà de la limite forestière, et le site était aussi pelé que la surface de la Lune. Lorrie s'est mise à pleurer, de peur et d'épuisement, m'a-t-elle avoué. Regarder en contrebas avait de quoi vous glacer les sangs. Et Lorrie s'interrogeait sur la nécessité d'atteindre le sommet pour disperser les cendres de ma mère.

« Pourquoi ne la laissons-nous pas ici ? m'a-t-elle demandé. Elle comprendrait. Je sais qu'elle comprendrait ».

Personnellement, je voulais achever l'ascension : « Nous pouvons y arriver », lui ai-je répondu. Elle m'a adressé un petit sourire, et nous avons repris notre route.

A 13 h 15, nous étions en vue du sommet — il nous restait environ soixante minutes de marche. Cependant, en démarrant la randonnée le matin même, nous avions décidé d'une marge de sécurité d'une heure dans l'après-midi. Nous voulions garder assez de forces pour le retour et surtout pour redescendre à la lumière du jour. Il était inutile de prendre des risques. Une partie de nous avait envie de continuer. Mais nous nous sommes rangés à la raison et avons résisté à la tentation. Nous avions marché suffisamment pour la journée. C'était la seule décision intelligente à prendre.

Comme vous vous en doutez, j'ai ressenti une bouffée d'émotion en sortant les cendres de ma mère de mon havresac. Quand j'ai ouvert le sachet plastique et que je les ai vues s'envoler dans le vent, ce fut un moment très intense. Le ciel était clair et bleu, il n'y avait pas un seul nuage, et les petites particules ont voltigé dans l'air avant d'être emportées par la brise.

« J'espère qu'elle va apprécier ses prochains voyages », a dit Lorrie, mais j'ai été incapable de répondre. Je me contentais de fixer les cendres du regard.

Une fois cette modeste cérémonie terminée, nous avons pris le temps d'admirer la majesté des lieux. « Nos soucis semblent bien minuscules en comparaison de tout cela, n'est-ce pas ? a fait observer Lorrie. Cela remet les choses en perspective. »

Nous nous sommes reposés un instant, en contemplant le paysage. Mais nous ne pouvions pas nous attarder. Nous n'avions accompli à ce stade que la moitié de la randonnée.

La descente fut presque plus dure que la montée ; nous étions épuisés à la fois émotionnellement et physiquement. A la fin d'une telle journée de marche, le moindre mouvement est douloureux.

Quand nous sommes arrivés à 20 h 15 à l'endroit où démarrait le sentier, la nuit était à nouveau tombée, mais en dépit de notre fatigue, nous étions littéralement euphoriques. Et en proie à une immense fierté. Lorrie, qui avait passé des années à croire que son corps l'avait trahie, a reconnu qu'il était plusieurs fois venu à son secours.

Le lendemain, lors du voyage de retour, j'ai survolé en avion le mont Whitney à plusieurs reprises. Nous l'avons contemplé avec une stupéfaction teintée d'effroi. L'idée nous a amusés : heureusement que nous l'avions contourné à l'aller, car vu du ciel, il paraissait redoutable et incroyablement escarpé.

« Waouh ! s'est exclamée Lorrie. Et dire qu'on est montés là-haut ! C'est difficile à croire. »

Alors que nous franchissions la chaîne montagneuse pour virer nord-ouest en direction de la maison, Lorrie a sorti un stylo et a commencé à rédiger une « lettre de remerciements » dans laquelle elle racontait comment les hauts sommets l'avaient aidée à clarifier sa vie.

> *J'ai découvert à quel point nos petits problèmes quotidiens sont insignifiants. Cette montagne était là bien avant nous, et y demeurera longtemps après notre disparition. La couleur du tissu de nos fauteuils n'a aucun intérêt en comparaison.*

En revanche, j'ai réalisé au cours de cette randonnée que les éclats de rire et les gloussements de Katie et de Kelly sont mille fois plus importants, même quand ils finissent par nous agacer. Ce qui compte aussi avant tout, c'est l'amour de notre famille — des vivants et des morts.

Lorrie est en passe de mener une « belle vie bien remplie ». Elle trace son chemin avec passion et détermination tout en rappelant aux autres que tout est possible. A ce titre, je suis heureux d'avoir participé à cette ascension.

Lorrie, qui est toujours à la recherche d'une inspiration, a assisté, il y a deux ans, au discours de Maria Shriver, l'épouse du gouverneur de Californie, lors du gala The Woman's Conference. Au cours de la cérémonie, Maria Shriver a récité un poème hopi qui a profondément touché Lorrie. En voici quelques strophes :

Il existe une rivière qui coule très vite.
Elle est tellement large et rapide que certains la craindront.
Ils tenteront de s'accrocher au rivage.
Ils se sentiront déchirés, et leur souffrance sera immense.
Sachez que la rivière a sa propre destination.
Les anciens affirment que nous devons quitter le rivage,
Nous jeter au cœur de la rivière,
Et garder nos yeux ouverts et nos têtes hors de l'eau.

Ce poème a ému Lorrie aux larmes. Elle estime que nous devons tous trouver le courage de quitter le rivage. Cela signifie lâcher tout ce qui nous sert de béquilles : nos plaintes et nos ressentiments, les traumatismes de l'enfance, nos complexes physiques et tout le reste. Cela signifie cesser de consacrer son énergie à ce qui échappe à notre contrôle. Cela signifie porter son regard au-delà de son environnement familier.

Lorrie aime cette image qui parle de quitter le rivage, de

repérer le cœur de la rivière, et de la laisser nous entraîner. Cette métaphore nous explique que nos existences sont faites d'éléments contrôlables et incontrôlables, et qu'elles ne sont que le résultat de nos décisions.

L'analogie de la rivière fonctionne également dans le couple : elle nous aide à gérer par exemple nos problèmes financiers. « Tant que nous garderons nos têtes hors de l'eau, affirme Lorrie, nous nous en sortirons. » C'est une jolie façon de considérer la vie.

Il nous arrive à Lorrie et à moi de perdre notre optimisme, mais nous nous sommes efforcés de mener notre existence au cœur de la rivière. Ou sur notre colline préférée, d'où nous contemplons le monde en nous répétant que tout est possible.

11

GÉRER LA SITUATION

Al Haynes.

Tous les pilotes mentionnent son nom avec respect.

Le 19 juillet 1989, il était le commandant de bord du vol 232 d'United Airlines, un DC-10 qui reliait Denver à Chicago. Il y avait à son bord deux cent quatre-vingt-seize passagers et membres d'équipage.

Quand j'étais facilitateur au sein du programme du CRM, l'histoire de ce vol faisait partie de nos meilleurs outils pédagogiques. Personnellement, cette catastrophe m'a énormément appris sur l'aviation — et sur la vie.

Après avoir décollé de Denver, le vol 232 s'était déroulé sans anicroche durant quatre-vingt-cinq minutes. Mais peu après être entré dans l'espace aérien de l'Iowa, alors que le copilote, William Records, se trouvait aux commandes à environ trente-sept mille pieds, une terrible explosion a retenti à l'arrière de l'appareil. La cause a paru bientôt évidente : le réacteur central venait d'exploser. Al Haynes, qui comptabilisait près de trente mille heures de vol, demanda au second officier (ingénieur de vol), Dudley Dvorak, de passer en revue la check-list des pannes moteur. Dans le même temps, l'équipe réalisait que les trois systèmes hydrauliques, indispensables pour contrôler ce type d'avion, perdaient de la pression. Et le copilote signala qu'il ne parvenait plus à contrôler le DC-10.

En prenant les commandes, Haynes s'aperçut que l'avion pouvait virer à droite, mais pas à gauche. Alors que l'ingénieur de vol annonçait aux passagers la perte d'un des moteurs, un pilote instructeur de l'United nommé Dennis Fitch, assis en première classe, se présenta aux hôtesses pour proposer son aide. Le commandant Haynes l'invita sans hésiter dans le cockpit.

Ce type d'urgence était si rare que les pilotes n'avaient reçu aucune formation pour se sortir d'une situation pareille ; il n'existait aucune check-list. L'enquête révélera plus tard que les risques de perdre simultanément les trois systèmes hydrauliques étaient évalués à un sur un milliard. Mais Haynes joua avec les cartes que le sort lui avait distribuées et improvisa en s'appuyant sur sa dizaine d'années d'expérience. La seule façon de contrôler l'appareil était de manipuler les manettes des gaz. Dans le poste de pilotage, les quatre hommes manœuvrèrent ainsi pendant plus de quarante minutes tout en cherchant un moyen de poser l'avion endommagé en un seul morceau. Autrement dit, ils n'avaient que quarante minutes pour apprendre une nouvelle manière de piloter.

Il existe traditionnellement dans le transport aérien une hiérarchie stricte dans les cockpits, et bien souvent les copilotes et les ingénieurs de vol hésitent à faire des suggestions au commandant de bord. Mais ce jour-là, en proposant à une tierce personne de les rejoindre, Haynes a aidé l'équipage à résoudre cette urgence imprévue. Il a multiplié leurs chances de pouvoir rallier une piste d'atterrissage.

Les contrôleurs aériens envisagèrent dans un premier temps de dérouter l'avion vers l'aéroport international de Des Moines. Mais constatant que l'appareil virait involontairement vers l'ouest, on prit la décision de l'envoyer vers

Sioux City. « Je ne vais pas vous raconter d'histoires, déclara Haynes aux passagers. L'atterrissage va être très rude. »

L'enregistrement des voix du cockpit témoigne à la fois du professionnalisme et de l'entraide qui régnaient dans le poste. Une émouvante camaraderie soulageait un peu les tensions.

— Je vais vous dire, a lancé à un moment Dennis Fitch, quand tout sera fini, nous nous paierons une bonne bière.

— Je ne bois jamais, mais bon sang j'en prendrais volontiers une, a répliqué Al Haynes.

A l'approche de l'aéroport, la vitesse était encore de deux cent quinze nœuds, le taux de descente de mille six cents pieds par minute. Les pilotes essayèrent de ralentir l'appareil en relevant le nez et réussirent de façon presque miraculeuse à le poser au seuil de piste. Tout portait à croire qu'ils s'en étaient sortis.

Mais le bout de l'aile droite heurta le sol. D'après les témoins, l'avion se retourna, puis s'embrasa immédiatement avant de se briser en plusieurs morceaux. On comptabilisa cent onze morts — certains furent tués au moment de l'impact, d'autres asphyxiés par les fumées — mais cent quatre-vingt-cinq personnes survécurent grâce à la maîtrise du commandant Al Haynes et de son équipage. Malgré de sévères blessures, aucun décès ne fut à déplorer dans le poste de pilotage. L'enquête déterminera quelque temps après qu'une crique de fatigue avait rompu la soufflante (la couronne d'aubes) du réacteur central.

Au sein du programme du CRM, le vol 232 est considéré comme l'un des meilleurs exemples d'un travail d'équipe réussi. Le commandant de bord a su utiliser les compétences de ses collègues tout en assumant la responsabilité des décisions et du dénouement. Haynes a employé toutes les ressources dont il disposait à bord d'un avion en grande détresse. Etant donné la situation à laquelle il était confronté, le vol aurait pu se terminer par la mort des deux cent quatre-vingt-seize passagers et membres d'équipage.

Les actions que l'équipage a effectuées dans le cockpit seront étudiées pendant plusieurs générations.

A la suite de l'accident du vol 1549, le commandant Al Haynes m'a contacté. J'en ai été très honoré. Haynes a consacré la majeure partie de sa vie, depuis le crash de Sioux City, à donner des conférences dans le monde entier. Il a fait plus de mille cinq cents apparitions publiques, bénévolement ou en reversant ses émoluments à des associations caritatives. Au cours de ces colloques, il détaille son retour d'expérience en insistant sur l'importance de la communication, de la préparation, de l'exécution et de la coopération et — il ose le mot — de la « chance ». Il évoque également sa tristesse à l'égard des passagers qui n'ont pas survécu.

Ces conférences qu'il dédie à ceux qui ont péri sur son vol lui ont servi de thérapie selon ses propres termes. Parler de problèmes de sécurité lui a permis de surmonter la culpabilité du survivant. « Mon job était d'emmener des gens d'un point A à un point B en toute sécurité, explique-t-il. Pendant longtemps, j'ai eu l'impression de ne pas avoir fait mon travail. »

Al Haynes, qui est maintenant âgé de soixante-dix-sept ans, avait mon âge, c'est-à-dire dix-neuf ans de moins, le jour de l'accident de Sioux City. Il m'a déclaré qu'au-delà des prouesses accomplies par son équipage, plusieurs autres facteurs avaient permis de sauver des vies : le ciel était clair, sans vent. La Garde nationale aérienne de l'Iowa qui était alors de service était rapidement venue à leur aide. Les équipes de secours venaient de recevoir une formation pour gérer le crash d'un gros-porteur. Et dans les deux hôpitaux de la ville, l'alerte était tombée au moment du changement des équipes ; par conséquent le personnel était deux fois plus nombreux pour prendre en charge les blessés, y compris Al Haynes lui-même.

Sa blessure à la tête lui avait valu quatre-vingt-deux points de suture. Son oreille gauche était partiellement arrachée, et il souffrait d'un traumatisme crânien.

Ce jour-là, de nombreuses personnes étaient passées à l'action énergiquement. Je garde en mémoire cette remarque du chef des pompiers de l'aéroport de Sioux City : « Soit vous dirigez la situation, soit c'est elle qui vous dirige. »

Au cours des années suivantes, Al Haynes a perdu son fils aîné dans un accident de voiture. Sa femme est décédée d'une infection rare. Puis sa fille a dû subir une greffe de moelle osseuse. Mais tout au long de ces épreuves, il s'est rendu compte que personne n'avait oublié son comportement héroïque aux commandes du vol 232. Des centaines de gens, parmi lesquels des survivants de l'accident de Sioux City, ont réuni plus de cinq cent mille dollars pour l'aider à payer la transplantation de sa fille, qui n'était pas entièrement prise en charge par son assurance.

Certains dons émanaient même de familles qui avaient perdu un être cher dans le crash du DC-10.

Al Haynes m'a avoué qu'il avait toujours su voir le bon côté des gens, et que ses semblables l'avaient aidé à se réconcilier avec les gestes qu'il avait accomplis (et ceux qu'il n'avait pas pu faire) en ce jour de 1989.

Evidemment, il s'est demandé ce qui se serait passé si son équipage avait réussi à maintenir les ailes à plat et à atterrir dans l'axe. Mais même s'ils y étaient parvenus, l'avion aurait peut-être heurté la piste et explosé.

Au cours de notre conversation, dans les semaines qui ont suivi l'amerrissage forcé du vol 1549, Al Haynes m'a conseillé de me préparer à de sévères angoisses : « Je suis sûr que vous aurez le sentiment que vous auriez pu tenter quelque chose d'autre, m'a-t-il fait remarquer. Tout le monde se remet en cause. Nous n'y avons pas échappé. Jusqu'au jour où nous avons décidé que nous n'aurions pas pu faire davantage. »

Il avait lu beaucoup de témoignages sur le vol 1549, et il approuvait les décisions que Jeff et moi avions prises dans le cockpit. C'était très important pour moi.

Il m'a raconté également que, après mon amerrissage sur l'Hudson, quelques passagers du vol 232 l'avaient contacté, pour prendre de ses nouvelles et témoigner de leur sympathie. Les catastrophes aériennes font toujours remonter à la surface celles qui les ont précédées. « Cela a réveillé nos souvenirs », m'a confié Al Haynes.

Au vu du traumatisme vécu sur nos vols respectifs, de l'épreuve que nous avions tous deux traversée, il éprouvait comme un lien de parenté avec moi. « Nous appartenons désormais à un cercle restreint », avons-nous conclu. Puis, pour finir, il m'a donné ce conseil : « Une fois que vous serez prêt, retournez travailler. Vous êtes un pilote. Vous devez voler. »

Au sein du CRM, on étudie également l'histoire du vol 811 de l'United Airlines qui reliait Honolulu à Auckland en Nouvelle-Zélande, le 24 février 1989. C'était un Boeing 747-122 qui emportait à son bord trois cent trente-sept passagers et dix-huit membres d'équipage.

A 2 h 8 du matin, seize minutes après le décollage à Honolulu, la porte de la soute avant s'était brusquement ouverte, déchirant un pan du fuselage et créant une décompression explosive dans la cabine. Une partie du plancher avait cédé, et cinq rangées de sièges contenant neuf passagers avaient été aspirées hors de l'avion et étaient tombées dans le Pacifique. Deux des moteurs étaient en flammes et sévèrement endommagés par les débris éjectés de l'appareil.

Les pilotes, qui venaient de monter à plus de vingt-deux mille pieds, décidèrent d'effectuer un virage à 180°. Ils espéraient pouvoir rejoindre Honolulu qui ne se trouvait qu'à cent seize kilomètres. Les objets et les bagages échappés des coffres supérieurs éventrés tournoyaient dans la cabine, et on peut imaginer à quel point le vol fut terrifiant pour les passagers. D'après certains témoins, on aurait dit une tornade.

Le commandant de bord, Dave Cronin, le copilote, Al Slader, et l'ingénieur de vol Randal Thomas avaient compris qu'ils faisaient face à une urgence absolue. Elle n'impliquait pas seulement la dépressurisation de la cabine, mais un grave problème de réacteurs. Avec deux moteurs en moins, l'avion perdait de l'altitude, ce qui risquait de l'empêcher de regagner Honolulu.

Slader coupa les deux moteurs à l'aide des interrupteurs d'alimentation de carburant sans pour autant tirer les poignées coupe-feu qui servaient à prévenir d'autres incendies. En cas de défaillance des réacteurs, c'était la procédure à suivre, mais Slader réalisa que cela entraînerait la perte des deux pompes hydrauliques. L'équipage risquait de ne plus pouvoir contrôler l'avion.

Les pilotes larguèrent du carburant pour alléger l'appareil. Pendant ce temps, sur ordre des hôtesses qui leur avaient crié de se « préparer à l'impact », les passagers avaient enfilé leurs gilets de sauvetage. Après l'atterrissage, les pompiers éteignirent les flammes. Bien que neuf passagers aient perdu la vie à la suite de l'explosion de la porte de la soute avant, trois cent quarante-six personnes avaient survécu.

L'enquête détermina que la tragédie avait pour cause la défaillance du mécanisme de verrouillage, un défaut dans le câblage du circuit commandant l'alimentation électrique des portes et un problème de conception.

Si l'équipage a montré un comportement héroïque, c'est parce qu'il savait, grâce à sa profonde connaissance du Boeing 747-122, que cette urgence inattendue les obligeait à improviser et à modifier les procédures. Ils ont fait preuve d'un grand courage en parvenant à poser l'appareil sans encombre.

Lorsque j'ai étudié les circonstances de cet accident, j'ai

imaginé qu'un jour je pourrais être amené à me fier à mes compétences en matière de systèmes avion, et non seulement à une check-list. On ne peut pas envisager ou anticiper toutes les situations. Il n'y a pas de check-list pour tout.

Au fil des années, j'ai rencontré des tas de gens qui estiment que les avions modernes peuvent aujourd'hui, grâce à leur technologie et à l'informatisation, quasiment voler tout seuls.

C'est tout bonnement faux. L'automatisation peut diminuer la charge de travail dans certains cas. Mais dans d'autres situations, son usage inapproprié ne fait qu'alourdir la tâche. Un pilote doit savoir l'utiliser à bon escient.

J'admire depuis longtemps Earl Wiener, cet ancien pilote de l'Air Force, titulaire d'un doctorat, et désormais retraité du département Sciences du Management de l'université de Miami[1]. Il est célèbre pour ses travaux sur la sécurité aérienne.

Il m'a raconté un jour sa participation à un forum où un intervenant dissertait sur : « Le Rôle du pilote dans un cockpit automatisé ». Quand il était monté à son tour sur l'estrade, il avait déclaré franchement, mais non sans ironie, que ce séminaire aurait dû s'appeler : « Le Rôle de l'automatisation dans un cockpit piloté ».

Que vous voliez manuellement ou grâce à la technologie, vous pilotez finalement l'avion avec votre tête, en construisant un modèle mental précis et en temps réel de votre réalité — l'appareil, l'environnement et la situation. La vraie question est : combien de différents niveaux technologiques acceptez-vous entre votre cerveau et les gouvernes ? L'avion ne s'aventure nulle part sans vous. Il va toujours où vous lui demandez d'aller. Un ordinateur ne sait qu'obéir aux ordres. Le choix qui se présente à vous est donc celui-là : dois-je lui

1. Earl Wiener est depuis décédé, le 14 juin 2013. (NdT)

demander une action en poussant le manche ou dois-je la lui demander par l'intermédiaire de la technologie ?

L'Airbus A320, l'appareil que nous pilotions lors du vol 1549, possédait un *fly-by-wire*, un système de commandes de vol électrique, ce qui en gros signifie que les commandes de vol sont actionnées par l'envoi d'impulsions électriques, et non par un lien mécanique direct entre le levier de commande dans le cockpit et les gouvernes sur les ailes et la queue. Le *fly-by-wire* vous empêche de dépasser des valeurs prédéterminées telles que l'angle du cabré (le degré de l'inclinaison du nez de l'avion par rapport à l'horizon), l'angle de roulis (l'angle de virage). Et la vitesse.

Le Dr Wiener s'inquiétait du paradoxe (je partage son avis) qui veut que l'automatisation réduise souvent la charge de travail dans le cockpit quand celle-ci est faible. Alors qu'elle l'accroît parfois lorsque cette dernière est déjà élevée.

Prenez le cas d'un changement de piste de dernière minute. Par le passé, il n'était pas difficile de brancher son récepteur de navigation sur la fréquence pour entamer son approche sur une autre piste. Aujourd'hui, il faut appuyer sur une bonne dizaine de boutons de l'ordinateur pour organiser un changement de piste.

A ceux qui croient que la technologie est la panacée, le Dr Wiener offrait des données qui prouvaient le contraire. Il affirmait que l'automatisation des avions, même ceux dotés des meilleures technologies, n'élimine pas les erreurs. Elle modifie simplement la nature des fautes commises. Elle peut être source par exemple de graves confusions en matière de navigation aérienne. Prenons l'histoire du vol 965 de l'American Airlines, un Boeing 757 qui reliait Miami à Cali en Colombie, le 20 décembre 1995. Parce que deux points de cheminement (les points définis de la trajectoire) portaient le même code et que l'ordinateur de gestion du vol indiquait la balise la plus proche comme étant le second repère, les pilotes ont commis l'erreur de sélectionner la plus éloignée, entraînant l'avion sur une trajectoire de collision avec une montagne. Il n'y a eu que quatre survivants parmi les cent soixante-trois personnes qui étaient à bord.

Le Dr Wiener n'est pas opposé à la technologie, je ne le suis pas non plus. Mais cette dernière n'est pas un substitut à l'expérience, aux compétences et au discernement.

L'un des grands atouts de l'industrie du transport aérien — sa force et sa fiabilité — réside dans le concept que les pilotes appellent : « l'autorité suprême du commandant de bord ». Cela signifie que nous avons une marge d'autonomie — la capacité de prendre une décision en toute indépendance dans le cadre, bien entendu, des normes professionnelles.

Malheureusement, notre image a changé. Au fil des années, nous avons perdu en grande partie le respect de nos supérieurs, de nos collègues et du public. Le statut de pilote a perdu de son aura, et je crains que cet état de fait n'entraîne de nouveaux problèmes de sécurité. Par le passé, on disait souvent que les pilotes de ligne venaient juste derrière les astronautes. Désormais, on affirme en plaisantant que nous sommes à peine supérieurs à des chauffeurs de bus, mais que ces derniers disposent d'une meilleure retraite.

Les dirigeants des compagnies aériennes contestent plus fréquemment nos décisions et nos actions. Les contestations se multiplient. Jamais on n'aurait vu il y a trente ans un mécanicien ou un agent de piste s'opposer farouchement à un commandant de bord. Aujourd'hui, cela arrive.

Certains d'entre eux, il est vrai, nous représentent mal. Il est parfois opportun de discuter leurs décisions. Tout dépend des situations et des circonstances. Mais ces remises en cause interviennent parfois pour de mauvaises raisons : pour faciliter le travail de quelques-uns, respecter des délais ou baisser les coûts.

L'un des passages du film *Arrête-moi si tu peux*, qui date de 2002, m'a donné matière à réflexion. Basé sur une histoire vraie, ce long-métrage qui se déroule dans les années 1960 met en scène un escroc interprété par Leonardo DiCaprio. A un moment donné, ce dernier usurpe l'identité d'un pilote de la Pan Am. Je me souviens en particulier de cette séquence où le personnage joué par DiCaprio observe un séduisant commandant de bord en uniforme qui entre dans un hôtel en compagnie de séduisantes jeunes hôtesses. Le réceptionniste quitte son comptoir pour les saluer, heureux de les accueillir dans son établissement. C'est une scène très courte, qui résume à la perfection la haute estime dans laquelle étaient tenus à l'époque les équipages des compagnies aériennes. J'avais presque les larmes aux yeux devant ce souvenir de l'âge d'or de l'aviation — et devant tout ce que nous avons perdu.

Il y a quelques années, dans le magazine *Flying*, j'ai lu un article écrit par un commandant de bord qui approchait de l'âge de la retraite. Il évoquait ses débuts dans la profession, et comparait ses conditions de travail avec celles de ces dernières années où les employés des compagnies aériennes, y compris les pilotes, sont jugés sur leur capacité à se conformer au règlement. « Nous étions embauchés pour notre discernement, expliquait-il, aujourd'hui, on nous évalue sur notre docilité. »

Heureusement, toutes les compagnies aériennes sont désormais soumises à davantage de normes. Nous sommes obligés de suivre des procédures appropriées. En principe, le temps des cow-boys qui se croyaient tout permis dans le ciel et qui se moquaient de cocher les éléments de leurs check-lists est révolu. Dans le même temps, le respect absolu des règles ne suffit pas toujours. Ainsi que l'a montré Al Slader dans sa prise de décision, la sagacité reste cruciale.

Voilà comment les meilleurs pilotes voient leur mission : la plus grande responsabilité et le devoir suprême du commandant de bord est d'assurer la sécurité. Comme nous le disons : « Nous disposons du pouvoir du frein de parc. » L'avion restera immobilisé tant que nous sentirons un danger à le piloter.

Mais cette autorité suprême s'accompagne d'une importante responsabilité. Un commandant de bord doit posséder les qualités d'un chef afin de transformer les individualités en équipage et créer un collectif. On peut être appelé à tous moments à puiser dans son expérience, dans son bagage technique et intellectuel, à prendre rapidement une initiative, à soupeser ses connaissances tout en admettant qu'on ne peut pas tout savoir. Cela représente une charge de travail très lourde.

J'éprouve depuis longtemps un immense respect pour des pilotes comme Al Haynes, Al Slader et tant d'autres. Et je crois que c'est parce que j'avais étudié et compris les raisons de leurs actions que j'ai pu prendre certaines décisions durant ces quelques minutes de grande tension au-dessus de New York.

12

VU D'EN HAUT

Aucun aéroport ne ressemble à un autre. A cet égard, ils sont un peu comme des empreintes digitales. Chacun possède une géométrie particulière, son propre agencement des pistes et de ses voies de circulation, des terminaux spécifiques. Ils ont tous une orientation et une situation géographique différentes par rapport au centre-ville et aux principaux monuments.

Je n'ai jamais comptabilisé le nombre de pistes différentes sur lesquelles j'ai atterri. Je ne saurais dire combien de villes j'ai aperçues du ciel. Mais je m'efforce de mémoriser les caractéristiques des lieux et d'en conserver une image mentale. Cela me sera peut-être utile lors d'un prochain vol, quand bien même ce serait des années plus tard.

A force d'emprunter régulièrement les mêmes routes aériennes, les pilotes se familiarisent avec la topographie de la région qu'ils survolent. Lorsqu'on vole à vingt-cinq mille ou trente mille pieds, on identifie les plus hauts bâtiments, les stades, les plans d'eau les plus proches, les principales autoroutes. On connaît la configuration des pistes, les conditions météorologiques saisonnières et, une fois au sol, le restaurant du terminal qui offre des repas relativement équilibrés.

Etant donné le système du hub qui régit le fonctionnement interne de l'US Airways, je me suis souvent rendu à Charlotte, Pittsburgh et Philadelphie. Pour un pilote, atterrir ou décoller de ces villes équivaut à sortir sa voiture de son garage et à rouler dans son quartier.

Au cours de certains vols, je ne peux m'empêcher de remarquer à quel point la Terre est belle — à la fois dans sa splendeur naturelle et façonnée par la main de l'homme. Quelle chance nous avons d'y habiter !

Il y a beaucoup d'endroits dans le pays que j'aime survoler ou rejoindre en avion.

En approche de Saint Louis par un ciel clair, on discerne à trente mille pieds d'altitude et à seize kilomètres de distance la Gateway Arch et ses cent quatre-vingt-douze mètres. Selon l'heure de la journée, les rayons du soleil éclaboussent le bord de la passerelle d'acier.

Quand on arrive sur Las Vegas, on aperçoit de loin le Strip dans l'air limpide du désert, même à la lumière du jour. La nuit, un chapelet de lumières — les plus éblouissantes du continent — vous accueille cent trente kilomètres avant l'aéroport.

Seattle est également une ville splendide. Quand j'étais pilote à la PSA, j'assurais parfois la liaison entre Seattle et Los Angeles, et je connaissais par cœur le nom des volcans de la chaîne des Cascades lorsqu'on monte vers le nord — le mont McLoughlin, le mont Bachelor, les Three Sisters, le mont Washington, le mont Jefferson, le mont Hood, le mont Adams et le mont Rainier. Chaque montagne surgissait l'une après l'autre devant mes yeux.

J'ai survolé une grande partie du territoire des Etats-Unis — le Montana, l'Idaho, les Dakota —, d'immenses terres vierges où l'on peut parcourir de grandes distances sans rencontrer réellement d'habitat humain. Ces régions désertiques possèdent un charme qui ne peut laisser indifférent. J'aime aussi voler jusqu'à la côte Est si densément peuplée. Entre Washington D.C. et Boston, on distingue une guirlande de lumières ininterrompues. Vu du ciel, on dirait une mégalopole sans fin.

En descendant vers Fort Lauderdale, j'ai toujours un frisson en survolant cap Canaveral et sa longue piste de près de cinq kilomètres. Quelle émotion on doit ressentir en atterrissant ici à bord d'une fusée ! Au cours de mes déplacements en Floride, j'ai compris aussi à quel point la nature peut ravager des zones entières et anéantir le développement humain. Pendant des années, après la série d'ouragans qui a frappé la Floride en 2004 et 2005, on apercevait, vu du ciel, des milliers de bâches bleues recouvrant les maisons du sud de l'Etat. C'était une vraie tristesse de constater, en survolant ce tapis à damier azuré, combien la pluie et le vent pouvaient ravager un territoire.

Au début des années 1990, lorsque je me trouvais encore au bas de la liste d'ancienneté, j'ai été contraint d'assurer un grand nombre de vols de nuit. Mais cela m'a permis d'admirer une profusion d'aurores boréales. Certaines nuits, surtout en hiver, ces voiles colorés emplissaient l'horizon nord, d'ouest en est, tout au long du voyage. Ces lumières — formées de particules cosmiques chargées qui entrent en collision avec le champ magnétique terrestre — ressemblaient à des rideaux oscillant sous le vent, leurs drapés s'agitant doucement. Parfois, elles brillaient d'un éclat rouge profond ou d'une teinte vermeille. Lorsqu'elles tournoyaient, elles affichaient une belle couleur verte. Elles faisaient penser alors non plus à des draperies, mais aux parasites qui se déplacent de bas en haut sur un vieux téléviseur mal réglé. Je me sentais privilégié de pouvoir assister aux premières loges à ce spectacle, nuit après nuit.

Il y a quelques années, mon emploi du temps comportait des rotations régulières aux Bermudes, en Jamaïque, en République dominicaine, au Costa Rica et à Antigua, ce qui me paraissait beaucoup plus amusant que d'atterrir à

Charlotte pour la cent quarante et unième fois de ma carrière. Faire son approche vers l'une de ces îles en plein jour était un moment unique. Peu avant d'atterrir, nous survolions une mer turquoise, bordée de plages de sable blanc, tandis que se dressaient face à nous des montagnes verdoyantes.

Lorsque j'assurais les liaisons entre Albany, la capitale de l'Etat de New York, et l'aéroport de LaGuardia, mon avion passait fréquemment au-dessus de West Point, et ce lieu ravivait mes souvenirs. Un hiver, alors que j'étais cadet à l'Air Force Academy, j'avais été envoyé huit jours là-bas dans le cadre d'un programme d'échanges. Tout m'avait paru gris dans cette école militaire : les murs en pierre des vieux bâtiments, le ciel hiémal, l'uniforme des élèves officiers. Je prenais mes repas dans l'immense salle à manger où le général Douglas MacArthur avait fait sa dernière apparition à West Point. Il était revenu en 1962 dans son *alma mater* chérie pour prononcer son fameux discours *Devoir, Honneur, Pays*. Quelques décennies plus tard, en survolant West Point en ces journées hivernales, je m'étais surpris à songer à cette allocution et à me demander ce que les cadets d'aujourd'hui faisaient en ce moment précis.

Mon emploi du temps m'entraîne à LaGuardia environ quinze fois par an et, dans ma carrière, j'y ai décollé et atterri à une bonne centaine de reprises. Je connais donc parfaitement la topographie des lieux et les édifices marquants.

Dans le couloir de New York, quand les conditions météorologiques sont bonnes, les aiguilleurs du ciel nous guident souvent en fonction des repères au sol.

L'utilisation de « points de compte-rendu » — particulièrement importante quand les pilotes volent à vue en plus des instruments — est moins fréquente dans d'autres parties du pays où les monuments sont plus petits ou moins célèbres.

« Vers la statue. Suis la rivière », nous diront les contrôleurs, ce qui signifie : « Voler en direction de la statue de la

Liberté, puis suivre l'Hudson. » Il leur arrive aussi de nous indiquer le Verrazano-Narrows Bridge, à l'embouchure de l'Upper Bay avec un « Continue sur le Narrows ».

Si la météo le permet, je m'octroie un moment pour admirer la saisissante vue panoramique sur New York, sa belle silhouette majestueuse. Sur terre, au-dessous de moi, il y a des millions de gens dans des centaines de milliers de bâtiments. C'est spectaculaire.

Quand la visibilité est bonne, et que la Lady — c'est le surnom que donnent les pilotes à la statue de la Liberté — se découpe sur un ciel sans nuages, je parviens souvent à discerner l'éclat de sa torche. En la survolant, je me souviens du livre illustré que j'aimais lire à Kate et Kelly quand elles étaient petites. Cet ouvrage racontait la construction de la sculpture que les Français ont offerte aux Etats-Unis, et évoquait *Le Nouveau Colosse*, le poème d'Emma Lazarus qui est gravé sur une plaque de bronze apposée à sa base. J'aimais cet album plus encore que les filles, en partie parce que le poème d'Emma Lazarus m'a toujours paru émouvant et évocateur. Je pourrais presque le réciter par cœur : « … Et son nom est Mère des Exilés. Son flambeau rougeoie la bienvenue au monde entier ; son doux regard couvre le port relié par des ponts suspendus […] Je dresse ma lumière au-dessus de la porte d'or ! »[1]

Quand Kate et Kelly étaient enfants, et que j'étais en voyage, je leur envoyais des cartes postales afin qu'elles se rendent compte de l'endroit où je me trouvais. J'en adressais également parfois à leurs institutrices pour qu'elles puissent les montrer à la classe. J'écrivais quelques commentaires, par exemple sur la *Liberty Bell* de Philadelphie, ou sur les célèbres canards en bronze du jardin public de Boston. Lorsque je postais aux filles une vue de la statue de la Liberté, je leur décrivais le frisson que je ressentais à la survoler, et à quel

1. Traduction : www.statue-de-la-liberte.com/Poeme-d-Emma-Lazarus.php (NdT)

point j'avais pensé à elles et à l'album que nous lisions le soir au moment du coucher.

J'aimerais plus souvent faire visiter le pays à Lorrie et aux filles. Les employés des compagnies aériennes peuvent faire profiter leurs familles de billets gratuits ou à prix réduits. C'est l'un de nos à-côtés. Chez US Airways, on peut voyager à titre gracieux s'il reste des places disponibles. Dans d'autres compagnies, on paie un pourcentage, généralement 25 à 50 % moins cher que le tarif normal.

Dans le passé, les pilotes emmenaient fréquemment leurs femmes et leurs enfants en vacances ou en excursion de dernière minute. Mais aujourd'hui, à cause des billets low cost, les avions sont presque toujours pleins, et il devient difficile de trouver un fauteuil libre. Encore un résultat de la dérégulation du transport aérien. Nos avantages en nature perdent de leur utilité.

En 2001, j'ai pu obtenir par exemple quatre sièges sur un vol à destination d'Orlando pour passer un moment en famille à Disney World. Mais il nous a été difficile au retour de trouver des places dans l'avion de San Francisco. Nous avons couru d'un terminal à l'autre, avec nos bagages, dans l'espoir de rentrer sur n'importe quelle compagnie.

Kate, qui avait alors huit ans, a fini par en avoir assez. « Pourquoi est-ce qu'on n'achète pas un billet comme tout le monde ? » a t-elle demandé.

A ses yeux, je n'avais rien d'un grand manitou. Et manifestement, les privilèges dont je disposais ne l'impressionnaient pas. Je n'étais qu'un père mesquin et affligé qui l'obligeait à traîner sa valise dans l'aéroport.

Depuis, en règle générale, nous payons plein tarif : il est devenu trop pénible et incertain d'essayer de profiter de mes avantages de pilote. Cela ne vaut plus le coup.

Le voyage gratuit le plus mémorable que nous avons fait

tous les quatre remonte à décembre 2002 à New York. Les filles avaient alors neuf et sept ans.

La rotation de quatre jours que j'effectuais comportait plusieurs escales nocturnes à Manhattan. Sur un coup de tête, j'ai téléphoné à Lorrie de Pittsburgh.

« Va chercher les filles à l'école, lui ai-je demandé. Je peux vous obtenir trois places sur le prochain vol de nuit pour Pittsburgh. De là, nous allons nous offrir une petite excursion. »

Cela me rappelait le bon vieux temps, quand mon père nous faisait manquer la classe, à ma sœur et à moi, pour nous entraîner à Dallas.

Lorrie et les filles ont accepté. Quand elles sont arrivées au petit matin à Pittsburgh, je les attendais à la porte d'embarquement. Je devais prendre les commandes du prochain vol US Airways pour LaGuardia et je pouvais leur trouver des places libres.

J'ai beaucoup aimé les avoir à bord. Je me souviens avoir fait mon annonce habituelle, avec une petite variante : « Mesdames et messieurs, ici le commandant Sullenberger… et Katie et Kelly, ici papa. Ce vol est à destination de l'aéroport LaGuardia à New York… »

Lorrie m'a raconté ensuite que les filles avaient pouffé en m'entendant. Elles avaient l'impression que tous les passagers leur souriaient. Ce fut un bon moment.

A New York, il faisait un temps glacial, mais nous avons passé un séjour merveilleux. Nous avons pris un ferry près de la statue de la Liberté. Les attaques du 11-Septembre dataient d'à peine quinze mois, et l'accès au site était toujours interdit aux visiteurs. Puis ce soir-là, nous avons assisté à une représentation de la comédie musicale *42nd Street* à Broadway.

Le lendemain, j'ai piloté un vol US Airways de LaGuardia à La Nouvelle-Orléans pendant que Lorrie et les filles restaient à New York. Elles ont fait un tour chez Macy's où elles ont vu le Père Noël. Ensuite, elles ont visité la ville en autobus et se sont rendues à Ground Zero.

A mon retour en début de soirée, nous sommes allés admirer l'arbre de Noël du Rockfeller Center, avant de nous élancer sur la patinoire. Puis nous avons acheté des billets pour le fameux spectacle des Rockettes qui se tenait au Radio City Music Hall. Kate et Kelly avaient les yeux écarquillés devant la magnificence des lieux, et comme elles avaient pris des cours de danse, elles étaient fascinées par la précision de la parade et les alignements parfaits des groupes de danseuses.

Le lendemain, je devais assurer un vol de New York à Nassau. Une grosse tempête de neige s'est abattue sur la ville alors que je décollais de LaGuardia. J'ai fait déglacer l'avion puis j'ai rejoint les Bahamas où il faisait plus de 27 °C. Comme toujours, je n'ai pu profiter du soleil qu'un court instant, quelques minutes au bas de l'escalier mobile, sur le tarmac. Après une rapide rotation, nous avons regagné New York dans l'après-midi.

Au cours du vol de retour, j'ai vérifié les conditions météorologiques, heure par heure, de l'aéroport de LaGuardia. Il neigeait toujours à New York, la visibilité était réduite à quatre cents mètres. Les prévisions annonçaient une amélioration pour notre arrivée. Mais plus nous nous rapprochions, plus il paraissait évident que notre avion allait être dérouté sur Pittsburgh.

Quand nous sommes parvenus au-dessus de New York, le ciel s'était un peu dégagé, et cela nous a permis d'atterrir sur une piste globalement déneigée, quoique toujours blanche.

Alors que je traversais le terminal, je me suis arrêté devant les écrans d'affichage des arrivées. Colonne après colonne, l'ensemble des vols en provenance de toutes les villes du pays, de A à Z, s'accompagnait du même message : « annulé », « annulé », « annulé »... Une fois à la lettre N, j'ai constaté qu'un avion, en provenance de Nassau, était annoncé à l'heure. C'était mon vol.

Il s'avéra que je m'étais trouvé au bon moment au bon endroit, et que j'avais pu profiter d'une amélioration des conditions climatiques pour me poser. J'ai rejoint l'hôtel où Lorrie et les filles s'apprêtaient à partir dîner. Debout au milieu de l'entrée, dans leurs magnifiques manteaux de laine, agrémentés d'un col en velours (rouge pour Kelly, vert pour Kate) mes deux filles étaient tout bonnement impressionnantes. Elles ressemblaient à deux jolies petites poupées, habillées pour déambuler dans la neige au cœur de Manhattan. J'étais heureux d'être rentré à temps pour les voir traverser le hall et s'éloigner dans la nuit.

Durant le reste de notre séjour à New York, Lorrie et moi les avons traînées partout — dans le métro, dans les taxis. Quel que soit l'endroit où nous nous rendions, Kate et Kelly nous faisaient l'effet de deux petites banlieusardes, égarées parmi un flot d'adultes rodés à la vie dans une grande ville. Mais alors que notre voyage tirait à sa fin, Kate nous a lancé : « On s'est bien amusés, mais je suis fatiguée de tout ce tourbillon. »

Nous avons pu trouver des places libres sur un vol à destination de San Francisco, mais cette fois je me suis installé avec elles en classe économique et, tous les quatre, nous avons regardé le continent défiler par le hublot.

Pour un pilote, LaGuardia offre un environnement plus complexe que beaucoup d'aéroports moyens. La densité du trafic dans la zone de New York — tant d'avions qui se disputent l'autorisation de décoller ou d'atterrir — rend son espace aérien compliqué. Les trois grands aéroports qui desservent la métropole new-yorkaise se trouvent tous à proximité — JFK, Newark et LaGuardia —, et il en existe également deux plus petits comme le Westchester County, situé à White Plains ou Teterboro dans le New Jersey.

Les fréquences radio y sont plus surchargées que presque partout ailleurs dans le pays. Beaucoup de voix résonnent à vos oreilles. Et il faut en permanence rester conscient de ce qui se passe autour de vous.

L'autre difficulté à LaGuardia, c'est la longueur et la situation des pistes : elles sont courtes et entourées d'eau. Alors il faut taper dans le mille au moment de l'atterrissage, car on ne dispose pas d'une grande marge. Le but est toujours de rejoindre la piste au bon endroit, si possible au début de la longueur disponible, pour avoir assez de distance pour s'arrêter. On vise la « zone de toucher des roues » qui démarre à environ trois cents mètres au-delà du seuil de piste.

En hiver, bien sûr, les conditions météorologiques posent souvent problème. Et il vaut mieux se préparer à des retards, surtout quand on attend la fin des opérations de déglaçage.

Cependant, en dépit de tous ces inconvénients, je suis toujours ravi de décoller de cet aéroport. J'aime affronter ce défi, et je ne me lasse pas du panorama vu du ciel — Central Park, l'Empire State Building, les magnifiques demeures et les bateaux de Long Island. J'apprécie aussi les passagers de LaGuardia. Ils affichent souvent des manières de connaisseurs, mais ils ne sont pas aussi coriaces qu'ils le paraissent.

C'est un fait : une grande partie des voyageurs qui embarquent à New York ne manquent pas d'aplomb. Et ils vont parfois un peu loin. Mais les hôtesses chevronnées savent les gérer : il suffit d'un peu d'assurance, et il ne faut pas hésiter à les bousculer. Quand on leur explique fermement les limites à ne pas dépasser, ils se comportent correctement.

Quand une personne exige deux boissons à la fois, le personnel navigant commercial a intérêt à lui répondre en souriant : « Juste une minute. Je suis à vous. Vous n'êtes pas tout seul, vous savez ! Votre mère ne vous a pas appris ça ? » Si l'hôtesse s'exprime aimablement et avec humour, nombreux sont les passagers qui lui rendent son sourire et acceptent les remarques. « Quand on veut que quelqu'un éteigne son ordinateur au moment de l'atterrissage, on peut soit lui demander gentiment soit lui lancer : "Bon maintenant, j'en ai marre de vous et de votre portable !" » m'ont raconté certains PNC.

En milieu de semaine, au départ de « LGA », les avions d'US Airways transportent une foule d'hommes d'affaires. Ce sont des gens avertis. J'assure souvent la liaison entre New York et Charlotte, qui est devenu un important centre financier. Alors, j'ai au moins une dizaine de banquiers sur chacun de mes vols. Sans compter les dizaines et dizaines d'habitués qui connaissent parfaitement les rouages de l'industrie aérienne, les responsabilités de l'équipage et le rôle que les passagers sont susceptibles de jouer en cas d'urgence.

A bord du vol 1549 à destination de Charlotte, ce jeudi après-midi-là, ce fut une chance.

Le 15 janvier 2009, jour du vol 1549, la neige avait cessé de tomber aux environs de l'aéroport de LaGuardia, un peu plus tôt dans la matinée. Il faisait froid, le ciel était dégagé, avec quelques nuages épars. Les vents venant du nord, nous nous préparions à décoller dans cette direction.

Jeff Skiles et moi étions aux commandes d'un Airbus A320-214, construit en France par Airbus Industrie. Cet avion, que l'on nous avait affecté et qui avait été livré à l'US Airways en 1999, avait déjà effectué seize mille deux cent quatre-vingt-dix-huit cycles avant notre décollage. Il comptabilisait vingt-cinq mille deux cent quarante et une heures de vol. Son réacteur gauche affichait dix-neuf mille cent quatre-vingt-deux heures de service, et le droit, vingt-six mille quatre cent soixante-six heures. Il avait passé la visite de maintenance Check A (qui a lieu toutes les cinq cent cinquante heures de vol) quarante jours plus tôt. Et sa Check C (une inspection approfondie) neuf mois auparavant. Les données statistiques sont communes pour tous les appareils des compagnies aériennes volant aux Etats-Unis.

Le copilote Jeff Skiles aux commandes, nous avons décollé de la piste nord-est, la piste 4, quatre secondes avant 15 h 26. Outre Jeff et moi, il y avait à bord cent cinquante passagers et nos trois hôtesses — Donna Dent, Doreen Welsh et Sheila Dail.

Une fois l'appareil arrivé en bout de piste, l'aiguilleur de LaGuardia nous a transférés à Patrick Harten, le contrôleur départ du New York Terminal Radar Approach Control (TRACON) situé à Westbury, Long Island. Quatorze minutes plus tôt, il avait été affecté à la position radar des départs de LaGuardia.

J'ai contacté Patrick par radio : « Cactus 15-49, 700, en montée à cinq mille. »

Cela signifiait que nous venions de dépasser les sept cents pieds et qu'on allait grimper à cinq mille pieds. Suivant les instructions du contrôle aérien, nous avions viré à gauche cap 360. C'est-à-dire le nord sur le compas magnétique.

Patrick a répondu : « Cactus 15-49, New York, départ contact radar, montez et maintenez à 1-5-1 000. »

Il nous disait de grimper à quinze mille pieds.

Je répondis : « Maintenons 1-5-1 000, Cactus 15-49. »

Alors que nous franchissions les mille pieds, Jeff a ordonné : « Et volets sur 1, s'il te plaît ».

J'ai répété « Volets 1 » en réglant la manette des volets du cran 2 au cran 1 pendant que Jeff abaissait le nez, selon un faible angle de montée en poussée.

Puis Jeff a dit : « Rentre les volets, s'il te plaît, check-list après-décollage. »

J'ai répondu : « Volets rentrés. » J'ai rentré les volets, j'ai vérifié tous les items de la check-list, et j'ai annoncé : « Check-list après décollage terminée. »

La phase de décollage était achevée, nous passions à la mise en montée en rétractant les volets. Ces derniers étaient nécessaires pour le décollage, mais en montée, ils généreraient une traînée inutile. L'avion était en configuration lisse — train d'atterrissage et volets rentrés —, et nous avons commencé notre accélération jusqu'à deux cent cinquante nœuds.

Nous montions en prenant de la vitesse.

Les gratte-ciel de New York étaient en vue. Jusque-là, c'était la routine.

13

BRUSQUE, TOTAL, SYMÉTRIQUE

Nous avions quitté le sol depuis environ quatre-vingt-quinze secondes, et nous n'avions pas encore atteint les trois mille pieds quand je les ai aperçus. « Des oiseaux », ai-je dit à Jeff.

Une colonne volait devant nous, probablement dans une formation en V. Jeff les avait remarqués une fraction de seconde avant que j'aie prononcé le mot, mais aucun de nous n'avait le temps de réagir. Notre avion parcourait six kilomètres à la minute. Cela faisait quatre-vingt-seize mètres à la seconde. Autrement dit, les oiseaux se trouvaient environ à la distance d'un terrain de football quand je les ai repérés. J'avais à peine cligné des yeux qu'ils étaient déjà sur nous.

Certains, une dizaine ou plus, étaient très gros ; je n'ai discerné que leurs silhouettes, leurs ailes à l'horizontale. Nous allions si vite comparé à eux qu'on avait l'impression qu'ils étaient immobiles. J'ai entraperçu le sombre contour cylindrique de leurs corps. J'ai appris plus tard qu'il s'agissait de bernaches du Canada qui pesaient de quatre à neuf kilos, avec une envergure d'un mètre quatre-vingt-deux ; à leur habitude, elles volaient en vue l'une de l'autre à plus de quatre-vingts kilomètres par heure.

Dans l'Airbus A320, les fenêtres du cockpit sont grandes,

et soudain, en regardant devant moi, j'ai vu des oiseaux partout, obstruant le pare-brise. On se serait presque cru dans le film d'Alfred Hitchcock. L'idée m'en est venue plus tard : j'aurais dû baisser la tête dans le cas où la vitre aurait explosé sous l'impact, mais le temps m'a manqué.

L'enregistreur de conversations du poste de pilotage a conservé les données sonores et mes échanges avec Jeff.

15 h 27 min 10,4 s — Sullenberger : « Des oiseaux ! »

15 h 27 min 11 s — Skiles : « Waouh ! »

15 h 27 min 11,4 s — Des coups sourds, des claquements, suivis d'un long tressaillement.

15 h 27 min 12 s — Skiles : « Oh merde ! »

15 h 27 min 13 s — Sullenberger : « Oh ouais ! »

15 h 27 min 13 s — Bruit similaire à une baisse de puissance des réacteurs / début de fréquence.

15 h 27 min 14 s — Skiles : « Oh oh ! »

Quand les oiseaux ont percuté l'appareil, on a eu l'impression d'être bombardés par des grêlons ou pris dans une pluie torrentielle. Cela m'a fait penser au pire orage que j'avais connu dans le Texas. Les bernaches avaient heurté sous le pare-brise divers endroits de l'appareil, le nez, les ailes, et les réacteurs. On a entendu une succession de bruits sourds, ils résonnaient presque simultanément, mais à un millième de seconde d'intervalle.

J'apprendrai plus tard que Sheila et Donna, toujours sanglées sur leurs sièges à la suite du décollage, avaient elles aussi ressenti les impacts.

— Qu'est-ce que c'était ? a demandé Sheila.

— Peut-être une collision avec un oiseau, a répondu Donna.

J'avais déjà heurté des volatiles à deux ou trois reprises au cours de ma carrière, mais ils n'avaient même pas cabossé l'avion. Nous notions l'incident sur le carnet de bord, nous vérifiions soigneusement chaque élément de l'appareil, et ça s'arrêtait là. Bien sûr, voilà longtemps que j'étais conscient des risques. Depuis 1990, la FAA a répertorié environ quatre-vingt-deux mille impacts avec des animaux — y compris des cerfs, des coyotes, des alligators et des vautours. Selon les chercheurs, ce ne serait qu'un cinquième du nombre réel, car les pilotes ne signalent pas forcément toutes les collisions. D'après certains rapports, 4 % d'entre elles occasionnent des dommages substantiels à l'avion. Au cours des vingt dernières années, les impacts avec des animaux ont causé cent quatre-vingt-deux morts et la destruction de cent quatre-vingt-cinq appareils, au dire du National Wildlife Research Center, situé à Sandusky dans l'Ohio.

A cet instant dans le vol 1549, à environ deux mille neuf cents pieds au-dessus de New York, je ne consultais pas les statistiques. Ce qui me préoccupait — et dans ma tête, ça tournait à toute vitesse — c'était la gravité de la situation. Il ne s'agissait pas de quelques petits oiseaux qui auraient heurté le pare-brise ou qui se seraient violemment jetés contre une aile avant de retomber sur terre.

Nous volions à peine à deux cents nœuds, c'est-à-dire à trois cent soixante-dix kilomètres par heure, et quelques secondes après l'impact, j'avais ressenti, perçu et compris que les bernaches avaient pénétré dans les deux réacteurs, les endommageant sérieusement.

Je les entendais se déchiqueter de l'intérieur, et leurs mécaniques délicates lancées à pleine puissance se désagrégeaient peu à peu, entraînant l'éclatement des pales. Je percevais de puissantes vibrations totalement inhabituelles. Les réacteurs protestaient lourdement. Je n'oublierai jamais ces sons atroces, contre nature, et ces trépidations. Ils émettaient un bruit anormal, ils souffraient ! Puis une odeur s'est infiltrée dans l'appareil — celle des plumes brûlées. C'était flagrant dans la cabine, où l'air est prélevé sur les compresseurs.

En l'espace de quelques secondes, Jeff et moi avons senti une brusque et totale perte de puissance symétrique.

Je n'avais jamais vécu une telle expérience dans un cockpit. Le choc était épouvantable, ahurissant. Il n'y a aucun autre mot pour le décrire. Tout devint étrangement calme. Donna et Sheila me diront plus tard que, dans la cabine, on se serait cru dans une bibliothèque. N'émanaient des réacteurs qu'une sorte de cliquetis accompagné d'un ronronnement rythmé : comme un bâton que l'on tient contre les rayons d'une roue de bicyclette en mouvement. Un son étrange de moulinet qui provenait des turbomoteurs accidentés.

Quand votre avion de soixante-huit tonnes, qui se trouve en fort taux de montée, est propulsé par une force de poussée de vingt tonnes, et que cette poussée disparaît complètement, eh bien… Cela retient votre attention.

L'avion a perdu de son élan. Il a ralenti. J'ai senti les deux réacteurs faiblir. Avec un seul moteur endommagé, l'appareil aurait fait une embardée, penché légèrement d'un côté, grâce à la propulsion du réacteur encore viable.

Mais cela ne s'est pas passé comme ça. Alors j'ai compris rapidement que nous affrontions une crise inédite.

Si nous n'avions perdu qu'un réacteur, nous aurions gardé le contrôle de l'avion et suivi les procédures adéquates. Nous aurions déclaré une urgence, averti le contrôleur et reçu l'autorisation de nous poser immédiatement sur l'aéroport le plus proche. Puis nous aurions expliqué aux hôtesses et aux passagers ce qui se passait. La situation aurait été critique, mais nous aurions sûrement atterri sans encombre, probablement à Newark où les pistes sont plus longues qu'à LaGuardia.

Je n'avais jamais connu de problème avec un réacteur jusque-là. De nos jours, ils sont si fiables qu'un pilote professionnel peut accomplir toute sa carrière sans en perdre un seul. J'avoisinais ce record avant le vol 1549.

15 h 27 min 15 s — Sullenberger : « On a une perte… on a une perte totale de puissance sur les deux. »

15 h 27 min 18 s — Début d'un grondement.

15 h 27 min 18,5 s — Sullenberger : « Allumage, redémarrage. »

15 h 27 min 21,3 s — Sullenberger : « Je lance l'APU. » (Groupe auxiliaire de puissance)

Au cours des huit secondes qui ont suivi l'impact avec les oiseaux, j'ai compris, avec la perte de mes deux réacteurs, que j'affrontais le plus grand péril aérien de ma vie. Jamais je n'avais connu cette horrible sensation au creux de l'estomac, ce vertige devant les événements.

J'ai su immédiatement d'instinct que je devais reprendre les commandes pendant que Jeff s'occuperait de la check-list de secours.

— C'est mon avion, lui ai-je dit à 15 h 27 min 23,2 s.

— Ton avion, a-t-il répété.

Cette procédure importante nous permettait de savoir lequel d'entre nous pilotait.

Dans les urgences les plus classiques (par exemple, la perte d'un réacteur) auxquelles nous sommes formés, nous avons généralement le temps de consulter nos check-lists et de chercher des solutions. Dans ces cas-là, il est préférable que le copilote prenne les commandes afin que le commandant de bord réfléchisse à la situation, prenne les décisions et donne ses instructions.

J'ai mesuré dès les premières secondes l'ampleur de la catastrophe : elle imposait de sortir des schémas préétablis et habituels. Les informations se bousculaient dans ma tête. Mais le plus judicieux était de reprendre le manche, j'en étais absolument convaincu. D'abord, parce que j'avais davantage d'expérience sur l'A320. Jeff en connaissait moins bien le fonctionnement. En outre, les repères à surveiller pour juger d'un changement éventuel de trajectoire se trouvaient tous du côté de ma fenêtre.

Je savais également que, grâce à sa formation récente, Jeff avait plus l'habitude que moi des procédures d'urgence sur l'A320. Il trouverait plus rapidement la check-list appropriée parmi les cent cinquante répertoriées dans le QRH (le manuel de référence rapide). Il était l'homme de la situation.

Dès que j'ai repris les commandes, deux pensées m'ont traversé l'esprit, toutes deux témoignaient de mon incrédulité. *Ce n'est pas possible. Cela ne peut pas m'arriver à moi.*

Je les ai écartées presque aussitôt. Etant donné la gravité de la situation, j'avais compris que je ne disposais que de quelques secondes pour arrêter un plan d'action, et d'une poignée de minutes pour l'exécuter.

J'avais conscience de mon corps. Je sentais des poussées d'adrénaline. Mon cœur battait plus vite, et je suis sûr que ma tension avait augmenté. Mais je savais aussi que je ne devais pas me laisser distraire par des sensations physiques. Seules comptaient les tâches à accomplir.

Jeff était concentré, lui aussi. Il travaillait méthodiquement, totalement absorbé par les actions à mener. Il m'avouera plus tard qu'il avait l'impression que son cerveau avait gonflé comme « quand on a chopé un méchant coryza », mais, à ce stade, sa voix et son attitude m'apparaissaient inchangées. Nous avions tous deux pleinement conscience de vivre un instant dramatique. Alors nous n'avons pas perdu de temps à traduire cette conviction en mots.

J'ai toujours gardé à l'esprit la phrase prononcée par l'astronaute John Young alors qu'il s'apprêtait à rejoindre une mission spatiale. Lorsqu'on lui avait demandé s'il s'inquiétait des risques ou envisageait une catastrophe, il avait répliqué : « Tous ceux qui n'ont aucune crainte en prenant place dans le plus grand véhicule au monde alimenté à l'hydrogène et à l'oxygène, en sachant qu'ils vont allumer le premier étage, ne mesurent pas réellement la situation. »

Jeff et moi avions, quant à nous, clairement compris la gravité des événements. Ils étaient plus qu'alarmants. Nous ne nous en sortirions qu'en parvenant à résoudre en quelques secondes chaque problème l'un après l'autre, étape par étape, dès qu'il se présenterait. En dépit de tous ces éléments — l'avion endommagé, mes sensations physiques, la rapidité avec laquelle nous devions réagir —, j'avais confiance : nous pouvions y arriver.

Il existe trois règles générales face à une urgence aérienne. Nous les apprenons dès nos premiers cours de pilotage. Et pour ceux d'entre nous qui ont servi dans l'armée, ces injonctions sont codifiées.

Garder le contrôle de l'avion.

Il faut toujours s'assurer que la personne qui tient les commandes maintienne la meilleure trajectoire de vol. Le reste est de moindre importance, on doit d'abord se souvenir de piloter l'avion, sinon les catastrophes peuvent s'enchaîner rapidement. On a toujours envie de faire autre chose : s'intéresser à l'urgence proprement dite, diagnostiquer la panne, trouver les bonnes check-lists, communiquer avec les contrôleurs aériens. Toutes ces tâches sont nécessaires, mais piloter l'avion reste la priorité.

Analyser la situation et prendre les mesures appropriées.

Grâce à la formation que nous recevons, nous connaissons les actions à envisager en fonction de la nature des pannes, du temps et du carburant dont nous disposons. Ces procédures comportent des étapes spécifiques qu'il nous faut totalement appréhender afin d'être prêts à les suivre.

Atterrir dès que les conditions le permettent.

Cela signifie que nous devons tenir compte des données météorologiques, de l'état de la piste, de sa longueur et de sa largeur, des vents, de la présence ou non sur l'aéroport choisi de structures de secours et de services d'urgence, et de plein d'autres paramètres. Il est certes important de se poser rapidement, mais après mûre réflexion. Trouverons-nous dans l'aéroport le plus proche des secouristes capables de nous aider ? Est-il plus raisonnable de se dérouter vers un autre terrain, mieux doté en infrastructures et offrant de meilleures conditions météo ?

Ce sont les trois règles de base. Mais il existe une variante dont les pilotes se souviennent facilement : « Piloter, naviguer, communiquer. »

Piloter : piloter l'avion. Naviguer : veiller à une bonne trajectoire de vol et à ne pas en dévier. Communiquer : informer les personnes au sol, les passagers, les PNC.

Sur le vol 1549, Jeff et moi faisions tout cela presque simultanément. Nous n'avions pas le choix. Cela signifiait aussi veiller à ce que les tâches les plus urgentes ne soient pas délaissées au profit des actions de moindre importance.

J'ai d'abord abaissé le nez de l'avion afin d'atteindre la vitesse de finesse optimale. Si nous voulions survivre, l'appareil devait devenir un planeur.

Durant les jours qui ont suivi l'amerrissage sur l'Hudson, beaucoup de médias se sont demandé si la formation au vol à voile que j'avais suivie trente-cinq ans plus tôt m'avait servi ce 15 janvier 2009. Je dois réfuter cette hypothèse. La manœuvrabilité, la vitesse et le poids d'un Airbus n'ont rien à voir avec ceux des planeurs que j'ai pilotés. C'est le jour et la nuit. Donc, cet apprentissage ne m'a pas été d'un grand secours. En revanche, les années passées aux commandes d'un chasseur et à m'intéresser de près à la gestion de l'énergie m'ont, je crois, été très utiles. Sur des milliers de missions, j'avais essayé de maîtriser au mieux mes trajectoires. Voilà ce qui m'a le plus aidé sur le vol 1549. J'allais tenter d'utiliser l'énergie de l'Airbus, sans aucun réacteur, pour nous poser sans encombre au sol… ou ailleurs.

Le vol 1549 descendait, et la terre se rapprochait plus rapidement que d'habitude. Cependant, les passagers n'avaient pas encore compris à quel point la situation était catastrophique. Ils n'étaient pas aux commandes et n'avaient pas suivi de formation. Mais surtout, ils n'étaient probablement pas en mesure de réunir tous les signaux indiquant l'ampleur du problème, et par conséquent d'avoir une vision globale de la situation. Dans le cockpit, la nature de l'urgence et le peu de temps dont nous disposions nous obligeaient à nous consacrer aux tâches les plus urgentes : il nous était donc impossible d'entrer en contact avec les voyageurs, ou même les hôtesses.

Jeff et moi n'avions pas échangé un seul regard, mais les quelques mots qu'il avait prononcés, son comportement général et son langage corporel m'indiquaient qu'il n'était pas paniqué. Il restait concentré. Il travaillait vite et efficacement.

15 h 27 min 28 s — Sullenberger : « Prends le QRH… Perte de poussée sur les deux moteurs. »

Jeff a attrapé le manuel de référence rapide pour y chercher la procédure la plus appropriée à notre urgence. Ce guide, d'une épaisseur de plus de trois centimètres, offrait dans ses éditions précédentes des onglets numérotés. Il nous était alors plus facile de trouver la page correspondante. Nous pouvions le tenir dans la main gauche, et le feuilleter de la main droite, comme on le ferait avec un carnet d'adresses.

Cependant, ces dernières années, pour des questions budgétaires, l'US Airways s'était mise à imprimer ces livrets sans encoches en haut des pages. La référence de chaque procédure était imprimée sur le feuillet, ce qui demandait aux pilotes d'ouvrir le mémento et de le parcourir jusqu'à ce qu'il ait trouvé le renseignement voulu.

Sur le vol 1549, il a fallu à Jeff quelques secondes supplémentaires pour trouver la procédure à appliquer dans son QRH sans onglets. J'ai témoigné de cette anomalie devant le National Transportation Safety Board, quelques jours après l'accident.

A ce moment-là, nous survolions le Bronx, et j'apercevais le nord de Manhattan par la fenêtre. Depuis le début du vol, nous n'étions pas parvenus à monter au-dessus de trois mille pieds et, désormais, toujours en direction du nord-ouest, nous descendions d'un peu plus de mille pieds par minute. C'est l'équivalent d'un ascenseur qui parcourt deux étages par seconde.

Vingt et une secondes et demie s'étaient écoulées depuis la collision avec les oiseaux. Je devais avertir le contrôleur aérien de notre situation. Et trouver un endroit où poser l'avion, soit en regagnant LaGuardia… soit ailleurs. J'ai viré à gauche, en quête d'un lieu où atterrir.

« *Mayday ! Mayday ! Mayday !* »

C'est l'appel — le signal de détresse d'urgence — que j'ai envoyé à Patrick Harten, le contrôleur aérien, à 15 h 27 min 32,9 s. Ma voix était calme, quoique légèrement pressante.

Cependant, Patrick n'a jamais entendu ce message, parce que pendant que je l'émettais, lui de son côté entrait en contact avec moi. Une fois qu'on appuie sur le bouton du micro, on n'entend plus ce qu'on nous dit sur la même fréquence. Pendant que Patrick me donnait une directive de routine — « Cactus 15-49, virage à gauche cap 2-7-0 » —, mon appel « Mayday » n'a pas été reçu.

J'ignorais que c'était le cas, et moi je n'avais pas entendu Patrick. Ces problèmes de communication sont fréquents — et problématiques — entre contrôleurs et pilotes. Quand deux messages sont transmis simultanément, non seulement ils se bloquent mutuellement, mais ils peuvent empêcher aussi d'autres personnes qui se trouvent à proximité de capter certaines communications. On a inventé des détecteurs antiblocage qui signalent au système de radiocommunication de bord la présence d'une transmission simultanée. Ainsi, une fois cette dernière identifiée, ces appareils empêchent votre poste d'émettre, et vous ne bloquez personne. Nous pourrions certainement utiliser ce genre d'outils ou une technologie identique dans nos cockpits. Tous les personnels navigants techniques ont des anecdotes à raconter. Quand un pilote heurte le bouton de sa radio, pendant quelques minutes, tous ceux qui sont branchés sur la même fréquence ne perçoivent que le bruit de fond de son cockpit.

Ils ne peuvent plus entendre le contrôleur. C'est une situation potentiellement dangereuse qui n'a pas encore trouvé de solution parce que les compagnies aériennes et les autres opérateurs ont préféré ne pas adopter ces nouveaux détecteurs antiblocage, et que la FAA ne les ont pas imposés.

La transmission de Patrick a duré environ quatre secondes, et quand il a relâché son bouton d'émission, il a entendu le reste de mon message :

— … Ici… euh… Cactus 15-39. Nous avons percuté des oiseaux. Nous avons une perte de poussée sur les deux moteurs. Nous retournons à LaGuardia. »

J'avais commis une erreur dans le numéro du vol. Plus tard, quand j'ai réécouté la bande, j'ai perçu un stress intense dans ma voix. Elle était légèrement rauque, un peu trop haut perchée. Personne ne l'a peut-être remarqué, mais moi, je l'ai noté.

Patrick, le contrôleur, qui avait quarante-quatre ans, avait travaillé sur des milliers de vols en dix ans de carrière, et il avait la réputation d'un homme rigoureux et vigilant.

Il avait assisté plusieurs pilotes dont les appareils avaient perdu l'usage d'un moteur, mais aucun qui se trouvait malgré lui aux commandes d'un planeur. Il les avait aidés à se poser aussi rapidement que possible et, chaque fois, l'atterrissage s'était déroulé sans anicroche. Comme d'autres de ses confrères, il s'enorgueillissait d'avoir toujours réussi à guider un avion en détresse jusque sur la piste.

Dans toutes les urgences qu'il avait connues, il avait su garder son calme et s'adapter avec intelligence.

Un jour, alors que les conditions météorologiques étaient exécrables, il s'était occupé d'un avion en provenance de l'étranger que l'on avait placé en circuit d'attente. Mais très vite, l'appareil s'était trouvé presque à court de carburant. Il ne lui restait que l'équivalent de trente minutes de consommation. Et il était encore à vingt minutes de l'aéroport. Une dégradation des conditions météo et un nouveau retard dans le trafic, et il serait en panne sèche. Conscient qu'il n'y avait aucune marge d'erreur possible, Patrick avait dû « sortir » un autre appareil de son approche finale pour insérer celui-là dans le séquencement. Il avait réorganisé ce casse-tête aérien et avait aidé le pilote à se poser sans incident.

Patrick avait déjà assisté une quinzaine d'équipages en difficulté à la suite d'une collision avec des oiseaux. Mais le pire qu'il avait vécu, avant le vol 1549, s'était résumé à la destruction d'un pare-brise. Patrick avait guidé l'appareil sans encombre sur une piste de LaGuardia.

Il avait connu son lot d'urgences. Mais à l'instar de presque tous les aiguilleurs du ciel en poste aujourd'hui, il n'avait jamais secouru un avion en perte totale de poussée.

Face au danger que nous affrontions, Patrick savait qu'il devait agir vite et avec détermination. Il nous a proposé immédiatement la piste 13 de LaGuardia, l'aéroport le plus proche de notre position. A cet instant, nous descendions rapidement, en nous éloignant toujours de La Guardia.

Il n'a fait aucun commentaire, bien sûr, sur les graves problèmes que rencontrait notre avion. Il s'est contenté de répondre :

— OK, euh… vous devez retourner à LaGuardia. Virez à gauche, cap… euh… 2-2-0.

— 2-2-0, ai-je répété volontiers, sachant que toutes mes options se trouvaient à ma gauche. En tournant dans cette direction, il faudrait que j'en choisisse une, et ce choix déterminerait le cap que prendrait l'avion.

De l'enregistreur des voix du cockpit :

15 h 27 min 50 s — Skiles : « S'il reste du carburant, mets le engine mode selector sur "allumage". »

15 h 27 min 54 s — Sullenberger : « Allumage. »

15 h 27 min 55 s — Skiles : « Manette des gaz, confirme ralenti. »

15 h 27 min 58 s — Sullenberger : « Ralenti. »

15 h 28 min 2 s — Skiles : « Vitesse optimum de rallumage. Trois cents nœuds. On ne les a pas. »

15 h 28 min 3s — Calculateur d'alarmes : bruit d'une sonnerie.

15 h 28 min 5 s — Sullenberger : « On ne les a… »

Patrick a contacté immédiatement la tour de LaGuardia pour leur demander de nous dégager toutes les pistes.

— Tour, arrêtez vos départs. On a un retour d'urgence.

— Qui est-ce ? s'est enquis le contrôleur.

— C'est le 15-29, a dit Patrick en se trompant lui aussi sur le numéro du vol sous l'effet du stress. Une collision avec des oiseaux. Il a perdu ses moteurs. Il a perdu la poussée sur tous ses moteurs. Il revient immédiatement.

Perdre la poussée sur ses deux réacteurs est si rare que le contrôleur de LaGuardia n'a pas totalement compris le message de Patrick.

— Cactus 15-29. Quel moteur ?

— Il a perdu la poussée sur ses deux moteurs, a répété Patrick.

— Compris, a répondu l'aiguilleur de LaGuardia.

Vous ne l'entendrez pas sur la bande, parce qu'aucun de ces deux hommes ne l'a formulé à voix haute, mais intérieurement ils avaient l'impression de guider un vol qui avait toutes les chances de connaître une fin tragique.

Où que ce soit dans le monde, il est rare que des avions de ligne perdent la poussée sur tous leurs moteurs ; ce genre de pannes n'arrive qu'une fois par décennie. La majeure partie du temps, cela ne se produit que lorsqu'un appareil pénètre dans un nuage de cendres volcaniques, ou rencontre un problème de carburant. Les pilotes, qui dans le passé ont eu la malchance de traverser une pluie de particules volcaniques, ont néanmoins eu suffisamment de temps pour redémarrer leurs moteurs, une fois éloignés du panache. Et comme ils se trouvaient à une altitude suffisante — bien au-dessus de trente mille pieds —, ils ont pu passer en revue les procédures et travailler à une solution, pour en relancer au moins un.

Sur le vol 1549, nous aurions pu nous trouver à la hauteur de la Lune, jamais nous n'y serions parvenus, car ils étaient irrémédiablement endommagés. A entendre les vibrations qu'ils émettaient, et avec la perte instantanée de poussée, j'étais quasiment certain qu'ils étaient définitivement hors service. Cependant, je savais que nous devions tenter l'impossible.

Aussi, pendant que Jeff y travaillait avec détermination, je cherchais une solution. Nous ne disposions que d'une poignée de minutes, j'en avais conscience, avant que notre trajectoire ne croise la surface de la Terre.

J'avais compris, du moins en théorie, que cet avion ne se poserait pas intact sur une piste, contrairement à tous ceux que j'avais pilotés pendant vingt-deux ans.

14

GRAVITÉ

Il s'était écoulé moins d'une minute depuis que la collision avec les oiseaux avait détruit les moteurs du vol 1549. Au contrôle radar de Long Island, Patrick espérait encore nous trouver une piste à LaGuardia.

Les contrôleurs guident les pilotes jusqu'aux pistes. C'est leur métier. C'est ce qu'ils savent faire le mieux. Alors il n'avait pas l'intention de jeter l'éponge tant qu'il n'avait pas épuisé toutes les options. Il estimait que la plupart des pilotes, même dans une situation aussi critique, tenteraient de retourner à LaGuardia. Il pensait que moi aussi j'allais prendre cette décision.

Cinq secondes après 15 h 28, c'est-à-dire trente-deux secondes après que je l'ai informé de l'urgence, Patrick m'a demandé :

— Cactus 15-29, si on arrive à dégager la piste 1-3, pouvez-vous essayer d'atterrir ?

Patrick nous offrait la piste de LaGuardia qui nous permettrait une trajectoire raccourcie.

— Non, on ne peut pas, ai-je répondu. On risque de finir dans l'Hudson.

J'avais compris assez vite et intuitivement que l'Hudson serait peut-être notre seule option, et donc j'ai formulé ma pensée à voix haute. Ces mots semblaient irréels, mais je les ai prononcés. Jeff, assis dans son fauteuil à ma droite, m'a entendu mais il n'a fait aucun commentaire. Il tentait toujours de redémarrer les moteurs. Mais il m'a avoué plus tard qu'il avait souscrit à mes paroles, en se disant que j'avais sans doute raison. Qui sait si l'Hudson ne se révélerait pas notre seul espoir ?

Nous avions conscience tous les deux que la gravité de notre situation ne nous laissait pas beaucoup de choix. Nous volions à basse altitude, à une vitesse réduite, dans un avion de soixante-huit tonnes privé de moteurs. Disons cela plus simplement : nous étions trop bas, trop lents, trop loin et nous allions dans la mauvaise direction : nous nous éloignions des aéroports les plus proches.

S'il y avait eu dans le coin une Interstate, sans ponts, sans panneaux de signalisation, et offrant un trafic fluide, j'aurais pu envisager de m'y poser. Mais de nos jours, le réseau routier américain ne comporte presque plus d'autoroutes suffisamment dégagées, et certainement pas à New York, la plus grande métropole du pays. Et bien sûr, où aurais-je pu trouver à proximité un champ assez long et assez plat ? Pas dans le Bronx, ni dans le Queens. Ni à Manhattan.

Mais avais-je réellement décidé d'exclure un atterrissage à LaGuardia ?

En regardant devant moi, j'ai constaté que nous descendions rapidement. Je devais prendre une décision très vite. Notre altitude et notre vitesse nous permettaient-elles de rebrousser chemin, de retourner à l'aéroport et de l'atteindre avant que l'avion ne s'écrase au sol ? Je n'avais pas le temps de faire des mathématiques, alors ne croyez pas que je calculais mentalement le taux de descente. Je jaugeais ce que je voyais par la fenêtre, en construisant en toute hâte un modèle mental tridimensionnel de notre environnement. Un processus théorique et visuel qui se mettait en place alors que je continuais de piloter l'avion tout en répondant à Jeff et à Patrick.

J'évaluais également rapidement les obstacles qui se dressaient entre mon avion et LaGuardia — les immeubles, les quartiers, les centaines de milliers d'habitants. Je ne dirais pas que j'ai examiné tous ces éléments dans le détail. Je passais en revue sommairement une foule de données et de réflexions que j'avais emmagasinées au fil des années afin de m'aider à prendre une décision. Une décision qui serait la plus importante de toute ma vie.

Si je choisissais de faire demi-tour et de survoler cette zone densément peuplée, je devais être sûr de mon coup. Une fois engagé en direction de LaGuardia, mon choix serait irrévocable. Et les autres options définitivement caduques. Tenter de rejoindre une piste inaccessible aurait des conséquences catastrophiques, à la fois pour les passagers de cet avion et pour Dieu sait combien de personnes au sol. D'un autre côté, si une fois à LaGuardia, nous rations la piste de quelques dizaines de mètres, le résultat serait tout aussi désastreux. L'avion se briserait probablement en plusieurs morceaux avant d'être englouti par les flammes.

En tout cas, quelles que soient les circonstances de l'atterrissage, nous aurions sans doute besoin d'équipes de secours. Les moyens de sauvetage en mer disponibles à LaGuardia étaient infiniment moindres que ceux regroupés sur l'Hudson entre Manhattan et le New Jersey — je le savais. Il faudrait plus longtemps aux garde-côtes de LaGuardia pour nous aider en cas de sortie de piste.

Même si nous parvenions à rester en vol en attendant d'atteindre une piste, les risques demeureraient. Jeff serait obligé d'abandonner ses tentatives de redémarrage des moteurs afin de préparer l'atterrissage. Il faudrait alors que je sois capable de gérer correctement notre vitesse et notre altitude pour tenter de me poser sans encombre.

La puissance hydraulique nous permettait de bouger les

gouvernes, mais nous ignorions si nous pourrions abaisser le train d'atterrissage et le verrouiller en position basse. Il nous faudrait peut-être recourir à une autre méthode — le sortir par gravité —, ce qui demanderait à Jeff de gérer une autre check-list.

Puis nous serions contraints de nous aligner dans l'axe d'une piste relativement courte, de réussir un toucher de roues à un taux de chute acceptable et de garder le contrôle directionnel durant toute la phase d'atterrissage pour éviter une sortie de piste. Puis il faudrait s'assurer du bon fonctionnement des freins. L'avion s'arrêterait-il à temps ? Resterait-il intact ? Nous risquions un incendie, de la fumée, et des blessés.

Si nous faisions demi-tour sans finalement parvenir à rejoindre LaGuardia, nous ne survolerions aucune étendue d'eau avant Flushing Bay. Amerrir à cet endroit près de l'aéroport, même en un seul morceau, entraînerait la mort de nombreux passagers, car dans cette baie les garde-côtes ne disposaient pas d'un grand nombre d'embarcations. Outre qu'ils mettraient trop de temps à rejoindre l'épave, il leur faudrait plusieurs voyages pour évacuer les survivants.

L'Hudson, malgré tous les risques qu'il comportait, paraissait une meilleure option. Il était assez long, assez large, et ce jour-là sa surface paraissait suffisamment lisse pour y poser un avion de ligne sans trop l'abîmer. Et je savais que je pouvais voler jusque-là.

Je connaissais bien l'*Intrepid*, le célèbre porte-avions de la Seconde Guerre mondiale, transformé aujourd'hui en navire-musée sous le nom d'Intrepid Sea, Air & Space Museum. Il est amarré sur l'Hudson, quai 86, au niveau de la 46e Rue dans le West Side à Manhattan. Lorsque je l'avais visité quelques années auparavant, j'avais remarqué la présence de nombreux sauveteurs en mer. Et d'un important trafic maritime. Si nous pouvions amerrir sans encombre sur l'Hudson non loin de l'*Intrepid*, nous pourrions compter sur les ferries et autres vedettes qui mouillaient à proximité, toutes les forces de police de la ville de New York et les ambulances qui se trouvaient à quelques blocs de là.

Un amerrissage sur l'Hudson ? Patrick, le contrôleur, se montrait moins optimiste. Il pensait qu'aucun des passagers de l'Airbus ne s'en sortirait vivant. Comment lui donner tort ? Les simulateurs de vol sur lesquels s'entraînent les pilotes ne proposent pas l'option amerrissage. Nous n'apprenons cette technique qu'en salle de cours.

Patrick devait guider un autre avion avant de pouvoir à nouveau s'occuper de nous. « Jetlink 27-60, a-t-il dit, tournez à gauche, 0-7-0. » Puis à moi, en essayant toujours de m'orienter vers LaGuardia :

— OK, Cactus 15-29, ce sera la piste 3-1 par la gauche.

Je me suis montré ferme.

— Impossible.

Tout ce que j'avais vu, compris et senti m'avait aidé à prendre ma décision : atterrir à LaGuardia était inenvisageable. Souhaiter ou espérer qu'il en fût autrement ne serait d'aucun secours.

Dans le cockpit, la voix synthétique du Traffic alert and Collision Avoidance System (TCAS) a lancé une alerte sonore : « *Traffic. Traffic.* »

— OK, que vous faut-il pour atterrir ? m'a demandé Patrick.

J'ai regardé par la fenêtre, soupesant toujours nos options. Je n'ai pas répondu, alors Patrick m'a proposé à nouveau LaGuardia.

— Cactus 15-29, la piste 4 est disponible, si vous voulez la piste 4 par la gauche.

— Je ne suis pas sûr de pouvoir atteindre une piste, ai-je dit. Qu'est-ce qu'il y a à droite ? Dans le New Jersey ? Peut-être Teterboro ?

Teterboro, qui se trouve dans le comté de Bergen dans le New Jersey, est ce qu'on appelle un aéroport de délestage, il gère une grande partie du trafic de l'aviation d'affaires et des jets privés de la zone de New York. Situé à dix-neuf kilomètres du centre de Manhattan, il comptabilise plus de cinq cents opérations aériennes par jour.

— Vous voulez tenter d'atterrir à Teterboro ? a demandé Patrick.

— Oui.

Il était 15 h 29 min 3 s, et cela faisait moins d'une minute que nous avions averti Patrick de notre situation.

Patrick s'est immédiatement mis au travail. Grâce à son écran tactile, il pouvait entrer en contact avec une quarantaine de lignes terrestres. D'un mouvement de doigt, il pouvait contacter la tour de contrôle de Teterboro.

— Départ de LaGuardia, a-t-il annoncé, en se présentant, j'ai une urgence en approche.

Plus tard, lorsqu'il a écouté l'enregistrement de la conversation, Patrick a perçu la détresse qui filtrait dans sa voix. Mais il est resté direct et professionnel.

Le contrôleur de Teterboro a répondu :

— OK, allez-y.

Sur son écran radar, Patrick voyait que j'étais à environ neuf cents pieds au-dessus du George Washington Bridge.

— Cactus 15-29 au-dessus du George Washington Bridge veut rejoindre immédiatement l'aéroport, a-t-il annoncé.

— Il veut rejoindre notre aéroport. A-t-il besoin d'assistance ?

Le contrôleur voulait savoir si les camions de pompiers et les secouristes devaient quitter leurs casernes.

— Ah oui ! Oui, il a heurté des oiseaux. Je peux l'envoyer sur la piste 1 ? a demandé Patrick.

— Piste 1, c'est bon.

Ils organisaient notre atterrissage sur la piste d'arrivée, parce que c'était la plus facile à dégager.

Patrick nous guidait de multiples façons et avec une grande pertinence, ce dont je lui suis très reconnaissant aujourd'hui. Pour commencer, il nous facilitait la tâche en ne nous surchargeant pas de travail.

Dans les situations d'urgence, les contrôleurs sont censés poser aux pilotes quelques questions élémentaires : « Combien vous reste-t-il de carburant ? » « Combien y a-t-il d'âmes à bord ? » Ce décompte des passagers et des membres d'équipage permet aux équipes de secours d'évaluer le nombre de personnes à assister.

« Je ne voulais pas vous embêter, me dira Patrick plus tard. Ni passer mon temps à vous demander : "Que se passe-t-il ?" Je savais que je devais vous laisser piloter l'avion. »

Et de façon à nous faire économiser quelques précieuses secondes, et surtout à ne pas se répéter, il ne coupait pas sa ligne lorsqu'il appelait les contrôleurs des autres aéroports, afin que ces derniers entendent nos communications. Ainsi, on gagnait du temps. Une initiative plutôt ingénieuse.

Sa volonté délibérée de ne pas me perturber m'a permis de rester concentré. Il se rendait compte que l'avion descendait rapidement. Je n'avais pas le loisir de lui fournir des informations sur les passagers ou de répondre à des requêtes superflues.

La transcription de nos échanges indique également à quel point la formulation de ses questions m'a rendu service. Au lieu de m'indiquer un aéroport, il me demandait où je voulais atterrir. Il comprenait manifestement que c'était à moi de prendre les décisions difficiles et que tenter de me dicter un plan de vol était la dernière chose dont j'avais besoin.

Tout au long de ma carrière de pilote de ligne, je n'ai jamais oublié les études que j'ai menées durant mes années dans l'Air Force sur l'éjection des équipages. Pourquoi les pilotes attendaient-ils trop longtemps avant de s'extraire d'un avion sur le point de s'écraser ? Pourquoi gaspillaient-ils plusieurs secondes à tenter de réparer l'irréparable ? Le fait est que beaucoup craignaient des sanctions s'ils perdaient un chasseur de plusieurs millions de dollars. Et ils cherchaient alors par tous les moyens à sauver leur appareil, se précipitant ainsi souvent au-devant d'une catastrophe.

Je n'ai jamais pu chasser de ma mémoire mes compagnons de l'Air Force qui n'avaient pas survécu à de telles tentatives. Ce sont tous ces détails, toute cette expérience, gravés dans un coin de mon cerveau, qui m'ont aidé à prendre rapidement une décision sur le vol 1549. Dès ma collision avec les oiseaux, j'aurais pu retourner à LaGuardia, et surtout ne pas tenter d'atterrir ailleurs afin de préserver un avion de l'US Airways. J'aurais pu me demander comment allaient réagir mes supérieurs et les enquêteurs si j'amerrissais sur l'Hudson. Mais j'ai choisi de laisser de côté ces considérations.

Mentalement, j'ai inversé l'ordre de mes priorités. J'avais suffisamment travaillé sur la sécurité aérienne et la théorie cognitive. Je connaissais le concept d'« arbre de décision ». Quand il est impossible de réaliser tous ses objectifs, on sacrifie les moins prioritaires afin d'atteindre les plus élevés. Dans mon cas, en tentant un amerrissage, je sacrifiais l'objectif « avion » (c'est-à-dire m'efforcer de sauver un appareil de soixante millions de dollars) pour privilégier les vies humaines.

D'instinct, j'ai eu l'intuition que ce choix était primordial.

Entre le moment où j'ai envisagé — et suggéré — l'aéroport de Teterboro et l'instant où j'ai compris que je ne pourrais pas l'atteindre, il s'est écoulé vingt-deux secondes. La zone de Teterboro montait dans mon pare-brise, signe évident qu'elle était hors de notre trajectoire.

— Cactus 15-29, virez à droite, 2-8-0, m'a dit Patrick à 15 h 29 min 21 s. Vous pouvez atterrir piste 1 à Teterboro.

— On n'y arrivera pas, ai-je répondu.

— OK, quelle piste voulez-vous ?

— Nous allons sur l'Hudson.

Patrick m'avait bien entendu. Mais il a repris la parole :

— Pardon, répétez Cactus.

« Mon esprit ne voulait pas comprendre ce qu'il venait de dire, expliquera Patrick devant le Congrès. On ne survit pas à un amerrissage sur l'Hudson. C'était une sentence de mort pour lui. A cet instant, j'ai pensé que je serais la dernière personne à parler à quelqu'un à bord de cet avion. »

Lors de cet échange, Patrick ne pouvait s'empêcher de songer au vol 961 de l'Ethiopian Airlines qui avait été détourné en 1996. Ce Boeing 767-260ER, qui s'était trouvé à court de carburant, avait tenté de se poser dans l'océan Indien, non loin de la côte des Comores. Mais le bout d'une aile avait heurté la surface de l'eau, et l'appareil s'était disloqué après s'être retourné. Cent vingt-cinq des cent soixante-quinze passagers et membres d'équipage avaient péri au moment de l'impact ou s'étaient noyés. Les photographies de ce crash aérien et les vidéos montrant les tonneaux du Boeing 767-260ER sont faciles à trouver sur Internet. « C'est cette image que j'avais en tête », avouera Patrick.

Patrick a continué à me parler, mais j'étais trop occupé pour poursuivre notre communication. A ce stade, il m'avait offert la meilleure assistance possible, et je devais maintenant me concentrer sur ce qui m'attendait. Je ne lui ai pas répondu.

Nous descendions maintenant vers l'Hudson, entre les hautes silhouettes des gratte-ciel new-yorkais. Nous étions sortis de son image radar. La forêt d'immeubles bloquait les transmissions.

Patrick tentait toujours désespérément de trouver une solution qui nous éviterait un plongeon dans le fleuve.

A 15 h 29 min 51 s : « Cactus… Cactus 15-29, contact radar perdu. Vous avez aussi l'aéroport de Newark, à deux heures, dans environ onze kilomètres. »

A 15 h 30 min 14 s : « Cactus 15-29, vous êtes toujours là ? »

Il avait peur que l'avion ne se soit déjà écrasé, mais brusquement notre position est réapparue sur son écran. Nous volions à très basse altitude, mais comme nous étions à nouveau dans sa couverture radar, il espérait contre tout espoir que nous avions pu redémarrer l'un des moteurs.

A 15 h 30 min 22 s, il a dit : « Cactus 15-29, si vous pouvez… vous avez… la piste 2-9 à Newark. A deux heures, et à onze kilomètres. »

Je ne pouvais plus lui répondre. Nous n'étions qu'à vingt et une secondes et sept centièmes de la rivière.

Si nous n'avions perdu qu'un seul moteur, Jeff et moi aurions eu davantage de temps pour analyser la situation et pour communiquer avec l'équipage et les passagers. Nous aurions pu inviter les hôtesses à préparer les gens et demander au contrôle aérien de nous aider à planifier le meilleur plan de vol pour un retour sur LaGuardia. Mais sur le vol 1549, il y avait trop de tâches à accomplir dans un délai terriblement court.

De nombreux voyageurs avaient ressenti la collision avec les oiseaux. Ils avaient entendu les bruits au moment de l'impact, et les coups sourds et inquiétants qui avaient précédé l'arrêt des moteurs. De la fumée s'élevait dans la cabine, et ils avaient senti, comme moi, l'odeur des volatiles brûlés. En réalité, si l'on veut être précis, on parle dans le métier de « bouillie d'oiseaux ».

On m'a raconté plus tard comment avaient réagi les passagers pendant que je m'affairais dans le cockpit. Plusieurs d'entre eux m'ont envoyé depuis des messages afin de partager avec moi leurs souvenirs de l'accident. D'autres ont accordé aux médias des interviews émouvantes qui m'ont longtemps hanté.

Je me souviens, entre autres, d'un capitaine de l'US Army, Andrew Gray, qui, après deux affectations en Afghanistan, voyageait sur le vol 1549 avec sa fiancée, Stephanie King. Alors que l'avion descendait vers la rivière, Andrew et

Stephanie se sont embrassés avant de se dire : « Je t'aime. » Selon eux, ils avaient « accepté de mourir ensemble ».

John Howell, un consultant en management originaire de Charlotte, ne pensait qu'à sa mère dont il était le seul fils encore en vie. Son frère, un pompier, était mort le 11 septembre 2001 au World Trade Center. John déclarera plus tard aux reporters : « Je n'avais qu'une idée en tête : si je m'écrase, ma mère n'y survivra pas. »

A la place 12F, située près du hublot juste derrière l'issue de secours sur l'aile, Eric Stevenson, âgé de quarante-cinq ans, vivait un affreux sentiment de déjà-vu. Le 30 juin 1987, il s'était trouvé sur le vol 810 de la Delta Air Lines, un Boeing 767 qui reliait Los Angeles à Cincinnati. Peu après le décollage, alors que l'avion montait au-dessus du Pacifique avant de virer vers l'est, l'un des pilotes avait, par erreur, éteint les deux réacteurs. Son geste malencontreux était dû à la conception des écrans de contrôle des moteurs, et à leur trop grande proximité avec d'autres interrupteurs d'aspect comparable. Tandis que l'appareil avait commencé à chuter de mille sept cents pieds, les hôtesses avaient distribué en hâte des gilets de sauvetage aux passagers qui s'attendaient au pire. Voyant ses compagnons de voyage pleurer autour de lui, Eric avait griffonné : « Je vous aime » à l'intention de ses parents et de sa sœur sur une carte de visite qu'il avait fourrée dans sa poche. Pensant qu'il allait mourir, il se disait qu'on la retrouverait sur son cadavre. Mais, à environ cinq cents pieds au-dessus de l'eau, les passagers avaient senti une brusque augmentation de la poussée, et l'avion avait bondi puissamment vers l'avant : les pilotes avaient redémarré les réacteurs. Le vol s'était déroulé normalement vers Cincinnati, la cabine jonchée de gilets de sauvetage. Après cet incident, Boeing avait modifié la conception de son panneau de contrôle des moteurs pour éviter un nouvel incident.

Cette expérience de mort imminente avait poussé Eric

à prendre une année sabbatique afin de voyager à travers le monde. Et depuis, au fil des années, il marquait solennellement tous les ans à sa façon cette date anniversaire.

Cet incident l'avait peu à peu conduit à changer de vie, et à s'installer à Paris où il travaille encore aujourd'hui comme directeur de marketing chez Hewlett-Packard. En janvier 2009, c'était à la suite d'un déplacement aux Etats-Unis qu'il s'était retrouvé à bord du vol 1549. *C'est difficile à croire, et pourtant*, se disait-il, le nez collé au hublot, *me voilà encore dans un avion victime d'une panne de moteurs.*

Alors, il avait de nouveau griffonné sur une carte de visite : « Maman et Jane, je vous aime », puis il avait fourré ce bristol dans sa poche en pensant : *Si la cabine se désintègre sous le choc, on ne retrouvera sûrement pas mon message.* Mais ce geste le réconfortait. « C'est tout ce que je pouvais faire, confessera-t-il plus tard. Je voulais que ma famille sache que je pensais à eux en ces derniers instants. »

Assis dans cet avion qui descendait inexorablement, Eric n'avait pas peur ; il était simplement envahi par une immense tristesse, une tristesse qu'il avait déjà éprouvée en 1987, à l'âge de vingt-trois ans au-dessus du Pacifique. Son esprit était hanté par la même pensée : *Je vais sans doute mourir. Dans dix à vingt secondes, je serai passé de l'autre côté, quel que soit ce qu'il y a derrière.*

Un profond silence régnait dans la cabine. Certaines personnes passaient des appels téléphoniques ou envoyaient des textos à leurs proches. On m'a raconté que quelques passagers priaient. D'autres avoueront s'être résignés. *Si nous devons mourir*, se disaient-ils, *autant l'accepter puisque nous ne pouvons rien changer à l'ordre des choses.*

Plusieurs voyageurs me confieront qu'ils avaient apprécié mon annonce laconique. Connaître la situation en détail les aurait effrayés davantage.

Je ne me suis adressé à la cabine que quatre-vingt-dix secondes avant d'atteindre la surface de l'eau.

Je voulais me montrer franc. Ne pas paraître agité ou angoissé. Je voulais avoir l'air professionnel.

— C'est votre commandant de bord qui vous parle. Brace[1] ! Préparez-vous à l'impact !

Je devais demander aux gens de se tenir prêts. On nous apprend à utiliser le mot « Brace ! » Cette position de sécurité vise à protéger les passagers en cas d'atterrissage en catastrophe, mais c'est également un signal destiné aux hôtesses, indiquant qu'elles peuvent commencer à scander leurs consignes. Malgré la gravité de l'instant, j'avais l'obligation de peser soigneusement mes mots. Je n'avais plus le temps d'expliquer par le menu l'urgence de la situation au personnel de cabine. Ma priorité était d'éviter que les passagers soient blessés au moment du choc. J'ignorais encore comment je pourrais amortir l'atterrissage. Alors j'ai dit : « Préparez-vous ! » puis j'ai choisi le terme « impact » pour avertir les personnes à bord que ce qui nous attendait serait plutôt rude.

Les hôtesses — Sheila, Donna et Doreen — ont aussitôt mis en pratique leur formation. Les portes des cockpits ayant été renforcées depuis le 11 septembre 2001, il était plus difficile de percevoir ce qui se passait dans la cabine. Néanmoins, malgré le battant blindé, j'entendais Donna et Sheila crier en boucle, presque à l'unisson : « *Brace, Brace !* Baissez la tête ! Penchez-vous ! *Brace ! Brace !* Baissez la tête ! Penchez-vous ! »

Ces mots m'ont réconforté et encouragé. Tandis que je guidais l'avion vers l'Hudson, les hôtesses exécutaient les gestes qu'on attendait d'elles. Tout le monde faisait ce qu'il avait à faire. Nous étions au diapason. Si je parvenais à poser l'avion

1. Ce terme, « *Brace !* » que l'on peut traduire aussi par « Tenez-vous prêts » ou « Accrochez-vous » correspond à la position de sécurité dans le langage international aéronautique. (NdT)

à la surface de l'eau en un seul morceau, Donna, Doreen et Sheila évacueraient les passagers par les issues de secours, et les opérations de sauvetage pourraient commencer. Grâce à leurs ordres et à leur professionnalisme, nos chances de survie étaient grandes. J'avais confiance en elles.

15 h 29 min 45 s — Sullenberger : « OK, allons-y, sors les volets, sors les volets... »

15 h 29 min 55 s — Voix synthétique du EGPWS (système avertisseur de proximité du sol amélioré) : « Pull up. Pull up. Pull up. Pull up. Pull up. Pull up. Pull up.[1] »

15 h 30 min 1 s — Skiles : « Volets sortis ! »

15 h 30 min 3 s — Skiles : « Vitesse de l'air, deux cents cinquante pieds. »

L'avion continuait de descendre, et on avait l'impression que les falaises et les gratte-ciel qui bordaient l'Hudson de part et d'autre du rivage avançaient à notre rencontre. Ainsi que Jeff le décrira : « C'était comme si nous coulions au fond d'une baignoire. » L'eau du fleuve paraissait glaciale.

15 h 30 min 4 s — Voix synthétique du EGPWS : « Too low[2]. Terrain. »

15 h 30 min 6 s — Voix synthétique du EGPWS : « Too low. Gear[3]. »

15 h 30 min 6 s — Skiles : « Cent soixante-dix nœuds. »

15 h 30 min 9 s — Skiles : « Je n'ai aucune puissance sur l'un. Essaie l'autre. »

1. « Tirez vers le haut. » (NdT)

2. « Trop bas. » (NdT)

3. « Train d'atterrissage. » (NdT)

15 h 30 min 9 s — Radio d'un autre avion : « 2-1-0… 47-18. Je crois qu'il a dit qu'il allait sur l'Hudson. »

15 h 30 min 15 s — Voix synthétique du EGPWS : « Caution, terrain ! »

15 h 30 min 16 s — Skiles : « Cent cinquante nœuds. »

15 h 30 min 17 s — Skiles : « Volets sur 2, tu veux plus ? »

15 h 30 min 19 s — Sullenberger : « Non, on reste à 2. »

15 h 30 min 21 s — Sullenberger : « Tu as une idée ? »

15 h 30 min 23 s — Skiles : « Là, tout de suite… Non. »

15 h 30 min 23 s — Voix synthétique du EGPWS : « Caution, terrain. »

15 h 30 min 24 s — Voix synthétique du EGPWS : « Terrain, terrain. Pull up. Pull up. » (« Pull up » répété jusqu'à la fin de l'enregistrement.)

15 h 30 min 38 s — Sullenberger : « On se prépare à l'impact ! »

Je ne pensais pas que j'allais mourir. Mon expérience me disait que je pouvais réaliser un amerrissage d'urgence qui nous laisserait la vie sauve. Cette confiance était plus forte que n'importe quelle peur.

Je ne songeais pas non plus à Lorrie, ni à Kate et Kelly. Ce n'était pas plus mal. Il était vital que je reste concentré et que je chasse toute distraction. Je n'avais en tête qu'une seule pensée : gérer ma trajectoire.

Avec un avion qui avait perdu toute poussée, je ne pouvais contrôler notre trajectoire verticale que grâce au cabrage — en montant ou en abaissant le nez. Mon objectif était de maintenir une assiette qui me permette de garder la vitesse de meilleur plané[1]. En gros, j'utilisais la gravité terrestre pour propulser l'appareil vers l'avant en fendant l'air avec les ailes pour créer la portance.

Mes instruments de vol fonctionnaient toujours. Y compris l'anémomètre. Lorsque la vitesse me paraissait trop basse, j'abaissais légèrement le nez de l'avion. Si elle me semblait trop élevée, je le redressais.

L'Airbus, qui est équipé de systèmes de commande de vol électroniques (*fly-by-wire*), possède des protections d'enveloppe qui empêchent le pilote de mettre l'avion dans une situation inusuelle (les ordinateurs interprètent les mouvements du minimanche). Contrairement aux appareils plus conventionnels, sur un Airbus, rien n'indique un changement de vitesse — ni signal particulier ni « sensation ». Mais lorsque la vitesse est trop basse, les ordinateurs de contrôle n'autorisent le pilote ni à « décrocher de l'aile » ni à perdre de la portance, même s'il tire violemment le minimanche en arrière.

Notre taux de descente était beaucoup plus important que sur un atterrissage normal, à cause de la perte de poussée. Le train était rentré, et je me suis efforcé de garder les ailes à plat pour éviter de faire un tonneau quand nous toucherions l'eau. J'ai maintenu le nez levé.

Plus nous descendions vers l'Hudson, plus ma concentration s'était restreinte. Je ne fixais désormais que deux choses : le fleuve droit devant moi, et l'anémomètre sur le tableau de bord.

Dehors-dedans. Dehors-dedans.

Il ne s'était écoulé que trois minutes depuis la collision avec les oiseaux. La terre et la rivière arrivaient sur nous à toute vitesse. J'évaluais à l'œil nu notre taux de descente et notre altitude. Puis j'ai jugé que c'était le bon moment. J'ai entamé la phase d'arrondi. J'ai tiré à fond le minimanche,

1. Manœuvre destinée à maintenir en vol un avion dont les moteurs sont arrêtés. (Source : www.cnrtl.fr) (NdT)

le bloquant en position arrière pendant que l'avion touchait la surface de l'eau.

Une fois posé, l'appareil a glissé sur plusieurs mètres, le nez légèrement dressé. La queue a cogné plus durement, et pour les passagers assis au fond de la cabine, l'impact a été très violent. Ceux installés à l'avant ont simplement eu l'impression d'un atterrissage brutal.

Nous avons ralenti, l'avion s'est stabilisé, puis s'est arrêté tandis qu'une montagne d'eau s'écrasait sur les fenêtres du cockpit. J'apprendrais plus tard que j'avais atteint presque tous les paramètres visés : l'avion avait amerri le nez légèrement relevé de neuf degrés huit, au-dessus de l'horizon, les ailes parfaitement à plat, à une vitesse de cent cinquante-deux nœuds, soit un chiffre à peine supérieur à la vitesse minimale dans cette configuration. Cependant, je n'avais pas pu arrêter le taux de descente autant que je l'aurais souhaité, même avec le minimanche bloqué à fond en position arrière pour cabrer totalement l'appareil.

En une à deux secondes, il a repris sa position initiale, nez légèrement redressé. L'avion flottait. Les gratte-ciel de New York s'offraient à nos yeux au-dessus de la surface du fleuve.

Jeff et moi nous nous sommes tournés l'un vers l'autre, et nous nous sommes exclamés, presque à l'unisson :

— Ce n'était pas aussi moche que je l'aurais cru !

Mais la situation était loin d'être réglée. La partie la plus difficile de cette urgence restait sans doute à venir. Il y avait cent cinquante-cinq passagers et membres d'équipage à bord d'un avion qui avait toutes les chances de sombrer rapidement.

15

CENT CINQUANTE-CINQ

Jeff et moi avions conscience que cet amerrissage forcé aurait pu se dérouler plus mal. L'avion n'avait pas fait de tonneau en touchant l'eau. Il était intact. Le carburant ne s'était pas enflammé. Tous ces points positifs ont aidé à relâcher un peu la tension dans le cockpit. Je pense que ce constat prudent nous permettait d'imaginer que nous pourrions sauver tous ceux qui étaient à bord.

Bien sûr, l'instant n'était pas aux réjouissances. Nous étions soulagés d'avoir résolu l'un des plus gros problèmes que nous avions dû affronter dans la journée. Comment ne pas l'être ? Nous avions réussi à poser l'avion en un seul morceau et à le stabiliser. Mais nous n'étions pas encore sortis d'affaire. Cette catastrophe n'avait pas encore trouvé une issue heureuse.

L'avion ne s'était pas disloqué, mais il avait été violemment secoué au moment de l'impact, particulièrement au niveau de la queue. Je supposais que les passagers étaient indemnes. J'apprendrais plus tard que certains d'entre eux avaient perdu leurs lunettes sous la violence du choc. D'autres s'étaient cognés la tête contre les dossiers des fauteuils placés devant eux. Mais quelques-uns avaient été sévèrement blessés. Aucun cri ni aucun hurlement ne nous parvenait de la cabine. A travers la porte du cockpit, on ne percevait que le bruit de conversations étouffées. Les voyageurs devaient contempler, éberlués, par les hublots, les eaux vertes de la rivière.

Quelques secondes après que l'avion s'est arrêté, Jeff s'est occupé de la check-list d'évacuation. Cette tâche est partagée entre le commandant de bord et le copilote, mais les devoirs du commandant — parmi lesquels le serrage du frein de parc — ne sont utiles que sur terre, ou avec des moteurs en état de marche. J'ai donc décidé de ne pas perdre de temps, au vu de notre situation précaire, et de me consacrer à l'essentiel.

Jeff a passé en revue la check-list en dix à quinze secondes. Il a d'abord vérifié que l'avion était bien dépressurisé et que les interrupteurs coupe-feu du moteur et de l'APU (le groupe auxiliaire de puissance) étaient éteints.

Pendant ce temps, j'ai ouvert la porte du cockpit et j'ai crié d'une voix forte : « Evacuation ! »

Donna et Sheila, qui se trouvaient à l'entrée de la cabine, près des portes gauche et droite, attendaient mon ordre. Durant la descente, je n'avais pas eu le temps de les prévenir que nous tentions un amerrissage. Mais dès qu'elles ont pris conscience de l'endroit où nous nous trouvions, elles ont appliqué les consignes. « Mettez vos gilets de sauvetage ! Dirigez-vous par là ! »

Elles savaient comment contrôler soigneusement les sorties de secours. Leur rôle consistait à vérifier qu'il n'y avait pas le feu de l'autre côté, ni aucun fragment de métal déchiqueté. Lorsqu'une partie de l'avion était immergée, il leur était interdit d'ouvrir les portes. Par chance, la position de l'appareil indiquait clairement que les issues à l'avant se trouvaient au-dessus de la ligne de flottaison. Elles les ont donc déverrouillées. Normalement, les toboggans convertibles se gonflent automatiquement à l'ouverture des issues. Tout a fonctionné correctement du côté droit de l'appareil. Mais à gauche, il a fallu les déployer manuellement.

Mais un problème bien plus dangereux nous menaçait : l'eau glacée s'engouffrait inexorablement à l'arrière de l'appareil. Ce que nous ignorions, c'est qu'au moment de l'impact sur le fleuve, le dessous de l'arrière du fuselage s'était déchiré. Une porte du fond s'était brièvement ouverte, et comme elle n'était pas refermée complètement, l'eau pénétrait aussi dans le compartiment passagers. La queue de l'avion s'enfonçait progressivement dans l'Hudson.

Doreen, qui était postée au fond de la cabine, était sévèrement blessée : au moment de l'amerrissage, une pièce métallique qui avait transpercé le plancher depuis la soute lui avait entaillé la jambe. En dépit de l'eau qui s'engouffrait partout, elle a réussi à se frayer un chemin au milieu des poubelles, des cafetières qui flottaient dans le couloir pour guider les rescapés vers les issues de secours accessibles. Une fois installée à bord du convertible avant droit — en réalité un toboggan-radeau — un médecin et une infirmière, qui faisaient partie des passagers, lui ont posé un garrot.

Les convertibles des portes arrière étaient inutilisables, car la queue de l'appareil était totalement immergée. Il fallait donc accéder aux issues donnant sur les ailes, ce qui généralement est impossible quand un avion est dans l'eau. Un passager a tenté de pousser un de ces hublots, mais en vain. Heureusement l'un de ses compagnons, qui avait voyagé dans l'une des rangées de sortie de secours et qui avait eu la présence d'esprit de lire les instructions de sécurité après la collision avec les oiseaux, savait qu'il fallait tirer la porte vers l'intérieur. Convaincu qu'on pourrait avoir besoin de son aide, il s'était préparé.

Quand l'évacuation a commencé, il régnait dans la cabine une grande tension que tout le monde peut comprendre. Les rescapés ne cachaient pas leur anxiété. Quelques-uns, très agités, ont même sauté par-dessus les sièges, mais la majorité d'entre eux a fait preuve de discipline. C'était, comme le diront certains, « une panique contrôlée ».

Les issues situées à l'arrière étant condamnées, les gens se sont massés devant les sorties de secours à la hauteur des ailes. Donna, Sheila et moi ne cessions de leur crier de rejoindre l'avant de l'appareil, car il restait des places sur les toboggans convertibles. Personnellement, je n'ai vu personne tenter d'emporter ses bagages à main, mais il paraît que certains les ont pris avec eux, en dépit des recommandations de leurs compagnons. On m'a raconté qu'une femme, qui avait récupéré son sac et ses affaires, avait glissé, ce qui avait projeté sa valise dans la rivière. On a vu également un homme, en position précaire sur l'une des ailes, serrer contre lui son sac de voyage. Un geste bien accessoire en un moment pareil.

Certaines personnes toujours à bord n'arrivaient pas à trouver leurs gilets de sauvetage. Ces derniers, qui étaient dissimulés sous les fauteuils, n'étaient pas faciles à localiser. Quand Jeff s'est aperçu de cette situation, il a volé à leur secours. D'autres rescapés s'étaient emparés des coussins de siège, persuadés qu'il n'y avait pas de gilets pour eux.

Pendant que l'évacuation suivait son cours, j'ai réuni, avec Jeff et quelques jeunes hommes, des gilets de sauvetage, des vestes, des manteaux et des couvertures pour les distribuer aux gens qui grelottaient, debout sur les ailes ou dans les canots. Mais nous avions beau leur en donner par dizaines, ils en demandaient toujours davantage. La température de l'air était de — 6 °C, avec un ressenti de — 11 °C. L'eau dépassait à peine les 2 °C. Les passagers qui étaient agglutinés sur les ailes avaient de l'eau aux chevilles et, par la suite, certains ont fini immergés jusqu'à la taille. Au bout d'un moment, Eric Stevenson a même dû s'agenouiller pour garder l'équilibre, car au fur et à mesure que le côté droit de l'appareil s'enfonçait dans l'Hudson, l'aile gauche se soulevait inexorablement. « On se serait cru sur une patinoire », racontera-t-il plus tard.

Les hôtesses sont formées pour évacuer un avion en

quatre-vingt-dix secondes. C'est la certification exigée par la FAA. Mais il est plus difficile de procéder à cette opération par un temps glacial au milieu de l'Hudson que dans un hangar avec cent cinquante volontaires qui n'ont pas le sentiment de risquer leur vie.

La rapidité avec laquelle l'équipage a fait sortir tous les passagers de l'avion a été admirable. Et j'en suis très fier. Le dernier voyageur a quitté la cabine environ trois minutes et demie après le début de l'évacuation, et ce en dépit des portes arrière condamnées et de l'eau qui s'engouffrait progressivement à la hauteur de la queue.

Une fois l'Airbus désert, j'ai descendu l'allée centrale en criant : « Il y a quelqu'un ? Avancez vers l'avant ! »

Je suis allé jusqu'au fond, puis j'ai remonté lentement le couloir. J'ai ensuite refait l'aller et retour. Lors de ce second passage, l'arrière de l'appareil était tellement inondé que l'eau m'arrivait à la taille. J'ai dû grimper sur les fauteuils pour regagner le compartiment avant. La cabine n'avait pas trop souffert. Les coffres à bagages étaient pour la plupart fermés, à part quelques-uns au niveau des dernières rangées. Les sièges n'avaient pas bougé.

A mon retour, j'ai constaté que Sheila avait pris place dans le convertible sur le côté droit de l'avion. Ce canot était rempli au maximum de sa capacité. Les trois hôtesses avaient promptement évacué tout le monde sans encombre. Nous avions résolu le deuxième gros problème de la journée.

Il ne restait plus à bord que Jeff, Donna et moi. Alors que j'achevais ma dernière inspection, Donna m'a parlé sans ambages :

— Il est temps d'y aller ! m'a-t-elle déclaré. Il faut sortir de cet avion !

— J'arrive, lui ai-je dit.

Comme le veut la procédure, j'ai attrapé les radios balises de détresse (ELT) à l'entrée de la cabine et je les ai tendues à un passager qui se trouvait dans le canot avant gauche.

Pendant que Donna grimpait à bord de l'embarcation de survie, je suis retourné dans le poste de pilotage chercher mon manteau. J'ai pris aussi le carnet de vol et d'entretien. Et j'ai abandonné tout le reste derrière moi. J'ai signalé à Jeff qu'il devait enfiler son gilet de sauvetage. J'avais déjà le mien. Puis j'ai donné mon manteau à un homme qui grelottait dans le convertible avant gauche.

Quand Jeff est sorti, j'ai jeté un dernier coup d'œil dans le couloir. L'avion sombrait. Je savais que tous les passagers avaient réussi à évacuer. Mais j'ignorais si certains d'entre eux n'avaient pas disparu dans l'eau presque gelée. Comment décrire l'état d'esprit qui était le mien, en cet instant ? J'étais dans la peau du commandant de bord qui abandonne son aéronef. Mais j'étais trop occupé à gérer la situation — à anticiper, à prévoir, à vérifier — pour laisser libre cours à mes sentiments. Les cent cinquante-quatre personnes qui avaient quitté l'avion restaient sous ma responsabilité, même si les sauveteurs, je n'en doutais pas, allaient venir nous récupérer.

Quand je suis monté sur le convertible, des bateaux entouraient déjà l'avion. Les canots pouvaient théoriquement accueillir quarante-quatre survivants, avec une capacité maximum de cinquante-cinq. Mais nous avions beau n'être qu'une bonne trentaine dans ce canot qui flottait à gauche de l'épave, nous étions déjà très serrés. On n'entendait aucune plainte, aucun cri. Aucun pleur ni sanglot. Les gens étaient calmes, mais profondément choqués par l'expérience qu'ils venaient de vivre. Personne ne poussait, même si nous étions entassés les uns contre les autres. Chacun attendait d'être secouru, et les conversations étaient rares. Tout le monde avait froid et grelottait.

J'étais trempé après mon inspection de la cabine, mais je me souviens que le fond du radeau était sec.

Le hasard avait voulu que nous amerrissions près de la 48e Rue, juste à l'heure de pointe, au moment où les ferries entamaient leurs navettes de l'après-midi. De l'autre côté de l'Hudson, dans le New Jersey, au terminal de ferries Port Imperial / Weehawken de la New York Waterway, les capitaines des bateaux et les hommes d'équipage avaient assisté, avec horreur, à notre plongeon dans la rivière. Et ils avaient regardé avec fascination les passagers sortir sur les ailes de l'avion. Puis sans attendre le signal des autorités, ils avaient fait route vers nous de leur propre initiative. Finalement, quatorze embarcations ont fini par rejoindre l'épave de l'A320, et les équipages et les passagers qui étaient à bord ont fait le maximum pour nous secourir.

Même si les ferries ne sont pas conçus comme des bateaux de sauvetage, les matelots se sont révélés à la hauteur de la situation. Beaucoup avaient reçu une formation et suivi des entraînements pour ce type d'urgence. D'autres ont fait preuve d'une grande adaptabilité, et tous ont montré beaucoup de présence d'esprit.

Le premier ferry à arriver sur les lieux, à peine trois minutes et cinquante-cinq secondes après que l'Airbus s'était immobilisé dans l'eau, était le *Thomas Jeffferson*, commandé par le capitaine Vince Lombardi de la New York Waterway. Il a commencé par secourir les passagers de l'aile droite, et au final a réussi à en sauver cinquante-six, plus que tout autre bateau.

Le *Moira Smith* du capitaine Manuel Liba a été le deuxième à rejoindre l'épave. Il s'est d'abord approché de notre canot. « Sauvez d'abord les gens qui sont sur les ailes ! » ai-je crié aux membres d'équipage. Effectivement, tous ces survivants étaient dans une situation précaire. A bord de notre radeau, personne n'a émis la moindre protestation en voyant le ferry s'éloigner. Tous semblaient avoir saisi ce qui se jouait, et aucun n'a mis en avant des exigences personnelles. J'ai vraiment apprécié leur bonne volonté. Même ceux qui grelottaient comprenaient parfaitement que les rescapés qui tanguaient debout sur les ailes étaient prioritaires.

J'ai alors entamé un premier décompte des naufragés. Je savais que l'Airbus transportait cent cinquante passagers et cinq membres d'équipage. En additionnant les gens à bord des canots, et les autres qui attendaient sur la structure de l'épave, arrivait-on au chiffre de cent cinquante-cinq ?

J'ai demandé à mes compagnons dans le canot de compter : « Un, deux, trois, quatre… » Puis j'ai hurlé à un homme, juché sur l'aile gauche, de faire de même. Malheureusement les circonstances l'en ont empêché. En outre, les opérations de secours avaient commencé, et les gens étaient hissés peu à peu à bord des navires. De là où j'étais, je ne pouvais ni voir ni communiquer avec les rescapés qui se trouvaient de l'autre côté de l'avion. Ainsi nous n'avons jamais pu obtenir le moindre décompte quand nous étions encore au milieu de la rivière.

Notre canot était toujours attaché au flanc gauche de l'Airbus, et Jeff a exprimé son inquiétude : l'épave continuait de prendre l'eau, et si elle s'abîmait dans les profondeurs, elle risquait d'entraîner notre embarcation de fortune avec elle, et de précipiter les gens dans l'Hudson. Pendant de longues minutes, il a tenté de désolidariser le toboggan convertible de l'appareil. « Je n'y arrive pas », m'a-t-il lancé alors que l'A320 sombrait peu à peu. Chaque radeau est doté d'un tranchet, mais les événements se succédaient si rapidement, et nous étions tellement serrés à bord, que sur l'instant, personne n'a réussi à le localiser. C'est alors que j'ai pensé aux membres d'équipage des bateaux. J'ai hurlé à un passager qui se trouvait tout près d'un ferry de leur demander un couteau. On nous a lancé un canif — je me souviens que c'est une femme qui l'a attrapé —, et Jeff a enfin pu rompre le filin.

Lorsqu'ils ont été interrogés plus tard, certains rescapés ont déclaré que les secours avaient mis au moins quinze minutes pour arriver. En réalité, le premier ferry s'est présenté sur zone moins de quatre minutes après l'impact. A la suite d'un tel traumatisme, une station debout prolongée dans l'eau glacée peut, je pense, altérer la notion de temps. De nombreux passagers juchés sur les ailes ont continué de trembler pendant de longues minutes, même une fois à bord des ferries. Pour réduire les risques d'hypothermie, il fallait que les opérations de sauvetage se déroulent rapidement.

Un homme avait sauté dans le fleuve pour essayer de nager en direction de New York jusqu'au rivage. Mais brusquement, conscient qu'il ne pourrait pas survivre longtemps dans une eau à 2 °C, il a fait demi-tour et est revenu vers l'avion. Des gens l'ont hissé, grelottant, à bord de notre canot. Il tremblait de tous ses membres. « Monsieur, vous devez absolument ôter ces vêtements, sans perdre une minute », lui a dit Derek Alter, un copilote de la Colgan Air qui faisait partie des passagers. Derek a enlevé sa chemise d'uniforme et l'a donnée au malheureux avant de passer son bras autour de ses épaules pour le réchauffer. (Derek expliquera qu'il avait appris tous ces gestes grâce à ses années de scoutisme.)

Le troisième bateau qui est arrivé sur les lieux était le *Yogi Berna*, un ferry de la Waterway, commandé par Vincent LuCante. Il a secouru vingt-quatre personnes.

A un moment, une femme juchée sur une aile est tombée à l'eau, manquant d'entraîner avec elle deux naufragés qui essayaient de lui venir en aide. Quand ce fut son tour de grimper à l'échelle de corde, elle était incapable de bouger les jambes, et elle a de nouveau chuté dans le fleuve avant d'être secourue. D'autres glissaient en s'agrippant aux filets. C'était une scène très pénible à voir. Puis il y a eu un déferlement d'émotions. Une fois montés à bord des ferries, certains passagers se sont jetés dans les bras des matelots.

Brittany Catanzaro, qui était âgée d'à peine dix-neuf ans, commandait le *Gouvernor Thomas H. Kean* qui fait habituellement la navette entre Weehawken et Hoboken, dans le New Jersey, et Manhattan. Son bateau, qui naviguait dans le sens opposé sur l'Hudson au moment de notre amerrissage, avait rapidement fait demi-tour et avait mis le cap vers le lieu de l'accident. Il a été le quatrième navire à arriver sur zone. Ses hommes ont évacué vingt-six passagers qui attendaient sur les ailes. Les bateaux devaient manœuvrer avec précaution et surtout ralentir quand ils arrivaient à la hauteur des ailes de l'avion. Le sillage qu'ils provoquaient risquait de projeter les gens dans l'eau. Et ils devaient redoubler de vigilance en approchant de l'avion qui tanguait au beau milieu du fleuve, là où le courant était le plus fort.

Soudain, on a aperçu un hélicoptère de la police new-yorkaise qui hélitreuillait un plongeur à quelques mètres de nous. Le souffle des pales, extrêmement puissant, projetait des éclaboussures sur nos visages. Un mélange d'eau glacée et de vent froid. Ce sauveteur a récupéré l'un des passagers qui nageait à la hauteur des ailes.

Les équipages ont déployé des *Jason's Cradles*, ces échelles en forme de hamac, utilisées pour le sauvetage en mer et dotées de sangles en tissu, qui s'enroulent autour des naufragés. Et ils ont commencé à monter les rescapés à bord. Puis est survenu un autre danger : à un moment, la poupe d'un ferry s'est rapprochée dangereusement d'un des canots, et il a été obligé de s'écarter et de se repositionner. Une femme âgée qui n'avait pas la force de grimper fut littéralement hissée sur le pont avec un *Jason Cradle* tiré par des poulies.

Quand l'*Athena*, un ferry de Block Island, appartenant à la Waterway et commandé par Carlisle Lucas, est arrivé, j'ai hurlé : « Les blessés, les femmes et les enfants d'abord ! » Mes compagnons ont fait passer le message aux membres d'équipage. Tout le monde était sur la même longueur d'onde.

De ma part, il ne s'agissait pas simplement d'un geste chevaleresque. Les femmes et surtout les enfants ayant un poids inférieur à celui des hommes, ils étaient donc plus menacés d'hypothermie. Ils perdaient également des forces plus rapidement.

En réalité, sur le plan logistique, l'évacuation prioritaire des femmes et des enfants s'est révélée plus compliquée qu'on aurait pu le penser. Comme on pouvait à peine bouger à l'intérieur du canot surchargé, les sauveteurs ont d'abord secouru les gens qui se trouvaient à son extrémité, plus près des ferries.

Malgré la tension qui régnait au milieu du fleuve, l'organisation des secours témoignait d'une grande efficacité. J'en ai été impressionné. J'ai assisté également à des gestes d'humanité et je n'ai constaté autour de moi que bonne volonté et coopération. Cela m'a beaucoup touché de voir des membres d'équipage ôter leurs chemises, leurs manteaux et leurs sweat-shirts pour réchauffer les passagers.

Enfant, j'avais été bouleversé par l'histoire de Kitty Genovese, et par l'indifférence des habitants de son immeuble. Ce 15 janvier, je n'ai rencontré que des gens emplis de compassion et de courage — et dotés d'un vrai sens du devoir. On avait l'impression que la ville de New York et le New Jersey se précipitaient vers nous pour nous réconforter.

Pendant que l'Airbus sombrait au beau milieu de l'Hudson, à Long Island, Patrick Harten, qui avait pris en charge notre vol, avait été suspendu et on l'avait invité à rejoindre le bureau du syndicat qui se trouvait dans le même bâtiment. Il savait, ainsi que ses supérieurs, qu'il ne pourrait pas achever son service de la journée. Après une catastrophe aérienne majeure, les contrôleurs aériens sont automatiquement écartés le temps de l'enquête.

Patrick était bouleversé, et on le comprend. Il était persuadé que l'avion s'était écrasé et qu'il n'y avait aucun survivant.

« Je n'ai jamais été aussi abattu de toute ma vie, m'avouera-t-il quelque temps plus tard. Je me demandais ce que j'aurais pu faire d'autre. Ce que j'aurais pu vous dire de différent. »

Il mourait d'envie de parler à sa femme, mais il avait peur

de s'effondrer devant elle. Alors il lui a envoyé un texto : « Il y a eu un accident. Ça ne va pas. Je ne peux pas te parler maintenant. » Elle a aussitôt pensé qu'il avait eu un grave accrochage en voiture. « En fait, j'avais l'impression d'avoir été renversé par un autobus, dira-t-il. J'étais en état de choc, en proie à une totale incrédulité. »

Patrick s'est retiré dans un bureau avec un représentant syndical qui l'a aidé à raconter le déroulé des événements. Et comme il n'y avait pas de poste de télévision dans la pièce, il n'a pas vu les reportages que les chaînes diffusaient en direct. En effet, son délégué estimait que, au vu de la catastrophe probable, il n'avait pas besoin de visualiser ce genre d'images en ce moment.

Patrick ne cessait de se remémorer ses communications avec moi, croyant qu'il avait été la dernière personne à me parler. Il se souvenait de la détresse qu'il avait perçue chez les pilotes qu'il avait aidés dans le passé dans des situations d'urgence. Il lui semblait qu'il y avait « comme un frisson dans leur voix ». Il se rappela la mienne, et comment elle lui avait semblé « étrangement calme ».

Il ne savait pas encore à quoi je ressemblais, et il ne connaissait rien de moi. L'espace de quelques minutes, nous avions partagé des moments d'une rare intensité. Il pensait que j'étais mort.

On lui a demandé de ne pas quitter le bâtiment : il devait subir une analyse d'urine, et un alcootest. Tous les contrôleurs et les pilotes impliqués dans un accident aérien doivent s'y soumettre. Cette procédure fait partie de l'enquête.

Patrick est resté enfermé dans le local avec son délégué syndical pendant un temps qui lui a paru infini. Et c'est là qu'un de ses amis a passé la tête par la porte du bureau et lui a dit : « On dirait qu'ils ont tous survécu. Ils sont sur les ailes de l'avion. »

Patrick m'avouera ultérieurement que son soulagement à ce moment-là était impossible à décrire.

*
* *

Je me souviens de l'un des passagers, qui était assis près de Jeff et moi, dans le canot de sauvetage. Comme beaucoup de rescapés, il était épuisé et sous l'emprise de vives émotions. Mais il voulait que je sache à quel point il était heureux de ce que nous avions tenté pour poser l'avion.

Il m'a pris le bras.

— Merci, m'a-t-il murmuré.

— De rien, ai-je répondu.

C'était un échange très simple entre deux hommes qui venaient de vivre une des expériences les plus extraordinaires de leur vie, mais je peux vous dire que cela lui tenait à cœur. Et pour moi, ces mots avaient une grande importance. Ainsi que pour Jeff et Donna qui étaient à côté de nous.

De prime abord, le vent glacial n'avait pas particulièrement paru nuisible, mais beaucoup d'entre nous étaient dans un sale état au moment d'être hissés à bord de l'*Athena*. La plupart des gens grelottaient de la tête aux pieds.

Je me suis assuré que j'étais la dernière personne à quitter le canot, de la même façon que j'avais mis un point d'honneur à rester dans l'avion jusqu'à la fin de l'évacuation.

Il n'existe aucune réglementation, à ma connaissance, obligeant un commandant de bord à respecter un tel principe en cas d'urgence. Je connaissais bien sûr la tradition maritime, mais ce n'est pas pour m'y conformer que j'ai fait ce choix. Il me paraissait évident d'attendre que tous les voyageurs placés sous ma responsabilité et ma protection soient secourus avant d'envisager mon propre salut.

Tout bien considéré, les opérations de sauvetage ont été plutôt rapides. Le pont du ferry se trouvait à trois mètres au-dessus du niveau de l'eau, et certains rescapés ont eu du mal à y monter. Quand est venu mon tour d'escalader l'échelle, j'étais tellement transi que je ne pouvais plus me servir de mes mains. Alors j'ai coincé mes avant-bras dans les barreaux. J'étais incapable d'attraper quoi que ce soit avec mes doigts.

Debout derrière le bastingage, aux côtés de Jeff et de dix-sept autres survivants du vol 1549, je me suis retourné pour regarder l'A320. Il continuait de s'enfoncer lentement dans l'Hudson, en dérivant plein sud vers la statue de la Liberté, entouré d'un sillage de débris et de flaques de kérosène.

J'ai réalisé que mon portable était toujours accroché à ma ceinture. Mon pantalon était trempé, mais le téléphone n'avait pas souffert et il fonctionnait. Je pouvais enfin appeler Lorrie.

A la maison, nous avons deux lignes fixes, et Lorrie, bien entendu, possède un mobile, mais je n'ai pas réussi à la contacter. En fait, elle était en grande conversation téléphonique avec l'une de ses associées. Quand mon numéro s'est affiché sur l'écran de son portable, elle a d'abord décidé d'ignorer mon appel.

Cependant, au bout de plusieurs sonneries insistantes, elle s'est ravisée : « Sully essaie de me joindre à tout prix, a-t-elle dit à son interlocutrice. Voyons ce qu'il veut. »

Elle a pris le double appel.

— Bonjour.

Quand j'ai entendu sa voix, j'ai pris soin d'abord de la rassurer, car je ne savais pas de quoi elle était au courant :

— Je voulais te prévenir que j'allais bien.

Elle s'est figurée dans un premier temps que je l'appelais pour l'informer que je serais comme prévu le soir même à San Francisco.

— C'est parfait, m'a-t-elle répondu.

Dans son esprit, j'avais déjà atterri à Charlotte avec le vol 1549. J'ai estimé qu'elle méritait une explication.

— Non, ai-je insisté. Il y a eu un accident.

Elle ne saisissait toujours pas. Elle n'avait pas allumé la télévision, et par conséquent, elle n'avait vu aucun des reportages qui tournaient en boucle sur les chaînes nationales. Elle s'imaginait que je tentais de lui expliquer que mon vol était retardé et que je ne rentrerais peut-être pas cette nuit à la maison.

J'ai donc choisi la méthode directe, en lui listant les points les plus importants.

— Nous avons percuté des oiseaux. J'ai perdu la poussée sur les deux moteurs. J'ai amerri sur l'Hudson.

Cela faisait beaucoup de nouvelles à digérer d'un seul coup. Elle est restée un instant silencieuse, puis :

— Tu vas bien ? s'est-elle écriée.

— Oui.

— Bien, bien ? a-t-elle insisté. (De toute évidence, j'étais en vie. Elle employait le mot dans un sens plus général.)

— Oui. Mais je ne peux pas te parler maintenant. On se dirige vers le quai. Je te rappellerai de là-bas.

J'étais très ému d'entendre sa voix ; et je regrettais de ne pas posséder son talent pour réconforter les autres. Mais j'avais tellement de choses à lui dire et si peu de temps devant moi. Je tenais également à ce que les filles soient rassurées sur mon état de santé. Jusqu'à mon retour, elles n'auraient que la télévision pour s'informer. Mais au moins, j'avais pris un premier contact.

Après avoir raccroché, Lorrie s'est allongée sur notre lit. Elle n'a pas pleuré, mais elle tremblait de tous ses membres. Elle avait reçu un choc. Elle a téléphoné à l'une de ses meilleures amies :

— Sully vient de s'écraser en avion, et je ne sais pas quoi faire.

— Va chercher les filles, lui a conseillé sa copine.

Alors elle est allée récupérer Kate et Kelly à l'école et les a ramenées à la maison.

Pendant que le ferry faisait route vers le rivage, j'ai commencé à lister mentalement les tâches qu'il me restait à effectuer. L'US Airways avait été informée de l'accident par le contrôle aérien, mais il fallait que de mon côté j'explique aussi la situation à la compagnie.

Chaque vol est supervisé par un régulateur qui en assure la préparation et l'exécution. Ces dispatchers travaillent à partir d'ordinateurs au Centre de Contrôle des Opérations de l'US Airways basé à Pittsburgh ; ils gèrent tous plusieurs avions en même temps.

J'ai contacté Bob Haney qui était ce jour-là de service au bureau des opérations aériennes de l'US Airways, et après quelques sonneries, il a décroché :

— Ici Bob, a-t-il lancé.

Son élocution était hachée, presque véhémente.

— Ici le commandant Sullenberger.

— Je ne peux pas vous parler maintenant, a-t-il coupé. On a un avion dans l'Hudson !

— Je sais. C'est moi le responsable.

Il est resté un moment sans voix, incapable de croire que le pilote de l'appareil qui gisait dans l'Hudson — une scène qu'il regardait en cet instant à la télévision — lui parlait au téléphone. Compte tenu de la gravité de la situation, nous avons aussitôt évoqué les problèmes à régler. Mais en repensant un peu plus tard à la façon dont il avait tenté de m'interrompre au début de notre conversation pour m'annoncer la nouvelle, je n'ai pu m'empêcher de sourire : « On a un avion dans l'Hudson. » Oui, j'étais au courant.

Une fois arrivé au quai 79 à Manhattan, l'*Athena* a laissé descendre les rescapés avant de retourner sur les lieux de l'accident pour s'assurer qu'il n'avait oublié personne. A 18 h 15, il reprenait ses navettes entre les deux rives de l'Hudson, ses sièges encore trempés par les survivants du vol 1549.

A peine avais-je posé le pied sur la jetée, près du terminal des ferries, que Dan Britt, notre représentant syndical à LaGuardia et commandant de bord à l'US Airways, m'a rejoint. Il avait vu les reportages à la télévision alors qu'il était chez lui à New York, avait enfilé son uniforme et s'était empressé de venir nous offrir son assistance.

Ma priorité était d'obtenir des réponses à certaines questions et les dernières nouvelles. Nous avons aussitôt passé plusieurs coups de fil pour vérifier que tous les blessés étaient bien pris en charge. Puis je me suis approché de Doreen qui, allongée sur un brancard, recevait les premiers soins. C'était la plus gravement touchée : elle souffrait d'une profonde entaille à la jambe et resterait hospitalisée plusieurs jours. J'ai ensuite réuni le reste de l'équipage, avec Susan O'Donnell, copilote chez American Airlines et Derek Alter de la Colgan Air, l'homme qui avait donné sa chemise à un survivant sur le canot. Tous deux voyageaient à bord du vol 1549.

Comme on avait emmené une partie des rescapés côté New Jersey et les autres à New York, il était difficile de savoir combien de personnes avaient été secourues. Je cherchais désespérément à en faire le décompte, mais à cette heure, impossible d'avoir une confirmation. Les autorités ne cessaient de me réclamer le manifeste passagers. Mais les équipages n'en recevaient pas sur les vols intérieurs. L'US Airways mettrait un certain temps à en réaliser une grâce à la liste des réservations.

Le quai grouillait de policiers, et un haut gradé est venu m'avertir que le maire de New York, Michael Bloomberg, et le directeur du NYPD, Raymond Kelly, souhaitaient que je les rejoigne sur un autre site. J'ai décliné l'invitation : « J'ai des responsabilités à assumer ici », ai-je répondu. Les deux hommes se sont finalement déplacés jusqu'au terminal. Ils voulaient me poser quelques questions, mais j'étais tellement inquiet à propos des passagers que je n'ai pas discuté longtemps avec eux. Je me suis contenté de leur donner brièvement les dernières nouvelles. « J'ai veillé à ce que tout le monde soit évacué, leur ai-je expliqué. Nous essayons de vérifier qu'ils ont tous bien été comptabilisés. »

Il s'en est suivi une longue discussion pour savoir où l'on

devait nous emmener, moi et l'équipage. Finalement, on nous a transportés à l'hôpital pour vérifier nos fonctions vitales. En route, je n'arrêtais pas de demander : « Quel est le total ? »

Lorsque enfin, après une longue série d'examens au service des urgences, on nous a rassurés sur notre état de santé, nous avons attendu… attendu une confirmation, des informations, attendu qu'on nous dise où aller. Il n'y avait pas assez de chaises dans la salle de consultation mais, de toute façon, je n'avais aucun désir de m'asseoir. Les minutes s'écoulaient, et c'était très éprouvant. J'étais là, debout, les pieds mouillés, dans mon uniforme trempé — ce n'est qu'à minuit que j'ai pu enfiler des vêtements chauds —, à patienter sans rien faire, sans connaître l'issue de cette journée.

Au cours des deux heures suivantes, trois nouveaux docteurs sont entrés dans la pièce où nous nous trouvions. Manifestement, ce n'était pas pour des raisons médicales. Je pense qu'ils étaient tout simplement curieux : on ne parlait que de nous à la télévision, et ils avaient envie de voir à quoi nous ressemblions.

A un moment donné, un médecin âgé d'une quarantaine d'années s'est approché de moi, et m'a regardé droit dans les yeux. Il essayait clairement de me sonder, de comprendre comment je fonctionnais. Il est resté silencieux l'espace d'une vingtaine de secondes, puis il a lâché : « Vous êtes tellement calme. C'est incroyable. »

Il se trompait. Je n'étais pas calme du tout. J'étais comme engourdi et totalement perturbé. Je ne me détendrais que lorsqu'on me confirmerait que le total était bien de cent cinquante-cinq.

Finalement, à 17 h 40, plus de quatre heures après notre amerrissage forcé dans l'Hudson, le commandant Arnie Gentile, un de nos délégués syndicaux, est entré et m'a enfin annoncé ce que je rêvais d'entendre : « C'est officiel », a-t-il ajouté.

Je n'ai jamais été aussi soulagé de toute ma vie. C'était comme si on venait de m'enlever le poids du monde qui pesait sur mon cœur. J'ai sans doute poussé un grand soupir. Je ne crois pas avoir souri. J'étais trop vidé pour me réjouir ostensiblement.

Cette journée avait été la plus atroce de mon existence, mais elle se terminait incroyablement bien. Nous n'avions pas sauvé l'Airbus A320. Il n'était plus qu'une épave. Mais les passagers, eux, rentreraient dans leurs familles. Tous.

16

HISTOIRES ENTENDUES, VIES TOUCHÉES

J'y suis habitué désormais.

J'ouvre une lettre, et cinq billets de un dollar tombent de l'enveloppe : « Monsieur Sullenberger, bravo ! J'aimerais vous payer une bière, mais une bière locale bon marché. »

Je reçois un fax : « Dans ce monde de fous, il est agréable de savoir que la chance sourit aux esprits avertis. Excellent travail, commandant ! »

Et voici un message orné d'un Snoopy figé dans une pose euphorique. Avec ces mots pour légende : « Oh ! la belle journée ! » La femme qui m'écrit est originaire du New Jersey.

> *Sur la côte Est, nous restons traumatisés par le 11-Septembre. Tous les habitants de ces trois Etats ont perdu un membre de leur famille, un ami, un voisin, un collègue de travail. Votre plongeon dans la rivière nous a transportés de joie, et nous a rendu notre sérénité et notre enthousiasme !*

Depuis le vol 1549, on m'a envoyé des milliers de petits mots comme ceux-là. Plus de dix mille personnes ont posté des mails sur le site de ma société de conseil. Et près de cinq mille m'ont contacté sur mon adresse personnelle. Je ne connais pas grand-chose à Facebook, mais d'après mes filles, j'aurais quelque chose comme six cent trente-cinq mille fans.

J'ai reçu des messages en provenance de tous les continents, à l'exception de l'Antarctique. Et je ne peux plus me rendre dans un supermarché ou dans un restaurant sans que des gens viennent me remercier tout en respectant mon intimité.

Certains de mes correspondants avaient un proche ou un ami à bord du vol 1549, mais la majorité d'entre eux a simplement été touchée par la tragédie que nous avons affrontée ; et ils éprouvent le besoin d'entrer en contact avec moi et ma famille. Beaucoup m'expliquent que l'accident les a poussés à réfléchir aux moments clés de leur vie ou aux gens qui ont compté pour eux. D'autres avouent qu'ils reconsidèrent les rêves qu'ils ont pour leurs enfants. Les deuils qu'ils ont connus — et qu'ils tentent toujours de surmonter — les font de nouveau souffrir.

Les gens me livrent leurs réflexions, sans doute parce qu'à mon insu j'incarne désormais un événement exaltant qui a trouvé un écho dans le pays. Je les écoute, je m'intéresse à leur histoire. Cela fait partie de mon nouveau travail.

Au fil des mois, leur reconnaissance est devenue pour moi comme un cadeau. Et refuser la gentillesse de tous ces inconnus serait un affront. Même si au départ cette situation m'a embarrassé, j'ai fait le choix d'accepter de bonne grâce leurs remerciements. Cependant — je l'ai compris — ces preuves d'estime dépassent largement ma personne.

Le destin m'a donné un rôle à jouer, et il en sortira peut-être quelque chose de positif.

Jamais je n'avais connu ce statut. Jusque-là, je vivais dans l'anonymat. J'étais fier de ma femme, fier de mes filles, mais je menais une vie familiale tranquille. Mon métier se déroulait dans l'ombre, derrière la porte fermée d'un cockpit.

Aujourd'hui, on me reconnaît partout, et les gens

m'abordent, les larmes aux yeux. Ils ne savent pas trop pourquoi ils pleurent. La surprise de me rencontrer et la signification que revêt pour eux cet accident les submergent littéralement. Face à autant de gratitude, mon premier réflexe est de me dire que je ne mérite ni cette attention ni ces remerciements excessifs. J'ai un peu l'impression d'être un imposteur. Néanmoins, je ressens l'obligation de ne pas décevoir toutes ces personnes. Je ne veux ni minimiser leurs sentiments ni avoir l'air de les leur reprocher.

Ce costume de héros me met un peu mal à l'aise. Comme Lorrie aime à le dire, un héros est quelqu'un qui risque sa vie en se précipitant dans un immeuble en flammes. L'histoire du vol 1549 est foncièrement différente, la situation nous a été imposée à l'équipage et à moi. Nous avons agi au mieux, nous nous sommes appuyés sur notre formation, nous avons pris les bonnes décisions sans jamais relâcher nos efforts, nous avons privilégié les passagers — et l'issue en a été heureuse. J'ignore si le mot « héroïque » convient dans ce cas précis. Je parlerais plutôt d'une philosophie de vie que nous avons mise en application tout au long de cette journée, et à de nombreuses occasions avant cet accident.

Et il me semble que c'est surtout à cette éthique que les gens sont sensibles.

L'histoire du vol 1549 est également intervenue à un moment précis, un moment où les Américains étaient particulièrement déprimés. C'est pour cette raison, je crois, qu'elle a déclenché autant d'enthousiasme.

Le 15 janvier 2009, nous connaissions une période de transition. Un nouveau président était sur le point de s'installer à la Maison-Blanche, et si certains accueillaient ce changement avec espoir, d'autres nourrissaient de grandes inquiétudes. Nous vivions des temps incertains ; le pays affrontait deux guerres, et nous étions en pleine crise économique mondiale.

Les gens étaient perdus et effrayés. Ils s'interrogeaient

sur l'avenir de notre société. Faisait-elle fausse route ? Quelques-uns allaient même jusqu'à remettre en cause nos capacités.

L'histoire du vol 1549 tranchait avec les autres informations délivrées par les médias : il s'agissait d'une bonne nouvelle. L'avion avait amerri sans encombre. Les sauveteurs et les rescapés s'étaient entraidés. Tout le monde avait survécu.

L'incident avait connu un dénouement heureux (sauf bien entendu pour le propriétaire et les assureurs de l'Airbus A320 qui évidemment se réjouissaient nettement moins).

Pour les Américains, qui avaient suivi en direct les reportages à la télévision, l'événement était extraordinaire. Il leur permettait de se rassurer sur les idéaux qui ont forgé notre pays. Même si ces derniers ne semblaient pas toujours évidents, ils n'avaient pas disparu.

Les gens se sont mis de nouveau à croire en eux, en leur nation et en ses valeurs.

Grâce à tous ceux que j'ai rencontrés depuis, j'ai appris à mieux comprendre la vie et mes compatriotes. Ils se disent touchés par mon histoire, mais je suis encore plus touché par la leur.

Quand le vol 1549 a plongé dans l'Hudson, le vieil Herman Bomze, âgé de quatre-vingt-quatre ans, regardait les opérations de sauvetage du trentième étage de son appartement de Manhattan qui surplombe la rivière. En voyant les passagers se précipiter sur les ailes et dans les canots, cet ancien ingénieur civil et naval à la retraite avait été saisi d'une grande émotion. Il craignait que certains soient restés à bord de l'avion et que les ferries n'aient pas le temps de récupérer tout le monde. Il avait téléphoné à sa fille, Bracha Nechama, et lui avait laissé un message sur son répondeur, dans lequel il lui expliquait à quel point il était bouleversé. Peu après, elle m'a adressé une lettre pour me raconter l'histoire de son père.

En 1939, à quinze ans, Herman vivait à Vienne avec sa sœur et ses parents qui tentaient désespérément de quitter l'Autriche. Comme de nombreux Juifs, leur appartement avait été pillé par les nazis. Ils avaient entendu parler des déportations et des meurtres de masse.

Les Bomze souhaitaient rejoindre en Amérique des membres de leur famille qui étaient prêts à s'occuper des formalités administratives et à leur servir de garants. A l'époque, les Etats-Unis imposaient des quotas stricts à l'immigration européenne. Lorsque les Bomze s'étaient rendus à l'ambassade américaine à Vienne, on les avait avertis qu'ils n'auraient droit qu'à trois visas — un pour Herman, un pour sa mère et un pour sa sœur. Le père, qui avait un passeport polonais (la politique des quotas était différente pour les Polonais), n'était pas autorisé à entrer sur le territoire américain.

— S'il vous plaît, avait supplié la mère de Herman. Faites que notre famille ne soit pas séparée.

— Vous pouvez rester ensemble si vous le voulez, lui avait répondu l'employé de l'ambassade. Soit en demeurant en Autriche. Soit en partant tous les trois. C'est à vous de choisir.

La famille avait pris une décision. Herman, sa sœur et leur mère s'éloigneraient du danger en s'enfuyant aux Etats-Unis, laissant M. Bomze en Autriche. Tous trois étaient arrivés en août 1939, et peu après, le père de Herman avait été déporté au camp de Buchenwald où il avait été assassiné en février 1940.

Soixante-dix ans plus tard, les opérations de sauvetage du vol 1549 avaient réveillé chez Herman ces souvenirs douloureux. Ce qui l'avait poussé à appeler sa fille, Bracha. Puis après avoir réfléchi aux liens qu'elle devinait entre son père et moi, Bracha m'avait écrit.

Dans sa lettre, elle m'indiquait à quel point il avait un grand respect de la vie humaine, un respect forgé à travers la tragédie de l'Holocauste. Son père, disait-elle aussi, avait eu de la chance que l'avion ne se soit pas écrasé sur la ville de Manhattan. « Heureusement que vous aimez la vie et que vous êtes un pilote remarquable, m'écrivait-elle, sinon il aurait sans doute péri, comme tant d'autres, avec vos passagers. Mon père qui a survécu à l'Holocauste m'a appris que sauver un homme, c'est sauver l'humanité. »

Elle m'expliquait que selon l'enseignement du judaïsme, en sauvant une personne, on ne savait jamais ce qu'elle allait accomplir ou comment sa progéniture aiderait à guérir le monde… « Puissiez-vous connaître la joie d'avoir sauvé des générations en leur donnant la possibilité de se montrer aussi humanistes que vous, poursuivait Bracha. Que Dieu vous bénisse, commandant Sullenberger ».

Cette lettre ne cesse de me bouleverser. Elle est pour moi une grande source d'inspiration. Et je suis très honoré que Bracha considère mon amerrissage sur l'Hudson comme le signe d'un « puissant attachement à la vie ». Elle a raison : j'ignore à ce jour le bien que feront autour d'eux les cent cinquante-quatre personnes qui étaient à bord du vol 1549. Comment pourrais-je imaginer les contributions que leurs enfants, petits-enfants et arrière-petits-enfants à naître apporteront au monde ?

Certains m'ont écrit pour me dire qu'ils étaient de mon avis : je ne suis pas un héros. J'ai apprécié le ton de leurs lettres. Ils m'y démontraient que la préparation et la vigilance ne sont pas de l'héroïsme.

« J'ai remarqué que, dans vos interviews, vous n'aimez pas qu'on vous considère comme un héros. Ainsi commençait Paul Kellen, originaire de Medford dans le Massachusetts. Je trouve également ce terme inapproprié. A mes yeux, est héroïque celui ou celle qui choisit d'affronter un péril pour une raison impérieuse. Vous, vous n'avez pas eu d'autres op ions. Loin de moi l'idée de nier vos mérites, mais je pense qu'ils découlent de choix de vie antérieurs. Vous prenez vos responsabilités professionnelles au sérieux, c'est une évidence. Mais il est tout aussi évident que c'est votre philosophie de vie qui vous a préparé à affronter l'instant où vos deux moteurs vous ont lâché.

Certains d'entre nous possèdent une éthique, le sens des responsabilités et une grande détermination. Ils sont nombreux. Peut-être auriez-vous œuvré dans l'ombre s'il n'y avait pas eu cette collision malencontreuse avec des oiseaux.

J'espère que votre histoire aidera tous ceux qui travaillent aussi dans l'ombre à comprendre qu'ils seront un jour récompensés — lorsque le problème se présentera, ils seront prêts. Je ne veux pas avoir l'air de sous-estimer l'acte que vous avez accompli. Je tiens simplement à faire observer que vous avez su répondre à la situation grâce à la qualité de votre préparation. J'espère que d'autres vous imiteront. »

J'ai été contacté par des dizaines et des dizaines de gens qui ont perdu un être cher dans un accident, ou qui faisaient partie des survivants. Certaines de ces tragédies étaient des crashs aériens.

Tous ces inconnus me racontaient comment ils avaient trouvé le courage de reprendre l'avion. C'était souvent en partie parce qu'ils avaient décidé de faire confiance aux professionnels qui se trouvaient dans le cockpit.

C'est le cas de Karen Kaiser Clark qui habite Saint Paul dans le Minnesota. Elle m'a écrit pour me parler du vol 191 de la Delta Air Lines qui s'est écrasé le 2 août 1985 à Dallas, « en emportant cent trente-neuf êtres humains qui avaient une famille, un cercle d'amis et une place dans le monde que personne ne pourra combler. L'accident résultait d'un phénomène de cisaillement de vent, et ma mère, Kate, faisait partie des sept dernières personnes identifiées. Ses quinze amis ont également trouvé la mort. Cinq mois auparavant, nous avions arrêté l'assistance respiratoire qui maintenait mon père en vie. C'était la première fois depuis qu'elle était veuve que maman s'offrait un voyage. »

Kate avait réussi à achever son travail de deuil et s'était réconciliée avec l'existence. « Après les funérailles de ma mère en Floride, écrivait-elle, nous avons pris un vol pour Toledo dans l'Ohio afin de disperser les cendres de mes parents. Mais nous avons été pris dans de violentes turbulences. Nous étions tous terrifiés, mais je me suis juré en cet instant que si l'appareil parvenait à se poser, je m'efforcerais, premièrement, de traverser cette période difficile sans tomber dans l'amertume et, deuxièmement, de continuer à prendre l'avion, car je donne des conférences dans le monde entier. »

Bart Simon, qui gère une société de produits capillaires à Cleveland, m'a raconté qu'il se trouvait sur le vol 405 de l'USAir qui avait tenté de décoller de l'aéroport de LaGuardia durant la nuit du 22 mars 1992 avant de s'écraser dans la Flushing Bay. « Je fais partie des chanceux qui s'en sont sortis avec une simple entaille du cuir chevelu », m'a écrit Bart. Vingt-sept personnes avaient trouvé la mort dans l'accident, et neuf des vingt-trois survivants avaient été gravement blessés. Selon le NTSB, l'accident avait été provoqué par une accumulation de glace sur les ailes, des manquements dans les procédures de la FAA et de l'industrie aérienne en matière de givrage et de gestion des retards. Le commandant de bord avait également décollé trop tôt, sans vérifier si la voilure avait été correctement déglacée.

« J'avais réussi à oublier cette catastrophe, et à reprendre le cours normal de ma vie, me disait Bart, mais votre amerrissage le mois dernier et les points communs entre nos deux vols — l'US Airways, LaGuardia, la mer — a fait resurgir ces souvenirs. » Il me confiait qu'après avoir vu mon équipage à la télévision, il avait eu le sentiment que nous incarnions le rêve de chaque passager — des professionnels « calmes, sereins et surtout maîtres de n'importe quelle situation ».

Bart m'écrivait pour me remercier « de la part des millions des gens dont je fais partie qui confient leur vie, jour après jour, à vous et vos collègues pilotes ».

Peu de temps après le crash, ce même matin de 1992, il avait pris place à bord d'un avion qui décollait de LaGuardia à destination de Cleveland. « Quand l'appareil s'est élancé sur la piste, on a aperçu l'épave carbonisée du vol 405 dans la Flushing Bay. Mais je suis parti l'esprit tranquille, car je savais que l'homme qui était aux commandes était un grand professionnel et que quelques heures plus tard, je serais de retour chez moi. »

Nous, les pilotes, avons parfois le sentiment que les passagers n'ont pas conscience de notre présence. Ils passent à toute allure devant le cockpit, et semblent pressés de déposer leurs affaires dans les coffres à bagages. Mais à la suite du vol 1549, les témoignages de Karen Kaiser Clark, de Bart Simon et de tant d'autres m'ont réconforté. La confiance qu'ils placent en nous est très émouvante.

Theresa Hunsicker, qui dirige une crèche en Louisiane, a découvert l'histoire du vol 1549 sur la chaîne Fox News. Cette femme âgée de quarante-trois ans et mère d'une petite fille de neuf ans m'a écrit après m'avoir vu dans l'émission *60 minutes*. Mon interview, dit-elle, l'a bouleversée.

« Je m'appelle Theresa Hunsicker et je suis la fille de Richard Hazen qui était le copilote du ValuJet 592. Son avion s'est écrasé dans les Everglades en Floride, le 11 mai 1996 avec cent dix personnes à bord. » Ainsi commençait sa lettre.

Le vol 592 avait décollé de l'aéroport international de Miami à destination d'Atlanta. Six minutes après le décollage, la femme commandant de bord, Candalyn Kubeck, et son copilote, Hazen, avaient signalé un incendie en cabine, et de la fumée dans le cockpit. Sur la boîte noire, on entend une voix de femme hurler : « Au feu ! Au feu ! Au feu ! »

Le copilote Hazen avait immédiatement contacté la tour de contrôle pour demander l'autorisation de retourner à l'aéroport. Quelques minutes plus tard, l'avion s'écrasait dans les Everglades à plus de huit cents kilomètres à l'heure, se désintégrant sous l'impact.

L'enquête a révélé que l'appareil transportait dans ses soutes des générateurs d'oxygène prétendument vides qui n'avaient pas été scellés comme le veulent les procédures de sécurité. En se déclenchant, ils avaient, de toute évidence, provoqué ou alimenté l'incendie. Depuis ce drame, la FAA a imposé des détecteurs de fumée et des systèmes d'extinction dans les soutes, et la législation, concernant le transport de produits dangereux, a été modifiée.

Dans sa lettre, Theresa m'écrivait qu'elle avait pleuré devant les reportages sur le vol 1549. Elle avait tellement rêvé que le vol de son père connaisse un dénouement aussi heureux — un amerrissage sans encombre. Et qu'avec les cent neuf autres passagers de ce DC-9-32, il ait pu se réfugier sur les ailes de l'avion ou à bord d'un canot dans les eaux marécageuses des Everglades.

« Je me suis demandé durant des années quelles ont été ses dernières minutes, écrivait Theresa. J'avais fini par penser qu'il était mort de peur, et accablé à l'idée de ne jamais revoir sa famille. J'étais bouleversée de l'imaginer quittant ce monde, terrifié, et le cœur plein de chagrin. »

Greg Feith, l'enquêteur en chef du NTSB, lui avait expliqué que son père n'avait eu en tête qu'une priorité : poser l'avion. Ces paroles avaient quelque peu rassuré Theresa. Mais au cours de ces treize dernières années, elle n'était pas parvenue à les croire pleinement pour la bonne raison que Greg Feith ne s'était jamais trouvé lui-même à bord d'un avion en détresse. Alors pouvait-il connaître les pensées d'un pilote en un moment aussi tragique ?

Voilà pourquoi l'interview que j'avais accordée à l'émission *60 minutes* avait autant bouleversé Theresa. En m'entendant expliquer que, dès l'instant où j'avais perdu mes deux moteurs, rien me m'avait distrait de mes objectifs, que mon esprit n'avait jamais vagabondé, et qu'avec Jeff nous n'avions pensé qu'à sécuriser le vol 1549, elle avait eu une sorte de révélation.

« Lorsque vous avez évoqué votre concentration et comment vous n'avez songé qu'aux tâches à accomplir, cela m'a rassérénée. Je me suis sentie en paix, parce que vous, vous avez traversé une épreuve similaire, disait-elle. Je sais maintenant que Greg avait raison. Mon père n'a pas quitté ce monde avec une tristesse infinie. Il a simplement tenté de faire son travail. Je ne pourrai jamais assez vous remercier, commandant Sullenberger. Votre histoire est pour moi une véritable bénédiction. »

La lettre de Theresa a ému Lorrie aux larmes. Et comme elle n'arrêtait pas d'y penser, elle a fini par décider de l'appeler. Elles ont discuté une heure — et ont échangé des souvenirs entre femme et fille de pilote.

« Cette conversation a été une catharsis pour nous deux », m'avouera plus tard Lorrie.

Theresa lui a confié les paroles souvent maladroites qu'elle avait entendues dans la bouche de gens bien intentionnés. « Certains m'ont déclaré que mon père avait perdu la vie en pratiquant sa passion, a-t-elle raconté à Lorrie. Mais ces mots ne m'ont pas aidée, au contraire. S'il était mort dans son jardin d'une crise cardiaque, tout aurait été différent. Il serait effectivement décédé en pratiquant sa passion. Mais il a péri dans un incendie, à une température de 3 000 °C. Ce n'est pas ce qu'il aimait. »

Les recherches dans les Everglades avaient duré deux mois, une période totalement traumatisante pour les familles. Il avait fallu récupérer les restes de l'avion qui s'était désintégré en mille morceaux, au fond des eaux boueuses et noires des marécages. Pendant que des plongeurs se frayaient un passage entre les plantes aux feuilles coupantes comme des rasoirs, des tireurs s'étaient postés à proximité pour abattre les alligators qui pullulaient dans les parages.

Plus de la moitié des victimes n'ont jamais été identifiées. Theresa se souvenait d'avoir rencontré une mère qui n'avait récupéré que la cheville de son fils. On avait pu la reconnaître grâce à un tatouage.

La famille de Theresa s'était vue remettre une petite boîte qui contenait un des doigts de son père. C'était la seule partie de son corps que les secouristes avaient retrouvée. Et on avait pu l'identifier grâce aux archives de l'US Air Force où il avait servi comme pilote. « Le coroner nous a demandé ce que nous voulions en faire, a raconté Theresa. Nous lui avons répondu que nous voulions le rendre à sa dernière demeure dans les Everglades. » Accompagnés d'un psychologue et d'un employé du Parc national, les proches de Richard Hazen s'étaient rendus sur le lieu du crash pour une cérémonie de commémoration durant laquelle ils avaient jeté à l'eau les restes du copilote contenus dans une enveloppe.

Cet hommage, à la fois surréaliste et déchirant, avait néanmoins apporté un peu de réconfort à la famille.

Depuis la tragédie de ValuJet en 1996, d'autres catastrophes aériennes s'étaient produites, mais Theresa affirmait qu'aucune ne l'avait autant marquée que celle du 15 janvier 2009. Elle ne pouvait s'empêcher de voir des similitudes entre le vol 592 et le vol 1549.

Les deux avions avaient rencontré un grave problème quelques minutes après le décollage. Aucun des deux n'avait jamais réussi à rejoindre une piste. Et ils avaient terminé leur course dans l'eau.

On avait offert à Theresa la possibilité d'écouter l'enregistrement des voix du cockpit, mais elle avait décliné la proposition. Le père d'une hôtesse qui s'y était résolu avait fini en thérapie. Du poste de pilotage, on distinguait clairement les cris des passagers. « Entendre ce genre de choses serait bien trop difficile », avait avoué Theresa.

En 2006, à l'occasion du dixième anniversaire du crash, elle avait trouvé le courage de contacter Greg Feith.

— Je suis capable de supporter la vérité, lui avait-elle confié. S'il vous plaît, dites-moi : mon père hurlait-il ?

— Absolument pas, lui avait répondu l'enquêteur. Votre père faisait sa check-list. Lui et le commandant Kubeck ont mené leurs tâches jusqu'au bout, jusqu'à la dernière minute.

Theresa a avoué à Lorrie qu'en me voyant dans l'émission *60 Minutes* elle n'avait pu s'empêcher de penser : « Je regrette que ce ne soit pas mon père. J'aurais voulu qu'il ait le même destin, que les gens à bord soient sauvés, qu'il devienne un héros et donne des interviews. »

Et elle a ajouté : « Ayant traversé la pire des épreuves, je me félicite forcément davantage du dénouement qu'a connu le vol 1549. Quand je songe à ses passagers et à son équipage, je suis encore plus folle de joie. »

Elle m'expliquait dans sa lettre qu'au cours des dernières années elle avait beaucoup imaginé « ce qu'elle aurait pu vivre » avec son père qui n'était âgé que de cinquante-trois ans au moment de sa mort. Il avait disparu quatre ans avant la naissance de sa petite-fille, Peyton. « C'est ce qu'il y a de plus difficile à vivre dans ce deuil, m'écrivait-elle, savoir qu'il ne rencontrera jamais Peyton. »

Theresa avait glissé dans l'enveloppe une photographie d'elle avec sa fille et son mari — « pour que vous puissiez voir les gens que vous avez émus ».

Serrés les uns contre les autres, un grand sourire aux lèvres, ils formaient tous trois une très jolie famille. Ainsi qu'elle l'a dit à Lorrie, Theresa a désormais le sentiment d'un lien entre Hazen et moi : nous sommes deux pilotes qui avons tenté l'impossible pour sauver des vies. Et cela la réconforte de savoir que j'ai eu l'occasion de voir le visage de la petite-fille que son père ne connaîtra jamais.

J'ai été honoré de tenir entre mes mains la photographie de cette merveilleuse petite Peyton âgée de neuf ans. Et j'ai pensé de toutes mes forces au copilote Hazen et à tout ce qu'il n'a pas vécu.

17

UNE FOLLE AVENTURE

Dans les jours qui ont suivi l'accident du vol 1549, je n'ai dormi que deux heures par nuit. Une multitude de questions tournaient dans ma tête. « J'espère qu'ils savent que j'ai fait tout mon possible », ai-je dit à Lorrie, le premier soir. Cette pensée ne me quittait pas.

Il m'a fallu deux mois pour digérer les événements et évacuer les symptômes du stress post-traumatique. Dès le lendemain de l'amerrissage sur l'Hudson, moi et mon équipage avons pu bénéficier du programme de Réaction aux Incidents Critiques, proposé par mon syndicat de pilotes. Soucieux de connaître les troubles auxquels je risquais d'être confronté, j'avais interrogé les bénévoles de ce service, et appris que je devais m'attendre à des troubles du sommeil, à des problèmes de concentration, à une perte d'appétit, à des flash-back et à une culpabilité rampante, accompagnée de doutes. J'aurais également tendance, me disait-on, à me remettre en cause.

Ils ont eu raison sur toute la ligne. Durant les deux premières semaines, j'ai été incapable de lire plus de quelques secondes d'affilée. Tout me ramenait au vol 1549.

« Tu auras sans doute du mal à désactiver ton cerveau », m'avait-on prévenu. C'est exactement ce que j'ai vécu. Je me réveillais au milieu de la nuit, et mes pensées tournaient en boucle : *Aurais-je pu agir différemment ? Qu'ont pensé les autres pilotes de mes actions ? Aurais-je pu trouver le temps de prévenir les hôtesses que nous allions atterrir dans l'eau ? Pourquoi n'ai-je pas dit : « Préparez-vous à l'amerrissage » au moment de mon annonce ? Qu'aurais-je pu tenter d'autre, de plus efficace ?*

Finalement, j'ai géré ces problèmes psychologiques, et j'ai retrouvé le sommeil. J'ai étudié chaque scénario. Si j'avais crié : « Préparez-vous à l'amerrissage », les passagers auraient peut-être désespérément cherché leurs gilets de sauvetage au lieu de se pencher en avant. Ils auraient sans doute paniqué. L'enquête révélera qu'avant notre décollage, seulement douze passagers sur cent cinquante avaient lu les consignes de sécurité glissées dans le siège devant eux.

Au final, j'ai été soulagé lorsque les enquêteurs ont affirmé que Jeff et moi avions pris les bonnes décisions à chaque étape. Mais j'avais beau être réconcilié avec les décisions prises ce 15 janvier, j'aspirais encore à retrouver ma vie d'avant.

Pendant des mois, si j'avais pu, en un claquement de doigts, faire en sorte que cet accident n'ait jamais eu lieu, je n'aurais pas hésité. Lorrie et les filles éprouvaient le même sentiment. Personnellement, l'idée de la mort ne m'avait pas effleuré. Mais elles, elles avaient l'impression d'avoir failli me perdre en ce 15 janvier 2009, et ne parvenaient pas à se remettre du choc.

Cependant, nous avons peu à peu réussi à gérer cette nouvelle vie, et nous nous sommes efforcés d'en voir les aspects positifs. A la demande de mes collègues, j'ai accepté de devenir le porte-parole des pilotes et de défendre publiquement la sécurité aérienne. C'est une noble mission. Lors de mon témoignage devant le Congrès, j'ai pu évoquer franchement les problèmes importants qui menacent le transport aérien. J'ai aujourd'hui la possibilité de peser dans ce domaine et je m'efforce d'exercer mon influence avec pertinence.

Dans le même temps, à la suite du vol 1549, ma famille a vécu des expériences mémorables et a pu rencontrer des gens habituellement hors de portée.

Nous avons été arrachés à l'anonymat. Et le téléphone ne cessait de sonner, nous offrant chaque jour une nouvelle invitation, une nouvelle aventure : un rendez-vous à Buckingham Palace, un concert des Jonas Brothers, des dîners avec des hôtes qui ne se seraient auparavant jamais intéressés à nous. Nous finissons par nous y habituer, mais il arrive encore fréquemment que nous nous regardions, Lorrie et moi, en nous disant : « Qu'est-ce qu'on fait là ? »

En ce jeudi après-midi, dès que le monde a été informé de l'histoire du vol 1549, nos vies ont basculé en quelques minutes. C'était surréaliste.

Mon uniforme n'avait pas encore séché que déjà des personnalités, des hommes politiques et des stars des médias nous contactaient. Des producteurs, et même des présentateurs vedettes comme Diane Sawyer, Katie Couric, Matt Lauer, faisaient le siège de notre téléphone. Pendant que je traînais dans le terminal du ferry dans mes chaussures gorgées d'eau, à la maison, le portable de Lorrie ainsi que nos deux lignes fixes et le fax sonnaient sans interruption. Un journaliste est même parvenu à se procurer le numéro du mobile de Kate dans l'espoir de me parler.

Le lendemain matin qui a suivi l'accident, alors que j'étais toujours coincé à New York, des dizaines de reporters et de camions de télévision se sont rassemblés devant notre maison de Danville. Certains y resteraient pendant dix jours.

Sereine, mais forcément un peu émue, Lorrie s'est présentée le vendredi matin devant les médias avec les filles. « On nous a demandé… excusez-moi je crois que je vais pleurer. Je pleure tout le temps en ce moment, a-t-elle commencé, puis elle s'est reprise : l'US Airways nous a demandé de ne pas nous exprimer publiquement, alors je vais être brève.

Mais nous tenons à dire que nous sommes très heureux que tous les passagers aient pu quitter l'avion sains et saufs. Voilà exactement ce que mon mari tient à faire savoir. »

Quand un journaliste a demandé comment j'allais, Lorrie a répondu : « Il va mieux aujourd'hui. Vous savez, c'est un pilote. C'est un homme très maître de lui, très professionnel... Je dis depuis longtemps qu'il est l'as des as et qu'il adore l'art de l'aviation. »

Les médias ont retenu cette dernière phrase qui a été reprise en boucle dans des centaines de reportages. Beaucoup de gens, des amis ou des inconnus, m'ont fait remarquer que Lorrie n'était pas simplement une femme séduisante, et aimante. Malgré l'émotion du moment, elle s'était révélée aussi une excellente porte-parole.

— Comment votre famille vit-elle le fait que Sully soit devenu un héros national ? s'est enquis un reporter.

— C'est un peu étrange, bouleversant, a-t-elle déclaré. Vous savez, les filles sont allées se coucher hier soir, et je les ai entendues dire dans leur chambre : « C'est bizarre, non ? »

Je n'ai pas vu cette conférence de presse improvisée que Lorrie a tenue sur le perron de notre maison. J'étais trop occupé pour regarder la couverture médiatique de l'accident.

Au cours de la nuit qui avait suivi mon amerrissage forcé, je n'avais eu droit qu'à deux heures de sommeil. J'avais beaucoup à faire, et le lendemain serait tout aussi agité. J'avais besoin de toute ma présence d'esprit pour affronter les interrogatoires du NTSB. Ses agents m'ont mitraillé de questions. Combien d'heures avais-je dormi le mercredi soir ? Qu'avais-je mangé au petit déjeuner, au déjeuner et au dîner ? Est-ce que je souffrais d'hypoglycémie ? M'étais-je senti en forme dans la journée au cours du vol précédent ? Etais-je fatigué ? Distrait ? A quand remontait ma dernière consommation d'alcool ?

Cela faisait plus d'une semaine. J'avais bu une bière.

Heureusement, j'ai connu aussi des moments plus légers.

Le soir de l'accident, Jeff et moi avons rejoint nos chambres d'hôtel dans nos uniformes mouillés. Toutes nos affaires étaient bien sûr restées dans l'avion. Un ami pilote qui était venu nous apporter son aide a couru nous acheter des articles de toilette, et également quelques vêtements identiques : un survêtement noir, des chaussettes noires et des caleçons taille basse en 34. Une semaine plus tard, j'ai déclaré à Jeff :

— Ma femme a aimé ces caleçons taille basse. Ils sont plus sexy que mes slips kangourou.

— Ton épouse est peut-être ravie, mais comme je suis un peu plus enrobé que toi, sur moi on dirait un string ! m'a rétorqué Jeff.

J'ai passé la journée du vendredi en réunion. J'étais extrêmement tendu, et littéralement épuisé. Je n'avais pas encore assimilé les événements, et je cherchais à me souvenir en détail de ce qui s'était passé dans le cockpit afin d'aider au mieux les enquêteurs.

C'est alors que j'ai appris que le président George W. Bush, qui n'avait plus que cinq jours à passer à la Maison-Blanche, souhaitait me parler. Il avait composé le numéro de portable du vice-président de notre syndicat de pilotes, Mike Cleary, qui ne me quittait pas d'une semelle depuis une vingtaine d'heures. Mike m'a tendu son téléphone.

— Commandant Sullenberger ?

— Oui, monsieur le Président, ai-je dit.

Il s'est montré très amical.

— Vous savez, m'a-t-il lancé, j'étais en train de grignoter quelque chose avec Laura et mon équipe, et nous avons parlé de vous. Vos compétences de pilote m'impressionnent.

Je l'ai remercié. Puis il m'a posé une question capitale à ses yeux.

— N'êtes-vous pas originaire du Texas ?

— Si, monsieur le Président.

Sa réponse a été celle d'un vrai Texan.

— Alors, ça s'explique !

Je n'ai pu retenir un sourire.

— Vous n'avez pas piloté des avions de chasse ?

— Si. Des F-4 Phantom.

— Je m'en doutais, a-t-il ajouté. Je l'aurais juré.

Je n'ai pas osé lui demander comment il s'en était aperçu, mais j'ai apprécié son aisance, et son point de vue de Texan sur l'accident. J'ai profité de cette discussion agréable et détendue pour lui rappeler que l'heureux dénouement — l'amerrissage et les opérations de sauvetage — était un travail collectif. J'ai mentionné Jeff, Donna, Sheila, Doreen et les équipages des ferries. Il en a pris acte.

En dépit des événements qui s'étaient produits au milieu de l'Hudson la veille, j'ai raccroché le téléphone, un peu sidéré par le fonctionnement de la société américaine. Vingt heures plus tôt, je n'étais qu'un pilote anonyme, désireux d'achever sa rotation de quatre jours pour pouvoir rentrer tranquillement à la maison. Et brusquement je conversais avec le Président comme si nous étions deux vieux copains du Texas.

Environ une heure et demie plus tard, j'ai reçu un autre appel téléphonique. Cette fois, c'était le président nouvellement élu, Barack Obama. Il s'est montré également très cordial, quoiqu'un peu plus formel. Il m'a invité à la cérémonie d'investiture, et ma réponse m'est venue tout naturellement : « Monsieur le Président, je suis honoré, mais pourrais-je me permettre de vous dire que je ne viendrai qu'à la condition que les membres de mon équipage et leurs familles m'accompagnent ? »

Il a accepté.

Nous nous y sommes donc rendus, et nous avons rencontré le nouveau président des Etats-Unis en privé au cours d'un des bals officiels inauguraux. Malgré l'importance de la soirée, il a fait preuve envers nous de beaucoup de bienveillance et s'est montré très généreux de son temps. Il a plaisanté avec Lorrie.

— Je devine que vous n'allez pas laisser votre mari prendre la grosse tête, n'est-ce pas ? lui a-t-il demandé.

Lorrie a rétorqué :

— Les gens le considèrent peut-être comme un héros, mais il n'empêche qu'il ronfle !

Le président Obama a éclaté de rire.

— Il faut que vous expliquiez cela à mon épouse, s'est-il amusé. Elle dit la même chose en parlant de moi. (Il a aussitôt appelé Mme Obama qui se trouvait à proximité.) Hé ! Michelle, viens voir, il faut que tu entendes ça !

À sa demande, Lorrie a répété son bon mot, et les deux femmes se sont moquées gentiment à la fois du Président et du pilote.

Les invitations se multipliaient, et nous en avons accepté certaines. Comment aurions-nous pu refuser ces expériences inoubliables ? L'équipage du vol 1549 a été convié au Super Bowl, et nous avons pu regarder le match, installés à des places de choix. Puis je suis allé avec Lorrie à une soirée organisée par l'académie des Oscars ; elle était assise près de Michael Douglas, et j'ai discuté longuement avec Sidney Poitier.

On m'a également proposé de lancer la première balle lors du deuxième match qui se jouait au nouveau Yankee Stadium. Pour ne pas me ridiculiser devant les cinquante-deux mille spectateurs du Yankee, je me suis entraîné plusieurs jours par semaine durant plus d'un mois, sur un terrain de base-ball situé près de chez moi. Paul Zuvella, l'un de mes voisins et ancien joueur de champ intérieur de la Major League, qui avait appartenu à quatre différentes équipes, dont les Yankees, a accepté gentiment de me coacher. J'étais assez optimiste quant à ma future prestation, mais une fois devant le public, ma balle est sortie légèrement du terrain. Heureusement, elle n'a pas rebondi. On m'a ensuite demandé d'effectuer les premiers lancers des matchs des San Francisco Giants et des Oakland A's sur la côte Ouest.

Si mon statut de commandant de bord avait tendance à braquer les projecteurs sur moi, j'étais heureux quand Jeff, Donna, Sheila et Doreen étaient également mis à l'honneur. Après avoir un peu hésité à se présenter en pleine lumière, ils se sont aperçus qu'ils avaient une occasion unique d'expliquer publiquement les qualités nécessaires pour travailler dans le monde du transport aérien. Jeff a bénéficié lui aussi de quelques privilèges : il a effectué le lancer inaugural lors du match d'ouverture des Milwaukee Brewers, et a montré beaucoup de talent au cours des interviews avec les médias. Les gens ont également découvert que nos trois hôtesses étaient des femmes expérimentées et bien formées : elles ont aidé à sauver des vies le 15 janvier. Et leur histoire a rappelé à tout le monde que le personnel navigant commercial n'est pas simplement là pour servir du café et des cacahouètes. Les hôtesses sont en première ligne comme les passagers, elles s'assurent de leur sécurité pendant que les pilotes s'enferment dans leur cockpit. Une fois disparues leurs premières réticences, Doreen, Sheila et Donna ont fini par ressentir une certaine obligation envers leurs collègues : et elles sont devenues leurs porte-parole. Elles ont fait preuve d'une grande classe. J'ai été très fier d'elles.

Ma ville de Danville a organisé une délicieuse réception de bienvenue à laquelle ont assisté plusieurs milliers d'habitants. Et par la suite, j'ai été invité à faire un discours lors de la cérémonie de remise des diplômes dans mon ancien lycée à Denison au Texas. A ma grande joie, j'y ai retrouvé Evelyn Cook, la veuve de L. T. Cook, qui était âgée de quatre-vingt-onze ans. Cela a été pour moi un grand honneur de saluer devant une telle foule le souvenir de mon ancien professeur et de rappeler l'influence qu'il avait eue dans ma vie. Je dois dire aussi que je me suis bien amusé en lançant devant le gouverneur du Texas, mes anciens camarades de classe et les personnalités de Denison : « Pour quelles raisons étiez-vous moins sympas envers moi quand j'étais au lycée ? »

Si une seule personne avait trouvé la mort à bord du vol 1549, je ne crois pas que j'aurais accepté ces invitations. Cet accident aurait provoqué une immense tristesse dans le pays. Mais comme tous les passagers avaient survécu, les Américains voulaient fêter l'événement, et j'ai compris qu'il était important pour eux — et pour moi — que j'y participe.

Et bientôt, il est devenu possible de rire de ce vol 1549. Au cours d'une des émissions du Late Show de David Letterman, l'humoriste Steve Martin a prétendu qu'il faisait partie des passagers. Puis l'animateur a montré au public les traces de pas que Steve Martin aurait laissées sur les ailes de l'avion et a imaginé comment il avait poussé les autres rescapés dans l'Hudson afin d'embarquer dans le canot de sauvetage des VIP. Son sketch était drôle, même pour les survivants du drame.

A mon grand amusement, plusieurs entreprises ont cherché à récupérer le battage médiatique fait autour du vol 1549, et on a vu fleurir des produits marketing, comme des casquettes ou des T-shirts personnalisés clamant : « Sully est mon pilote » ou « Sully est mon copilote ». Un des responsables d'une société a expliqué qu'il avait eu cette idée « parce que cette histoire prouvait qu'il y avait encore de bonnes nouvelles dans ce monde ». Tout cela était un peu gênant pour moi, mais finalement je m'y suis fait. Et avec Lorrie à mes côtés, je n'avais aucun risque de prendre la grosse tête.

Un jour, à Los Angeles, des gens m'ont reconnu alors que nous entrions dans un ascenseur. A l'instant où nous en sommes sortis, une jeune femme a décroché son téléphone portable pour appeler une de ses amies : « C'est trop génial ! Je viens de tomber sur Sully le pilote ! » s'est-elle exclamée bruyamment avant de relater les détails de notre rencontre.

En entendant mon nom, Lorrie, qui se trouvait devant elle, s'est retournée.

— N'est-ce pas sensationnel de tomber comme ça sur Sully ? lui a lancé la jeune femme qui ignorait à qui elle avait affaire.

— En fait, je suis son épouse, lui a répondu Lorrie.

L'inconnue a paru soudain mal à l'aise.

— Oh ! je suis désolée ! Mais l'histoire de Sully a fait tellement de bien aux gens. Il a eu un comportement remarquable durant ce vol.

Lorrie a souri, puis a cherché à la convaincre que j'étais un type normal — pas toujours exemplaire. « Pas plus tard que ce matin, je l'ai vu arpenter la chambre d'hôtel en sous-vêtements », a-t-elle conclu en plaisantant.

La jeune femme s'est éloignée en continuant de parler dans son portable. Tout laisse à penser qu'elle racontait à son amie le « scoop » dont Lorrie venait de la gratifier.

Au cours des semaines qui ont suivi mon amerrissage, j'ai finalement réussi à lire les journaux et à regarder les reportages à la télévision. Dans l'ensemble, les médias avaient traité l'affaire correctement.

Cependant, une erreur me concernant a fini par faire le tour du monde. Elle émanait d'un article citant « une source policière » qui affirmait : « Après le crash, M. Sullenberger était assis dans le terminal du ferry, sa casquette sur la tête ; il buvait un café comme n'importe quel quidam. » Un secouriste m'a également décrit en ces termes : « Il offrait une image impeccable et, dans son uniforme de pilote, on aurait dit David Niven. Il semblait imperturbable. Et n'avait rien perdu de son élégance. »

Effectivement, j'étais en uniforme, mais je ne portais pas de casquette. Cela fait des années que cet accessoire est devenu optionnel pour les pilotes de l'US Airways. Et j'avoue que je n'aime pas beaucoup la mettre. A la vérité, ce

15 janvier, cette casquette était chez moi, dans le placard de ma chambre à coucher. Je m'élève aussi contre cette référence au sémillant David Niven. Mon uniforme était froissé, totalement trempé, et j'étais quelque peu en état de choc. (J'ai néanmoins apprécié cette comparaison avec l'acteur britannique, surtout vu ses états de service durant le déparquement en Normandie lors de la Seconde Guerre mondiale.)

Sous la pression des journalistes — durant la semaine qui a suivi l'accident, je recevais trois cent cinquante demandes d'interviews par jour —, j'ai finalement accepté l'invitation de quelques médias. Je ne peux pas dire que je me suis senti à l'aise devant les caméras. Je ne le suis toujours pas. Les plateaux de télévision ne me semblent pas naturels. Mais disons que j'en ai pris l'habitude.

Finalement, après un peu d'embarras, j'ai plutôt bien vécu l'expérience. Il y a beaucoup de choses que j'ignore, mais je maîtrise parfaitement certains domaines, particulièrement en ce qui concerne l'aviation. Par chance, les journalistes m'ont surtout questionné sur des sujets que je connais, alors je n'ai pas été trop déconcerté.

J'ai également décidé très tôt de ne pas craindre les médias, car en règle générale ils m'interrogent surtout sur moi, et c'est un sujet sur lequel j'en sais plus long que n'importe qui. On m'a rarement entraîné dans une discussion technique, et j'ai veillé à ne pas abuser de mon jargon professionnel.

Un grand nombre de journaux aurait souhaité que je leur accorde une interview exclusive, mais plutôt que de choisir entre par exemple le *Wall Street Journal*, le *Washington Post* et le *New York Times*, j'ai trouvé plus amusant de ne m'adresser qu'au *Wildcat Tribune*. Il s'agit de la revue étudiante de la Dougherty Valley High School dans laquelle Kate est scolarisée. C'est Jega Vigneshwaran, le responsable éditorial, et élève de deuxième année, qui a réalisé l'entretien. Il s'était bien préparé. Il était intelligent. Et il m'a posé des questions pertinentes, tout en me rassurant.

Apparaître dans un journal que lit ma fille m'a paru une bonne idée.

Peut-être qu'en me voyant faire la une du *Wildcat Tribune*, elle finirait par penser que j'étais un mec cool.

Pendant que je donnais des interviews à New York, nous sommes allés assister en famille à la comédie musicale *South Pacific* au Lincoln Center. Au moment des rappels, l'actrice principale, Kelli O'Hara, a évoqué le vol 1549 avant de mentionner ma présence dans la salle. Brusquement, les projecteurs se sont braqués sur nous, et les spectateurs nous ont offert une longue *standing ovation* d'une minute et demie. Lorrie a éclaté en sanglots. Elle voyait dans ce geste l'illustration concrète du phénomène incroyable qu'avait provoqué le vol 1549 dans tout le pays.

Mais ce qui la touchait surtout, c'était de sentir que les gens n'acclamaient pas seulement le commandant Sullenberger et, à travers moi, le reste de l'équipage. Ils applaudissaient cette confiance en l'avenir que leur avait apporté ce « miracle sur l'Hudson », en dépit des temps difficiles que le pays traversait.

Des milliers de personnes avaient perdu leur emploi, les saisies immobilières se multipliaient, et beaucoup voyaient s'envoler les économies de toute une vie. Un grand nombre d'Américains avaient l'impression d'avoir vécu une double collision avec des oiseaux. Mais le vol 1549 leur avait montré que l'action est toujours possible. Et qu'il y a toujours une issue quelles que soient les difficultés. Elle est à la portée de chaque citoyen et de l'ensemble de la société.

Pour Lorrie, le public se levait non pour rendre hommage au souvenir du vol 1549, mais à ce qu'il représentait. Il représentait l'espoir.

Pendant qu'elle s'essuyait les yeux, j'ai salué la foule d'un geste de la main. Puis j'ai embrassé Lorrie et j'ai salué de nouveau.

Peu après notre amerrissage forcé sur l'Hudson, je me suis rendu à Charlotte pour rencontrer avec Jeff, Doreen, Donna et Sheila, des dizaines de passagers du vol 1549 et leurs familles. Comme vous pouvez l'imaginer, cette journée a été riche en émotions pour tous les gens présents — l'équipage, les rescapés et les proches qui les accompagnaient.

« Merci, grâce à vous je ne suis pas devenue veuve », m'a déclaré une femme.

« Je vous remercie d'avoir permis à mon fils de trois ans de garder son père », m'a confié une autre. Et une jeune fille qui avait voyagé à bord de mon avion s'est approchée de moi pour me confier : « Aujourd'hui, je vais pouvoir avoir des enfants. »

Certaines personnes ont pris le temps de me présenter un à un tous ceux qui avaient fait le déplacement avec eux. « Voici ma mère, mon père ; voici mon frère, ma sœur… »

Ces scènes émouvantes se sont succédé durant près de deux heures.

Cent cinquante-cinq n'est qu'un nombre abstrait, mais il a pris corps lorsque j'ai contemplé tous ces visages. J'ai alors ressenti une immense joie à l'idée que le vol 1549 ait connu un dénouement aussi heureux.

A la fin de la réunion, je les ai remerciés d'être venus : « Je pense que la journée d'aujourd'hui a été aussi intense et aussi agréable pour moi et mon équipage que pour vous tous. Les événements du 15 janvier nous garderont à jamais liés par le cœur et par l'esprit. »

Quelques jours auparavant, j'avais reçu une lettre d'un passager nommé David Sontag. Cet écrivain, producteur de cinéma, responsable de studio, est aujourd'hui, à soixante-quatorze ans, professeur au département de Communications de l'Université de Caroline du Nord à Chapel Hill. Il rentrait, à bord du vol 1549, des funérailles de son frère. De sa place, la 23F, il a vu les moteurs en flammes. Et tandis que l'avion descendait, il a décidé de prier : « Je vous en supplie, Seigneur, ma famille n'a pas besoin de deux morts en une semaine. »

Il m'écrivait pour me remercier ainsi que Jeff et les hôtesses, et pour me faire part des paroles qu'il avait prononcées lors de l'enterrement de son frère : « Nous abandonnons un petit peu de nous-mêmes à tous ceux que nous rencontrons. »

Il m'expliquait aussi que l'équipage continuerait de vivre « dans tous les gens qui se trouvaient à bord — et les êtres que nous côtoyons. »

Comment ne pas être ému à l'idée des liens que j'avais forgés avec tous les passagers de cet avion, leurs épouses, leurs enfants ? Passer du temps avec eux a été pour moi un honneur.

Le vol 1549 m'a permis de rencontrer tant de personnes différentes — des capitaines de ferries, des officiers de police, des enquêteurs, des journalistes, des témoins, des badauds.

Mais mes pensées se tournent encore et encore vers Herman Bomze, ce survivant de l'Holocauste âgé de quatre-vingt-quatre ans qui a assisté aux opérations de sauvetage du haut de son appartement surplombant l'Hudson. Il croit de toutes ses forces que sauver une vie peut sauver l'humanité. Et je me souviens de tous les voyageurs de cet Airbus, des passagers qui, à l'image de David Sontag, ont juré d'enfouir cette jolie rêverie au cœur de leur existence.

La lettre de David m'a tellement ému que, quelque temps plus tard, je lui ai répondu pour lui exprimer ma gratitude. Je lui ai écrit : « Je vivrai dans votre vie comme vous vivrez dans la mienne. »

18

FOYER

C'est vrai pour chacun d'entre nous.

Nous sommes façonnés par les personnes que nous avons connues et aimées, les expériences que nous avons vécues, les décisions que nous avons prises, et les regrets qu'il nous a fallu accepter — voilà ce que nous sommes. J'en ai eu conscience toute ma vie. L'accident du vol 1549 n'a fait que renforcer cette certitude.

Dans les mois qui ont suivi cet accident, j'ai repensé à tous ces gens qui comptent pour moi — ma mère, mon père, ma sœur, Lorrie, mes filles, les amis proches, les collègues.

Mon père est particulièrement présent dans mon esprit. Il m'a appris l'importance d'être un homme de parole, de servir sa communauté, de choyer sa famille, et de passer du temps avec ses enfants. Et lorsque remontent à ma mémoire tous mes beaux souvenirs, comme ces journées où il fermait son cabinet dentaire pour nous entraîner dans une folle école buissonnière jusqu'à Dallas, je ne peux réfréner un sourire.

Je le remercie d'avoir eu confiance en moi. Il m'a autorisé dès l'âge de douze ans à tirer à la carabine dans les bois. Il savait que, pour devenir un être responsable, il fallait qu'on vous en donne l'opportunité, et le plus tôt possible.

Mon père se satisfaisait de l'existence qui était la sienne.

Il se satisfaisait de son revenu modeste, de sa vie provinciale dans l'Etat du Texas, de sa maison, pourtant loin d'être parfaite mais qu'il aimait parce que nous l'avions construite de nos mains. Lorsque j'entends Sheryl Crow chanter *Soak Up the Sun*, je pense à mon père. Il a vécu en accord avec l'une des phrases de cette chanson : « L'essentiel n'est pas d'avoir ce que tu veux, c'est de vouloir ce que tu as. »

Mais je garde aussi de lui des souvenirs plus sombres. Il évoquait rarement sa dépression — ce qu'il appelait avec désinvolture son « cafard ». Et personne dans ma famille n'a jamais su jusqu'à quelle profondeur l'entraînaient ses démons.

Au milieu des années 1990, mon père a commencé à avoir des problèmes de vésicule biliaire, mais il n'a consulté un médecin que lorsque les douleurs se sont intensifiées. Puis à la suite de la rupture de sa vésicule, il a subi une opération chirurgicale. Il est resté des semaines en soins intensifs où on lui a administré un puissant traitement antibiotique. La maladie a touché d'autres organes. Il souffrait terriblement, et il avait conscience qu'il lui faudrait des mois pour reprendre des forces. Mais tout indiquait qu'il guérirait totalement.

Quand il est rentré à la maison le 7 décembre 1995, ma mère l'a installé dans leur chambre avant de se rendre dans la cuisine, qui était située à l'autre bout de la maison, pour aller lui chercher un jus de fruits. Soudain, elle a entendu un coup sec, une sorte de détonation assourdie. Elle s'est d'abord demandé quel était ce bruit avant brusquement de comprendre. Elle a lâché le récipient qui s'est brisé au sol et a couru jusqu'à la chambre, espérant tout du long s'être trompée.

Elle a fait irruption dans la pièce en criant : « Oh non ! Oh non ! » Mais il était trop tard.

Mon père s'était tué d'un coup de revolver.

Il avait soixante-dix-huit ans et rien dans son attitude

n'aurait pu nous alerter sur son intention. Il n'a laissé aucun message.

L'instant a été épouvantable, car c'est ma mère qui a trouvé le corps et qui a dû composer le 911. C'est elle qui a dû laver le couvre-lit, nettoyer la moquette et embaucher un artisan pour réparer la vitre que la balle avait brisée.

Je n'arrive pas à comprendre ni la douleur de mon père ni les raisons de son geste. Je suppose que, comme beaucoup de dépressifs, il avait fini malgré lui par se replier sur lui-même. Il ne voyait plus le monde qu'à travers ses propres problèmes, et sa vision tronquée l'empêchait de prendre du recul. Sa souffrance psychique était telle qu'il n'a pas pu le supporter.

Peut-être a-t-il voulu protéger ma mère, lui éviter de consacrer le reste de sa vie à un homme vieillissant, condamné à des soins de longue durée. Peut-être a-t-il cru agir avec noblesse en lui épargnant cette responsabilité future. Mon père était un être fier. Et l'idée de perdre son autonomie devait lui être intolérable.

Lorsqu'il s'est donné la mort, j'avais quarante-quatre ans. Naturellement, ce drame m'a bouleversé, ulcéré, mais j'étais surtout en colère contre moi. Je me reprochais de ne pas avoir assez veillé sur lui. Ma mère, ma sœur et moi aurions dû nous en douter. Mais je crois sincèrement qu'aucun de nous qui l'aimions n'aurait pu l'empêcher de passer à l'acte. C'est malheureusement le cas dans la plupart des suicides.

Ma mère a préféré ne pas organiser de service commémoratif. Elle craignait probablement le regard de leurs amis et de leurs voisins, et elle avait honte du geste de son mari. J'ai tenté gentiment d'infléchir sa position, mais j'ai fini par accepter que c'était à elle de prendre la décision. Ainsi, nous nous sommes tous réunis après son décès — ma mère, Lorrie et moi, ma sœur et son mari, et un jeune pasteur — pour disperser ses cendres dans notre propriété, en face du lac Texoma.

C'était une journée froide, blême, grise. L'hiver au Texas, la végétation est en sommeil, brunie. L'impression de solitude était totale.

J'ai prononcé quelques mots. Ma sœur également. Puis le pasteur qui était venu en voiture de l'église méthodiste Waples Memorial United de Denison a pris la parole. A son tour, ma mère s'est exprimée simplement : « J'ai eu la chance de pouvoir tout lui dire quand il était en vie. Rien n'a été passé sous silence. »

Ma mère se portait bien en apparence, elle était forte et stoïque.

Aucun de nous n'a fait un long discours. Nous étions, je pense, choqués de nous retrouver là, et furieux du geste de mon père. J'étais particulièrement bouleversé qu'il ait choisi de disparaître de la vie de mes filles. Pour moi, c'était inconcevable.

A la suite de l'accident du vol 1549, des gens m'ont écrit pour me dire à quel point j'avais l'air d'aimer la vie. Très franchement, si j'accorde autant d'importance à la vie humaine, c'est parce que mon père s'est ôté la sienne.

Je n'ai pas pensé à son suicide lorsque j'étais dans le cockpit du vol 1549. Il ne hantait pas mes pensées. Mais sa mort a eu une grande influence sur la façon dont j'ai mené mon existence et sur le regard que je pose sur le monde.

La vie m'est devenue encore plus précieuse. J'exerce mes responsabilités professionnelles avec davantage de vigilance. Et si je m'efforce de travailler dur pour protéger les gens, pour être un bon Samaritain, et non pas un simple spectateur, c'est en partie parce que je n'ai pas pu sauver mon père.

Une fois sortie de son chagrin, ma mère s'est réinventée. A ma plus grande fierté. Elle a commencé à voyager, et au bout de quelques années, elle a rencontré un homme bien avec lequel elle a noué une relation sérieuse. Nous l'avons vue s'épanouir.

Elle aurait poursuivi, je pense, cette nouvelle existence

riche et bien remplie, si en décembre 1998 on ne lui avait pas diagnostiqué un cancer du côlon.

J'ai appris la nouvelle alors que j'arrivais à Pittsburgh aux commandes d'un MD-80, et j'ai immédiatement sauté dans un avion pour Dallas. Ma mère, qui savait qu'elle était en phase terminale, nous a annoncé la vérité. Cela a été un choc pour nous. Elle n'avait que soixante et onze ans, et jusque-là elle n'avait jamais été gravement malade.

Elle venait d'une famille qui détenait une belle longévité. Son père était mort à quatre-vingt-quatorze ans, et sa mère à cent deux.

Nous avons accepté le sort qui lui était réservé. Les semaines précédant sa disparition, j'ai eu la chance de pouvoir parler longuement avec elle, de nos vies, des rêves qu'elle formait pour l'avenir de Kate et Kelly. Elle affirmait qu'elle avait peu de regrets. J'ai pu lui dire au revoir, contrairement à mon père. Ma mère s'est éteinte à peine un mois après que nous avons appris le diagnostic. Pour la deuxième fois en quelques années, nous affrontions un deuil déchirant. Et j'ai ressenti à nouveau tous les sentiments qui avaient accompagné le décès de mon père. Excepté la colère.

Tout cela a été riche d'enseignements.

Durant les trois ans qui s'étaient écoulés entre le suicide de mon père et sa propre mort, ma mère avait connu de rudes épreuves. Mais en bonne institutrice, elle avait appris toute seule à profiter au maximum de la vie ; elle avait choisi le bonheur. Et j'ai admiré encore davantage sa façon d'accepter son veuvage.

Je n'ai pas songé à elle dans le cockpit du vol 1549, mais sa volonté de vivre était depuis longtemps pour moi une source d'inspiration.

Lorrie et moi avons regretté que mes parents n'aient pas vécu les événements du vol 1549. Ils auraient terrifié et beaucoup ému ma mère, mais je ne doute pas qu'elle aurait été folle de joie devant le dénouement. Elle aurait pleuré. Mon père aurait exprimé sa fierté.

Quand j'ai commencé à piloter, ma mère ne cessait de me recommander la prudence. « Vole bas et lentement », me disait-elle. Je levais les yeux au ciel. C'était devenu une blague entre nous.

Je lui répondais chaque fois que voler bas et lentement était bien plus dangereux que de monter en altitude et de maintenir une vitesse appropriée. Elle comprenait. Mais cette phrase — « vole bas et lentement » — était devenue sa façon de m'enseigner la vigilance. C'était sa recommandation d'usage.

Effectivement, nous volions bas au-dessus de l'Hudson en ce 15 janvier 2009. Et privés de moteurs, l'avion ralentissait. J'imagine déjà le commentaire de ma mère : « Finalement, "bas et lentement" t'a plutôt réussi, n'est-ce pas ? »

Quant à mon père, il aurait sans doute eu cette conclusion : « Tu as visiblement bien appris tes leçons. Tu excelles dans ce que tu aimes, et cela a payé. Tu as fait la différence. »

J'ignore s'il aurait approuvé les hommages et ce titre de héros dont on m'a affublé. Dans sa génération, on se contentait de se montrer à la hauteur des situations coriaces. Ses contemporains ont gagné la Seconde Guerre mondiale, en toute humilité et sans chercher la gloire. Alors, il se serait, je crois, enorgueilli de mes succès tout en les remettant en perspective : j'avais bien travaillé. Comme beaucoup de gens avant moi.

Mon père et moi avions de l'affection l'un pour l'autre, et notre relation était forte, quoiqu'un peu guindée. Mais nous n'étions pas aussi proches que je l'aurais souhaité. C'était une question de tempérament. Nous étions tous deux d'un caractère placide et impassible. Pas de déballage de sentiments entre nous. On les gardait pour soi.

Il n'y avait pratiquement jamais de cris à la maison ; nous étions tous trop polis et réservés pour cela. J'ai vécu une enfance calme qui n'était pas dénuée d'inconvénients : en effet, nous avions beau apprécier la compagnie les uns des autres, nous partagions rarement nos émotions, et nous ne parlions pas de choses intimes.

En vieillissant, une partie de moi s'est mise à envier et à admirer ces grandes tribus vaguement exotiques où tout le monde se dispute comme pour se prouver son affection. Chez moi, il n'y avait ni grandes déclarations théâtrales ni déchirements incessants. Ne vous méprenez pas. J'ai goûté cette enfance tranquille. Mais parfois, j'aurais aimé plus de passion.

J'ai l'impression que ce besoin d'évoluer dans un cadre familial paisible fait partie de mon ADN. J'ai tenté de m'ouvrir davantage, de casser le moule — du moins avec mes filles — et d'extérioriser mes sentiments. J'y travaille encore.

Kate et Kelly étaient encore petites à la mort de mes parents, et je regrette qu'ils n'aient pas eu le temps de voir les deux ravissantes jeunes femmes qu'elles sont devenues. J'ai essayé de leur transmettre les valeurs qu'on m'a inculquées et je constate qu'elles les ont en grande partie adoptées.

Elles ont des qualités et des dons innés. Ni Lorrie ni moi n'y sommes pour grand-chose. Nous n'avons même pas cherché à les leur enseigner.

A la suite de l'accident du vol 1549, ces traits de caractère m'ont paru encore s'affirmer.

Kate, par exemple, possède une grande assurance. Et en la voyant aussi décidée, Lorrie et moi aimons à dire en plaisantant que nous aimerions bien grandir comme elle. A seize ans, elle est très déterminée et ne manque pas d'humour. C'est une élève consciencieuse. Elle a toujours rêvé de devenir vétérinaire, et rien ne peut la distraire de son objectif.

Ses amies affirment n'avoir jamais rencontré quelqu'un d'aussi sûre d'elle.

A les entendre, beaucoup d'anecdotes le prouvent. Un jour, au collège, alors qu'une gamine critiquait la chemise qu'elle portait, Kate lui a répondu : « Je suis désolée que tu ne l'aimes pas. Moi, elle me plaît beaucoup. »

Selon Lorrie, beaucoup de jeunes filles se seraient littéralement décomposées devant un commentaire aussi désobligeant lancé par une camarade. Ce n'est pas le genre de Kate.

Elle est également à l'aise avec les garçons. Un jour, alors qu'elle avait neuf ans et que nous étions en vacances aux sports d'hiver, elle a avisé un groupe d'adolescents qui fabriquaient un bonhomme de neige. « Je vais jouer avec eux », nous a-t-elle brusquement annoncé.

Nous l'avons mise en garde. Non seulement elle ne les connaissait pas, mais ils étaient beaucoup plus âgés. A notre grande surprise, elle s'est avancée vers eux et s'est imposée sans leur laisser le choix.

Les gamins sont d'abord restés bouche bée. Mais devant son assurance, ils l'ont accueillie dans leur cercle durant tout l'après-midi. Lorrie et moi n'en revenions pas.

Quelques semaines après le vol 1549, cette même confiance a refait surface lorsqu'elle a passé son permis de conduire au Department of Motor Vehicles de Californie. Lorrie et moi étions inquiets pour elle. Elle avait bien révisé, et c'était une bonne conductrice, mais un jeune peut toujours perdre ses moyens dans ce genre de situations.

Pendant que Kate passait son épreuve pratique, Lorrie et moi l'avons attendue dans une salle du DMV. Elle a réapparu vingt-cinq minutes plus tard, un grand sourire aux lèvres. Elle avait réussi.

— C'était difficile ? Avais-tu peur d'échouer ? lui ai-je demandé.

— Je savais que j'allais m'en sortir haut la main.

En un mot, elle voulait dire : « J'avais confiance en moi

parce que je me suis bien préparée. » Elle avait travaillé dur, elle avait étudié ses leçons et elle s'était entraînée.

Ses paroles m'ont rappelé aussitôt ce que j'avais ressenti au moment où les moteurs du vol 1549 s'étaient arrêtés. J'avais répondu la même chose lorsque la journaliste Katie Couric m'avait demandé si j'étais sûr de moi pendant la descente vers l'Hudson. Kate ne répétait pas ce qu'elle avait entendu à la télévision. Comme moi, elle avait simplement confiance dans sa préparation.

Pour Kate, tout a toujours été tout noir ou tout blanc. Avec elle, c'est oui ou non. Vrai ou faux. D'après Lorrie, elle me ressemble. Elle a du mal à exprimer ses émotions, c'est une cérébrale. Je la comprends mais, malgré nos points communs, nous avons parfois du mal à créer un lien affectif.

L'indépendance croissante qu'elle revendique depuis deux ou trois ans a été difficile à vivre. En entrant dans l'adolescence, elle avait perdu l'envie de se confier à moi. Elle se tournait encore vers Lorrie, mais j'avais parfois l'impression d'être un étranger. Son vieux papa.

Mon amerrissage forcé sur l'Hudson a quelque peu changé la donne. Kate a davantage de gestes d'affection. L'amour que nous éprouvons l'un pour l'autre reste implicite, mais il est intense entre nous.

Contrairement à Kate, Kelly, qui est aujourd'hui âgée de quatorze ans, s'est toujours montrée sensible et tendre. Quand elle était petite, elle aimait se blottir contre nous — Lorrie l'appelait « notre lapin câlin », et c'était merveilleux. Il lui arrivait aussi de pleurer quand je partais travailler. A trois ou quatre ans, elle se mettait à sangloter quand elle me voyait enfiler mon uniforme.

Kelly a un caractère profondément empathique. A l'école, c'était toujours la première à jouer avec les nouvelles élèves ou les enfants handicapés, à leur proposer : « Pourquoi ne vous asseyez-vous pas avec nous au déjeuner ? » Elle éprouve le besoin d'aller vers ceux qui souffrent, et à terme cela peut devenir un fardeau émotionnel pour elle.

Comme tous les gens émotifs et charitables, elle n'aime pas les mots qui blessent et ne participe pas aux échanges grossiers, qui sont normaux chez les adolescents. Elle fait très attention à ses paroles. Elle sait exprimer un point de vue négatif avec délicatesse. Elle déteste heurter la sensibilité des autres.

Quand elle était en CE2 ou CM1 et qu'elle rentrait de l'école, si on lui demandait comment s'était passée sa journée, elle nous parlait invariablement des problèmes d'une de ses camarades. Elle éprouvait le malheur des autres et elle ressentait le besoin d'aller vers eux.

Kelly a vécu l'amerrissage du vol 1549 avec une grande intensité. Dès que Lorrie lui a annoncé la nouvelle, elle s'est mise à pleurer. Elle savait pourtant que j'allais bien, mais l'idée que j'aie risqué ma vie lui était insupportable. Elle devinait l'épreuve que j'avais traversée. Elle était de tout cœur avec moi.

Elle ne supportait pas d'entendre les détails de l'accident.

A la suite de l'événement, les résultats scolaires des deux filles ont plongé brutalement, et Kate n'a pas réussi complètement à remonter la pente. Nous étions tous soumis à un stress intense, surtout dans les premiers temps, et Kate et Kelly avaient manqué des cours. A leur retour en classe, elles avaient affronté plusieurs contrôles qu'elles n'avaient pas préparés, et leurs moyennes avaient chuté.

Notre vie quotidienne était perturbée, et les filles avaient du mal à supporter le battage médiatique qui avait déferlé sur nous — il fallait toujours être à la hauteur quand nous apparaissions en public.

Peu de temps après le 15 janvier, nous nous sommes réunis en famille pour lire et trier les piles de courrier que nous avions reçu du monde entier. La compassion et la sympathie que nous transmettaient ces inconnus nous ont aidés à digérer tous ensemble cette épreuve. Cela nous a permis de nous rappeler que le lien que nous partagions était précieux, et que rien n'est jamais acquis dans la vie.

Je pense que les filles ont mieux compris l'ampleur de l'événement.

Depuis qu'elles sont adolescentes, elles se montrent moins câlines. Cela nous manque. Mais parfois, quand elles affrontent des problèmes, elles se blottissent volontiers contre nous. Depuis le vol 1549, nous multiplions les gestes d'affection. Je les embrasse davantage lorsque je pars travailler, même si elles dorment encore.

Quelques semaines après l'amerrissage forcé du vol 1549, Lorrie a écrit aux amis et aux inconnus qui l'avaient contactée pour exprimer leur amitié.

« J'ai encore beaucoup de mal à faire le tri entre toutes mes émotions. Les événements du 15 janvier sont comme un oignon, ils comportent plusieurs couches superposées, et j'ai mis du temps à les éplucher. Je n'ai pas encore terminé. Il y a eu l'accident lui-même, la frénésie médiatique et puis cette avalanche de courrier.

« C'est intéressant de voir comment notre cerveau cherche à nous protéger des traumatismes : lorsque Sully m'a appris la nouvelle, je n'ai pas paniqué. J'ai juste eu cette perception extrasensorielle et étrange que ce n'était pas réel. J'ai traversé toute cette période comme un robot et je n'arrivais pas à réaliser que les images que je voyais à la télévision concernaient mon mari.

« Je sais que l'aviation commerciale est le mode de transport le plus sûr, et je n'ai aucun doute là-dessus. C'est pour cela que le métier de Sully ne m'a jamais effrayée. Les risques qu'il se retrouve mêlé à une catastrophe aérienne me paraissaient ridiculement faibles. Voire impossibles et pourtant… »

Le vol 1549 a eu une incidence sur notre couple. Les émotions que nous avons vécues, Lorrie et moi, chacun de notre côté, ont été tellement puissantes — et parfois si déroutantes — que nous n'avons pas toujours réussi à être présents l'un pour l'autre à chaque instant.

Un matin, cinq mois après l'accident, Lorrie m'a déclaré : « J'ai eu envie de pleurer toute la matinée. » Alors elle est partie seule sur notre colline préférée — la colline du « Tout est possible ». Elle a fait halte au sommet, a savouré un instant sa solitude avant de fondre en larmes. D'où lui venait ce chagrin ?

« L'amerrissage forcé, ses répercussions, j'ai encore du mal à y croire, m'a-t-elle expliqué. J'ai l'impression de ne pas avoir tout digéré. »

Il ne s'agissait pas chez elle d'une brusque prise de conscience que je pourrais mourir. « J'ai toujours su que je pourrais te perdre, m'a-t-elle dit. Nous sommes tous à la merci des automobilistes que nous croisons sur l'autoroute, de la nourriture que nous mangeons au restaurant, ou d'une éventuelle maladie encore inconnue. Alors je n'ai pas spécialement l'impression que tu risques la mort chaque fois que tu voles. »

Lorrie avait le sentiment d'avoir pris un coup sur la tête. L'incident de l'Hudson et ses conséquences durables l'avaient secouée. Cela a affecté notre dynamique familiale.

Depuis le début de notre mariage, Lorrie avait souvent vécu comme une mère célibataire. J'étais souvent en voyage, et elle gérait seule la maison. Comme par hasard, c'était toujours en mon absence que la voiture, la machine à laver ou le four tombaient en panne. Un jour, alors que j'étais dans le cockpit, en pleine phase de repoussage, Lorrie m'avait téléphoné, en proie à la panique. Des torrents d'eau s'infiltraient par l'une des fenêtres de la maison. Elle avait d'abord pensé à un orage avant de s'apercevoir que le joint de la pompe de la piscine était cassé, et que des flots d'eau jaillissaient comme échappés d'une borne d'incendie ouverte.

— Oh ! mon Dieu ! hurlait Lorrie. La piscine est cassée ! Elle est déjà à moitié vide, et des centaines de litres se déversent par la fenêtre.

— Je suis au repoussage, lui avais-je répondu — cela signifiait que je devais éteindre mon téléphone. Coupe la pompe filtrante et appelle le réparateur. Je dois y aller. Je suis désolé.

Puis j'avais interrompu la communication et entamé mon roulage, en la laissant se débrouiller avec ce problème d'inondation.

Aucune femme dans une telle situation d'urgence n'aime que son mari lui raccroche au nez. Décidément, je payais ma carrière au prix fort.

Après l'accident du 15 janvier 2009, j'ai été davantage occupé, et il m'a fallu donner encore plus de ma personne. On me sollicitait pour des conférences, pour témoigner, répondre à des interviews, et représenter mes collègues aux quatre coins du pays. Au cours des sept premiers mois, j'ai cessé de voler pour l'US Airways. Et certaines semaines, j'étais plus souvent absent de la maison que lorsque j'exerçais mon métier de pilote.

« Tu n'auras pas droit à une seconde chance avec les filles, m'a prévenu Lorrie. Si tu attends l'année prochaine ou dans deux ans pour profiter de ta vie de famille, ce sera trop tard. Le temps perdu ne se rattrape pas. »

J'en ai pris conscience, et je me suis efforcé de modifier un peu mon emploi du temps.

Un événement aussi traumatisant que l'accident du vol 1549 rapproche un couple ou a tendance à le séparer. Lorrie et moi avons connu ces deux extrémités. Nous nous sommes d'abord accrochés l'un à l'autre dans l'espoir de sortir de la tourmente. Face au déferlement médiatique, nous nous sommes épaulés comme si nos vies en dépendaient.

Aujourd'hui, Lorrie est parfois exaspérée par « Sully, l'homme public ». Où que j'aille, les gens me reconnaissent, cherchent à m'approcher, à m'arracher un autographe, ou à discuter de certains aspects de leur vie. Je reste cordial et aimable, et je m'intéresse à leur histoire. Je rentre parfois à la maison, fatigué, exténué et d'humeur irascible. Il m'arrive de perdre patience avec les filles.

« Tu te trompes de priorités, Sully, m'a asséné Lorrie. Tu as le devoir de te montrer aussi gentil avec ta famille qu'avec ces inconnus. »

Elle a parfaitement raison. J'ai de la chance d'avoir une épouse qui m'aime assez pour me parler franchement.

A environ 8 heures du matin, quelques mois après l'accident, Lorrie et moi regardions, debout au fond du garage, main dans la main, Kate qui s'apprêtait à partir en cours, au volant de la voiture. Dehors, il faisait un temps lumineux, mais à l'endroit où nous nous tenions, tout était plongé dans l'obscurité.

Après avoir fait son demi-tour pour quitter l'allée, Kate s'est arrêtée un instant, le temps de passer sa première vitesse. Lorsqu'elle a tourné la tête, sa queue-de-cheval a légèrement oscillé. Soudain, nous avons eu l'impression de voir une adulte. On aurait dit une femme d'une vingtaine d'années.

A cet instant, des flots de souvenirs m'ont assailli : je la revoyais grandir, et se transformer en une jeune fille, forte et confiante. Ce qu'elle est aujourd'hui. Ce matin-là, j'ai eu le sentiment qu'elle s'éloignait sur la route de la vie. J'ai revu le jour où nous l'avions accompagnée pour la première fois à l'école maternelle de l'église épiscopale Saint Timothy à Danville. Alors que les autres enfants s'accrochaient en pleurant à leurs parents, Kate nous avait quittés, indépendante et joyeuse. Après un rapide au revoir, elle était partie toute seule, sans se retourner.

Je me suis également souvenu d'une rédaction que Kelly

avait composée en CE1. Au printemps 2002, l'US Airways avait retiré de sa flotte tous les MD-80, et avait entrepris de former ses pilotes au maniement de l'Airbus. Pendant cette période de reconversion, j'avais cessé de voler, et j'étais resté à la maison pendant quelques mois, ce qui m'avait permis de profiter de mes filles. En cet automne 2002, on avait demandé à Kelly de raconter les moments les plus heureux de sa vie. « Les moments les plus heureux de ma vie, avait-elle écrit, c'est quand papa était à la maison. » En lisant ces mots, j'avais éprouvé un sentiment doux et amer qui m'avait à la fois rempli et brisé le cœur.

Et nous y sommes : les filles quittent notre allée toutes seules. J'ai à peine eu le temps de cligner des yeux, et tout a changé : mes parents sont morts depuis longtemps, les instants que je n'ai pas vécus avec mes enfants ne reviendront pas. Ma vie est aujourd'hui différente. Lorrie a raison. Je ne dois jamais oublier à quel point le temps que nous passons avec les filles est précieux.

En amerrissant sans encombre, le vol 1549 a permis à ses passagers et à ses membres d'équipage de retrouver l'affection de leur famille. C'est comme si on nous avait donné une seconde chance. Cet événement nous a rappelé que des gens nous aiment. Nous devons saisir l'occasion qui nous est offerte de leur montrer notre affection.

Les cent cinquante-cinq personnes qui étaient à bord de cet avion ont eu le privilège de rentrer chez eux. Je ne dois jamais perdre de vue le fait que je suis l'un d'entre eux.

19

LA QUESTION

Un jour, au début du mois de mai, presque quatre mois après l'amerrissage forcé sur l'Hudson, on m'a livré trois grands cartons sur le perron de ma maison de Danville. A l'intérieur se trouvaient, soigneusement emballées, les affaires que j'avais laissées derrière moi dans le cockpit du vol 1549. Tout y était, à l'exception du sandwich au thon à huit dollars que je n'avais jamais eu le temps de manger.

J'ai examiné ces objets un par un, avec une légère solennité. A la suite d'un crash aérien, les familles des disparus reçoivent en général ce genre de colis. A moins que le feu n'ait tout détruit ou que les biens des victimes n'aient été pulvérisés. Parfois, les gens parviennent à récupérer une alliance. Dans la majeure partie des cas, les proches n'ont plus rien ou presque plus rien.

Les « survivants » du vol 1549 ont tous reçu ces boîtes chez eux. Nous avons pu signer nous-mêmes les bordereaux FedEx. Certains articles que l'on nous rendait étaient cassés ou inutilisables. Mais une grande partie était encore en bon état, et pouvait reprendre une place dans nos vies. Les passagers ont ainsi retrouvé leur jean favori, leurs manteaux, leurs clés de voiture, leurs portefeuilles. Je les imaginais, aux quatre coins du pays, ouvrant leurs cartons, brusquement ramenés à ce 15 janvier 2009.

Nous avions le choix de nous appesantir sur nos effets personnels trempés et hors d'usage ou bien de les regarder, le cœur plein de gratitude.

Après l'évacuation, lorsque l'avion avait sombré dans l'Hudson, la compagnie avait chargé la Douglass Personal Effects Administrators, une société basée à El Segundo en Californie, de récupérer et de trier les objets repêchés dans l'Hudson. Le travail accompli était impressionnant. Les employés avaient passé au crible chaque valise qui dormait dans la soute et tous les coffres à bagages de la cabine.

Il était difficile de croire que tant d'articles immergés dans l'eau sale et glacée du fleuve aient pu renaître à la vie. Le personnel de la Douglass avait placé des feuilles d'assouplissant entre les vêtements et les objets, et quand nous avions ouvert les cartons, une odeur de frais s'en était échappée.

Ma valise à roulettes était couchée au fond d'une des boîtes : son contenu avait été séché, inventorié puis enveloppé dans du papier de soie. Mon iPod, mon PC et mon réveil étaient hors d'usage, mais mes deux chargeurs fonctionnaient encore. Ainsi que mon câble USB qui me servait à transférer des photos de mon mobile à mon ordinateur. Ma petite lampe torche Maglite marchait à merveille. Mes baskets paraissaient comme neuves. J'avais réussi à ramener en janvier à la maison les chaussures que je portais durant le vol, mais elles étaient totalement trempées et avachies. J'espérais vraiment pouvoir les sauver, car il s'agissait d'un modèle spécial portique, sans métal. Je n'avais pas besoin de les enlever pour franchir les contrôles de sécurité. Je les avais déposées chez mon cordonnier préféré qui se trouvait dans l'un des centres commerciaux de Danville. Finalement, il avait pu les nettoyer et les réparer. Aujourd'hui, je les mets toujours.

Le 15 janvier, je voyageais également avec quatre livres que j'avais empruntés à ma médiathèque : parmi eux, un exemplaire de *Just Culture* consacré aux problèmes de sécurité aérienne. J'avais appelé le bibliothécaire pour m'excuser d'avoir oublié les ouvrages dans l'avion. Il avait décidé de ne pas exiger leur remboursement.

A ma grande joie, je les ai découverts au fond d'un des cartons. L'entreprise de récupération avait tenté de les sécher, mais le résultat n'était pas parfait. On pouvait encore les feuilleter, mais les pages étaient trop froissées pour que la bibliothèque puisse les prêter. Néanmoins, je les leur ai rendus. Ils sont aujourd'hui exposés à la médiathèque.

Le vol 1549 clôturant une rotation de quatre jours, ma valise contenait principalement du linge sale. Dans l'ensemble, tous mes vêtements étaient en bon état, prêts à enfiler, mais imprégnés d'une forte odeur d'adoucissant.

J'ai aussi retrouvé avec plaisir mon manuel de cartes aéronautiques Jeppesen qui détaille la topographie de tous les aéroports desservis par l'US Airways. Et scotché à l'intérieur de ce classeur se trouvait encore, un peu abîmé, mais lisible, le message d'un *Fortune Cookie*[1] que j'avais rapporté d'un restaurant chinois de San Mateo, en Californie, à la fin des années 1980. Le texte disait : « Un retard vaut mieux qu'un désastre. »

Comme ce précepte me paraissait approprié à l'époque, je l'ai conservé depuis dans mon Jeppesen.

Cette prédiction m'a rappelé une question inattendue que Kate, alors âgée de neuf ans, m'avait posée un jour où je la conduisais à l'école.

— Papa, ça veut dire quoi « intégrité » ? m'avait-elle demandé tout à trac.

1. Surnommé biscuit porte-bonheur ou gâteau de la chance, cette petite pâtisserie est servie principalement dans les restaurants chinois aux Etats-Unis. Tous contiennent un message empreint de sagesse, une citation, un proverbe, un précepte… (NdT)

Après avoir pris le temps de la réflexion, je lui avais répondu :

— L'intégrité, ça veut dire faire ce qu'il faut même quand ce n'est pas le moment.

Avec le recul, ma réponse me paraît excellente.

L'intégrité est au cœur de mon métier. Un pilote de ligne doit toujours faire ce qui s'impose, même si cela le pousse à retarder ou annuler un vol pour gérer par exemple un problème de maintenance, et même si cela dérange cent quatre-vingt-trois personnes, y compris le commandant de bord. En retardant un vol, je leur offre la garantie qu'elles rentreront chez elles.

Je suis formé pour refuser tout ce qui ne correspond pas aux exigences strictes de ma profession. Si l'avion est aujourd'hui l'un des moyens de transport les plus sûrs, c'est parce que les dizaines de milliers d'employés qui travaillent dans les compagnies aériennes et le personnel de l'aviation partagent le même sens du devoir ; la sécurité est pour eux une réalité quotidienne. J'appelle ça un dévouement à la tâche de tous les instants. Nous servons une cause plus grande que nous.

Alors, je pense souvent à ce message qui a séjourné un long moment dans le cockpit d'un Airbus A320, rempli d'eau et couché sur le flanc au beau milieu de l'Hudson : « Un retard vaut mieux qu'un désastre. »

Je suis heureux de l'avoir retrouvé. Il m'accompagnera certainement sur mes futurs vols.

Quelques jours après avoir reçu mes affaires, j'ai pris l'avion pour Washington DC où j'avais rendez-vous avec Jeff au NTSB. On nous avait convoqués pour écouter l'enregistrement des voix du cockpit, partager nos réflexions et nos souvenirs.

Jusque-là, la seule bande disponible émanait de la FAA, et elle ne contenait que les communications radio entre le poste de pilotage et le contrôle du trafic aérien. Cette visite au NTSB nous offrait enfin l'occasion d'entendre le CVR. Au cours du vol, j'avais parfaitement compris les paroles de Jeff et inversement. Mais depuis quatre mois nous dépendions de notre mémoire pour nous rappeler celles que nous avions prononcées. En ce jour de mai, nous aurions enfin des certitudes.

Nous étions six dans la pièce : Jeff Skiles, Jeff Diercksmeier, un membre de la commission d'Enquête Accident de l'US Airline Pilots Association (USAPA), trois officiels du NTSB (deux enquêteurs et un spécialiste de la section Enregistrements de l'agence) et moi. Ces hommes étaient heureux de notre présence. Lorsqu'on écoute les bandes à la suite d'un crash aérien, on ne peut souvent plus compter sur les équipages. Les pilotes dont on entend la voix sont morts, et ils ne peuvent plus expliquer les pensées qui leur ont traversé l'esprit, les décisions qu'ils ont prises ou décrypter un mot en particulier.

Cette écoute du CVR s'est révélée un moment poignant. Nous avions l'impression de nous retrouver dans le cockpit, de revivre l'accident en temps réel.

Installés dans un petit bureau éclairé par des néons, nous étions assis autour d'une table, un casque sur les oreilles. Jeff et moi n'avons échangé quasiment aucun regard. Essentiellement parce que nous étions concentrés. Les yeux fermés, chacun de nous tentait de capturer tous les sons et les bruits qui résonnaient dans le cockpit.

L'enregistrement commençait au moment du repoussage du vol 1549 et s'achevait quand l'avion s'était posé au milieu du fleuve.

Je ne me rappelais pas certaines paroles que j'avais prononcées. Trente-trois secondes avant la collision avec les oiseaux, j'avais déclaré à Jeff : « Quelle belle vue sur l'Hudson aujourd'hui ! » Jeff avait jeté un coup d'œil et répondu : « Ouais ! »

L'impact avec les bernaches était parfaitement audible. Lorsqu'elles avaient pénétré dans les réacteurs, il s'en était suivi des coups sourds et des bruits anormaux. Les dommages qu'elles avaient occasionnés aux moteurs s'entendaient nettement sur la bande : il était clair qu'il se passait quelque chose d'inhabituel. On percevait nettement le gémissement des réacteurs qui décéléraient, puis les vibrations au moment de l'éclatement des ailettes du compresseur. Je me suis souvenu alors des sentiments que nous avions ressentis à cet instant. C'était comme si le sol se dérobait sous nos pieds.

Réécouter ainsi les bruits annonçant la destruction des moteurs, même en sécurité dans une salle du NTSB, alors que nous l'avions déjà vécu en direct dans le cockpit, était vraiment perturbant.

Mais j'étais surtout étonné par la vitesse à laquelle les choses s'étaient déroulées. Le vol avait duré cinq minutes et huit secondes. Durant les cent premières secondes, il n'y avait eu aucun problème à signaler. Mais entre le moment où j'avais crié : « Des oiseaux ! » puis : « Préparez-vous à l'impact » à l'approche de l'eau, il ne s'était écoulé que trois minutes et vingt-huit secondes. En gros, moins de temps qu'il ne m'en faut pour me brosser les dents et me raser.

Cela m'avait paru plus long dans mes souvenirs. Bien sûr, durant le vol, j'avais eu pleinement conscience de la rapidité des événements. Mais j'avais gardé l'impression que j'avais eu un peu plus de temps pour réfléchir, pour choisir une option et agir — même si c'était trop court.

Mais cet enregistrement m'indiquait que tout était survenu en deux cent huit secondes, un temps extraordinairement condensé. Franchement, c'était incroyable. Au delà de l'extrême. C'était impressionnant. J'avais l'impression d'être à nouveau dans le poste de pilotage. Je n'ai pas pleuré, mais les muscles de mon visage se sont contractés. Jeff était lui aussi totalement abasourdi et ému.

Ce jour-là, j'avais dû avoir une autre perception du temps.

Ce n'était pas comme un ralenti. Simplement dans ma mémoire, les événements ne s'étaient pas enchaînés aussi vite que me l'indiquait le CVR.

Les différents microphones du cockpit enregistrent les voix, les sons, les alarmes et les communications radio, y compris ceux émanant des autres avions. Le NTSB pouvait diffuser un par un les différents fichiers audio, et ainsi nous pouvions isoler certaines données sonores masquées par des bruits de fond. Les enquêteurs nous ont demandé d'expliquer certains sons ou bribes d'échanges qui n'étaient pas très audibles sur la bande.

J'étais heureux de constater à l'écoute de l'enregistrement que Jeff et moi avions eu le bon comportement. Nous avions bien géré la situation que ce soit individuellement ou en équipe. Nous n'avions l'air ni désorientés ni anéantis. Simplement très affairés.

Au cours de ces trente dernières années, j'ai consulté un grand nombre de transcriptions de CVR, à la suite de crashs aériens, et celui-là prouvait nettement nos compétences.

Jeff et moi nous ne nous étions rencontrés que trois jours avant de prendre les commandes du vol 1549. Et cependant, malgré l'urgence que nous affrontions — et le manque de temps — notre communication était fluide. Grâce à notre formation, et à notre capacité d'analyser l'ampleur de la crise, chacun de nous avait évalué la situation. Non seulement nous savions quelles actions mener, mais nous nous étions aussitôt réparti la tâche, rapidement et de façon concertée.

15 h 28 min 31 s — Contrôle des départs : « OK, Cactus 15-49, ce sera la piste 3-1 par la gauche. »

15 h 28 min 35 s — Sullenberger sur la radio : « Impossible. »

15 h 28 min 36 s — Traffic Collision Avoidance System dans le cockpit (alarme sonore) : « Traffic. Traffic. »

15 h 28 min 36 s — Contrôle des départs : « OK, que vous faut-il pour atterrir ? »

15 h 28 min 45 s — Voix du Predictive Windshear System (PWS) : « Tournez. Wind shear[1] devant."

15 h 28 min 45 s — Skiles : « FAC-1 (Flight Augmentation Computer) éteint, puis allumé. »

15 h 29 min — Skiles : « Aucun redémarrage après trente secondes, engine master 1 et 2, confirme off. »

15 h 29 min 11 s — Sullenberger : « Ici le commandant de bord. Brace ! Préparez-vous à l'impact ! »

Quarante-quatre nouvelles secondes s'étaient écoulées, Jeff et moi avions lancé un test de vérification tout en lisant la check-list, et en écoutant Patrick et les alertes sonores du calculateur d'alarmes.

15 h 29 min 55 s — Voix synthétique du EGPWS (système avertisseur de proximité du sol amélioré) : « Pull up. Pull up. Pull up. Pull up. Pull up. Pull up. »

15 h 30 min 1 s — Skiles : « Volets sortis ! »

15 h 30 min 3 s — Skiles : « Vitesse de l'air, deux cents cinquante pieds. »

A l'écoute de la bande, je me suis aperçu que Jeff avait fait exactement ce qu'il fallait faire au bon moment. Il avait compris intuitivement que vu le temps qu'il nous restait avant l'amerrissage et notre proximité avec la surface, il devait modifier ses priorités. Sans me poser la question, il s'était mis à me hurler l'altitude et la vitesse anémométrique.

1. Cisaillement du vent. (NdT)

15 h 30 min 24 s — Voix synthétique du EGPWS : « Terrain, terrain. Pull up. Pull up Pull up. Pull up... »

15 h 30 min 38 s — Sullenberger : « On se prépare à l'impact ! »

C'était à la fois affreux et magnifique.

Jeff et moi, nous nous étions retrouvés au cœur d'une cacophonie d'alarmes automatiques, de voix synthétiques, d'alertes sonores, d'appels radio, d'alarmes du TCAS et du EGPWS. Et malgré ce tintamarre, il fallait garder le contrôle de l'avion, analyser la situation, prendre des décisions pas à pas, et choisir une option définitive, sans paniquer ou se laisser distraire. On semblait courir à notre perte, et pourtant, notre coordination était admirable. J'étais très fier de ce que nous avions accompli.

Une fois l'enregistrement terminé, Jeff et moi avons quitté un moment les enquêteurs du NTSB pour nous rendre aux toilettes. Il était prévu plusieurs écoutes de la bande durant la journée, mais je crois que nous avions besoin d'une pause avant de l'entendre à nouveau.

Alors que nous descendions le couloir du vieil immeuble qui abritait le siège du NTSB, je me suis tourné vers Jeff :

— Qu'est-ce que tu en as pensé ?

Avant qu'il ait pu répondre, j'ai éprouvé le besoin d'ajouter :

— Je vais te dire ce que j'en ai pensé, ai-je déclaré. Je suis vraiment fier de toi. Lorsque je t'ai demandé de faire la check-list en quelques secondes, tu l'as sortie, tu as trouvé la bonne page et tu as commencé à lire. Et tu m'as suivi, tu as lancé le test de vérification sans te laisser déconcentrer. On y est arrivés ensemble.

Les médias m'avaient attribué pratiquement tout le mérite de ce *happy end*.

— Je me fiche de ce que les gens racontent, ai-je poursuivi. Nous formions une équipe.

Il m'a regardé, et j'ai vu des larmes dans ses yeux.

— Merci, m'a-t-il répondu.

J'avais la gorge serrée par l'émotion. En silence, nous sommes tombés dans les bras l'un de l'autre, au milieu du couloir. Nous avions traversé ensemble une aventure extraordinaire, mais nous étions incapables de trouver les mots pour en rendre compte.

Puis nous avons regagné le laboratoire du NTSB où, en compagnie des enquêteurs, nous avons écouté la bande encore et encore.

Quand elle était petite, Kelly m'a demandé un jour :

— Quel est le plus beau métier du monde ?

— C'est le job que tu as envie de faire même si tout s'y oppose, lui ai-je répondu.

Il est très important de choisir une profession qui corresponde à ses aptitudes et à ses centres d'intérêt. Les gens qui aiment leur travail sont plus consciencieux. Ils parviennent plus facilement à assumer leurs responsabilités. Ils sont plus utiles aux autres.

Le 14 janvier 2009, ma vie se résumait à une suite d'occasions à saisir afin de devenir le meilleur pilote, le meilleur leader et le meilleur équipier possible. J'étais un type normal, anonyme, un mari, un père, un commandant de bord de l'US Airways. Le 15 janvier, tout a changé. Comme quoi on ne sait jamais ce que demain peut vous réserver.

J'ai effectué des milliers de vols durant ces quarante-deux dernières années, mais tout le monde juge désormais ma carrière sur la façon dont j'en ai piloté un en particulier. C'est une leçon pour moi : il faut essayer d'être au top, chaque fois, de faire de son mieux, car on ne sait jamais à quel instant le couperet va tomber.

J'ai expliqué à Kate et Kelly qu'il faut toujours bien se préparer. Cela fait partie de nos responsabilités.

J'aimerais que mes filles investissent dans leur avenir, qu'elles ne cessent jamais d'apprendre, professionnellement ou humainement. Et j'imagine qu'à la fin de leur existence, comme nous tous, elles se demanderont peut-être si elles ont fait avancer les choses.

Je leur souhaite de répondre par l'affirmative à cette question.

Quant à moi, je continue à estimer que j'ai eu de la chance. J'ai découvert ma passion très tôt. A cinq ans, je savais déjà que je deviendrais pilote. A seize ans, j'effectuais mon premier vol solo, et je survolais, tout heureux, durant des heures, la piste en herbe de M. Cook.

Au cours des années qui ont suivi, c'est mon histoire d'amour avec l'aviation qui m'a permis de tracer ma route. A vingt-quatre ans, j'étais pilote de chasse ; j'ai appris qu'il suffit de quelques mètres et d'une poignée de secondes pour rencontrer la mort. A cinquante-sept ans, une fois devenu un homme à cheveux blancs, j'ai piloté un Airbus A320 au-dessus de Manhattan, et j'ai puisé dans les connaissances de toute une vie pour le poser sans encombre.

Mon amour pour l'aviation est resté intact. Je suis toujours ce petit garçon de onze ans qui s'apprête à faire son baptême de l'air, le visage pressé contre le hublot d'un Convair 440. Je suis toujours cet adolescent sérieux qui survole à basse altitude sa maison de Hanna Drive, en saluant de la main sa famille, debout dans l'allée. Je suis toujours ce jeune cadet de l'Air Force, épaté par les pilotes de chasse qui l'ont précédé et qui lui ont montré la voie.

Tout comme j'aime du fond du cœur Lorrie, Kate et Kelly, jamais je ne cesserai d'aimer l'aviation. Jamais.

Pour l'heure, je ne sais pas exactement quelle sera ma vie future. Où mes vols m'emmèneront-ils ensuite ? A quels défis dois-je m'attendre ? A quelles opportunités ? Je resterai pilote de ligne. Cela donne un sens à ma vie ; et c'est ce que je suis.

Je suis sûr que demain certains des passagers des vols de l'US Airways regarderont la porte fermée du cockpit en se demandant : « Qui pilote l'avion aujourd'hui ? » Le commandant de bord sera très probablement l'un de mes collègues, un professionnel expérimenté doté d'un sens aigu du devoir et d'une passion pour l'aviation.

Mais ce type derrière cette porte, ce sera peut-être moi. Une fois que nous aurons décollé, je transmettrai quelques informations sur notre altitude de croisière, la durée de vol, et les conditions météorologiques. Je conseillerai aux voyageurs de garder leurs ceintures attachées à cause des turbulences qui surviennent souvent à l'improviste. Et puis j'éteindrai le système d'annonce et je ferai mon métier.

REMERCIEMENTS

Je n'aurais pas pu écrire ce livre sans le soutien de ma famille. Kelly, Kate et Lorrie ont toujours été présentes auprès de moi, avec leur bienveillance, leur amour et leur bonté. Tous les moments que j'ai consacrés à l'écriture de cet ouvrage m'ont empêché de passer du temps avec elles, et ce projet n'en a été que plus difficile. Je les remercie pour leur compréhension qui m'a permis de le mener à bien.

Avoir une bonne partenaire de vie a été la clé pour affronter cet événement. Je souhaite à tout le monde de rencontrer quelqu'un d'aussi intelligent, solidaire, indépendant, éloquent et fort que Lorrie Sullenberger. Lorrie, je n'aurais jamais réussi à vivre sereinement les retombées de cet amerrissage forcé du 15 janvier 2009 sans ta présence à mes côtés.

Mon père et ma mère m'ont donné le goût du travail acharné, ils m'ont enseigné l'intégrité, et à quel point il est important d'apprendre tout au long de sa vie.

Je les remercie de m'avoir insufflé des valeurs qui m'ont servi de points de repère tout au long de mon existence. Un grand merci aussi à ma sœur, Mary, pour son amour et son soutien.

Le 15 janvier 2009, le copilote Jeff Skiles et moi avons dû relever un véritable défi, et nous battre pour protéger nos vies, et celles des passagers et des membres d'équipage. Nous avons œuvré ensemble, en parfaite symbiose, du début à la fin, et grâce à l'efficacité de notre travail d'équipe cet incident a connu un dénouement heureux. Jeff, tu as ma gratitude éternelle pour tes compétences et ta bravoure.

Sur ce vol 1549, nous étions accompagnés par les hôtesses Donna Dent, Doreen Welsh et Sheila Dail. Leur concours rapide et instinctif a permis d'éviter la panique et nous a aidés à relever le défi que nous affrontions en ces minutes de grand danger. Je reste impressionné par votre force et votre ténacité depuis ce jour-là.

Je remercie les habitants de Denison au Texas qui m'ont soutenu dans ma jeunesse, et ceux de Danville, en Californie, que je suis fier de compter au nombre de mes voisins et amis. Je veux également remercier les New-Yorkais et les habitants du New Jersey, en particulier le New York Waterway, le New York Police Department, les garde-côtes des Etats-Unis, les pompiers de New York, le FBI, les autorités portuaires de la ville de New York et du New Jersey, et le New York City Office of Emergency Management. Je dois une immense reconnaissance à tous ceux qui ont aidé à sauver des vies ce 15 janvier.

Merci aux amies de Lorrie, Tamara Wheeler, Margaret Combs, Bunny Martin, Kathy Giger et Heather Hildebrand.

Dans les heures qui ont suivi l'amerrissage forcé dans l'Hudson, alors que je remplissais mon devoir à New York, ces femmes m'ont remplacé auprès de ma famille. Elles ont aidé Lorrie et mes filles à traverser ce tourbillon médiatique écrasant et imprévu.

J'ai beau avoir beaucoup lu durant des années, jamais je n'aurais pensé écrire un livre moi-même, et Jeff Zaslow s'est montré tout au long de l'aventure un partenaire exceptionnel. Je le remercie pour son soutien, son talent d'enquêteur, son instinct de journaliste expérimenté et ses suggestions toujours sages.

L'équipe de HarperCollins n'a cessé de me guider, moi l'écrivain novice. Ils ont été remarquables. J'aimerais remercier David Highfill, Seale Ballinger, Sharyn Rosenblum et toute l'équipe de HarperCollins qui m'a aidé à lancer ce projet et à le concrétiser.

Mon agent littéraire, Jan Miller, et sa collaboratrice Shannon Marven m'ont également donné de formidables avis et conseils. Avec leurs collègues de Dupree/Miller, elles m'ont permis de dénicher la maison d'édition HarperCollins, et m'ont aidé à transformer une idée en un livre bien réel, et à mener ce projet habilement.

Dès le lendemain de l'accident, Alex Clemens, Libby Smiley et leurs confrères de la société Barbara Coast Consulting se sont tenus aux côtés de ma famille. Avec une énergie inépuisable et de précieux conseils, ils nous ont guidés dans un monde inconnu.

Merci aussi à Gary Morris, au commandant James Hayhurst, à Alex King, au commandant Al Haynes, à Helen Ott, Bracha Nechama Bomze, Herman Bomze, Patrick Harten, Eric Stevenson, Conrad Mueller, Paul Kellen, Karen Keiser Clark, Bart Simon, Theresa Hunsicker et David Sontag.

Mes collègues du syndicat m'ont été d'une aide précieuse en ce 15 janvier 2009, et tout au long de cette affaire. Je remercie en particulier le commandant Larry Rooney et le commandant Dan Sicchio qui, durant de longues heures, m'ont épaulé et soutenu sur de nombreux plans, de mon témoignage devant le NTSB à la rédaction de ce livre. Un grand merci également au copilote Gary Bauhan, au commandant Ken Blitchington, au commandant Steve Bradford, au commandant Dan Britt, au commandant John Carey, au commandant Carl Clarke, au commandant Mike Cleary, au copilote Jeff Diercksmeier, au commandant Peter Dolf, au commandant David Douglas, au commandant Arnie Gentile, au copilote Bob Georges, au commandant Michael Grenlee, au commandant Pete Griffith, au commandant Jonathan Hobbs, au commandant Mark King, au commandant Tim Kirby, au commandant Tom Kubik, au Dr Pete Lambrou, au commandant Jan Randle, au commandant James Ray, au commandant John Sabel, à Lee Seham, au copilote Carol Stone, au commandant Gary Van Hartogh, au commandant William Roberson, au commandant Valerie Wells et au commandant Lucy Young. Chacun d'entre vous a répondu présent au moment où j'avais vraiment besoin de votre aide. J'ai une dette envers vous, et envers tous mes confrères et consœurs de l'Association des Pilotes de l'US Airways.

J'aimerais remercier tous les employés de l'US Airline Pilots Association. Vous avez toujours affronté les défis de notre profession avec talent et élégance. Et je suis fier de vous appeler : « mes collègues ». Tous les personnels des compagnies aériennes ont une tâche importante à accomplir, et ils s'en acquittent correctement, en dépit des transformations de l'industrie. Lecteurs, j'espère que la prochaine fois que vous monterez à bord d'un avion, vous prendrez le temps de remercier les hôtesses qui mettent tout en œuvre pour assurer votre sécurité, et les pilotes pour leur dévouement et toute la vigilance qu'ils accordent à chacun de leur vol.

Merci à mes camarades de l'U.S. Air Force Academy, au commandant à la retraite de la Northwest Airlines Mike Hay, et à mon ami pilote de chasse et actuellement commandant de bord de la Southwest Airlines, Jim Leslie, qui m'ont aidé à vérifier les événements contenus dans ce livre et à compléter mes souvenirs. Mais même si leur soutien s'est révélé précieux durant le processus d'écriture de ce récit, j'assume la responsabilité de son contenu. Je suis le seul responsable des éventuelles erreurs ou omissions.

Et enfin, j'aimerais remercier L. T. Cook qui a su déceler mon potentiel et qui m'a permis de réaliser mon rêve.

ANNEXE

Extrait de la transcription de l'enregistreur de voix du cockpit du National Transportation Safety Board (NTSB)

Transcription d'un enregistreur de voix du cockpit (CVR) Allied Signal/Honeywell, s/n 2878, installé sur un Airbus A320-214 d'Airbus Industrie, immatriculé N106US. Le vol 1549 était exploité par l'US Airways quand il a effectué un amerrissage forcé sur l'Hudson à New York le 15 janvier 2009.

Légende

RDO Transmission radio de l'avion accidenté, US Airways 1549

CAM Microphone d'ambiance du poste de pilotage ou source sonore.

PA Voix ou son entendu sur le canal du Public Address System (PA)

HOT Microphone actif ou source sonore[1]

TOGA Décollage/Remise des gaz

INTR Communication Interphone à destination ou en provenance du sol. Pour les commentaires RDO, CAM, PA, HOT

1. Cet enregistrement contenait des données sonores issues des microphones HOT utilisés par l'équipage de conduite. Ces voix ou sons étaient également captés parfois par les micros d'ambiance du CVR et vice versa. Dans ce cas, les commentaires mentionnent la source (HOT ou CAM) sur laquelle ils étaient le plus facile à entendre et à discerner.

1 — Voix identifiée du commandant de bord (Hot-1 : commandant Sullenberger)

2 — Voix identifiée du copilote (Hot-2 : copilote Skiles)

3 — Voix identifiée d'un membre de l'équipage cabine

4 — Voix identifiée d'un membre de l'équipe au sol

? — Voix non identifiée

FWC Alarme automatique ou son du Flight Warning Computer

TCAS Alarme automatique ou son du Traffic Collision Avoidance System (système d'alerte de trafic et d'évitement de collision)

PWS Alarme automatique ou son du Predictive Windshear System (Système d'alerte prédictive du cisaillement du vent)

GPWS Alarme automatique ou son du Ground Proximity Warning System (Système avertisseur de proximité de sol)

EGPWS Alarme automatique ou son du Enhanced Ground Proximity Warning System (Système avertisseur de proximité de sol amélioré)

TWR Transmission radio de la tour de contrôle aérien de LaGuardia.

DEP Transmission radio du contrôle des départs de LaGuardia (Contrôleur aérien Harten)

CH (1234) Canal CVR identification :

1 = Commandant de bord

2 = Copilote

3 = PA

4 = Microphone d'ambiance du cockpit.

* Mot incompréhensible

@ Mot jugé non pertinent

& Nom propre d'un tiers (voir note 5 ci-dessous)

Juron

-, — Rupture de continuité ou interruption d'un commentaire

( ) Insertion discutable

{ } Insertion éditoriale

... Pause

Note 1 : Les heures sont indiquées en heure normale de l'Est (EST), et basées sur le système de référence temporelle des données du radar de Newark ASR-9.

Note 2 : Généralement, seules les conversations radio à destination ou en provenance de l'avion accidenté ont été transcrites.

Note 3 : Les mots apparaissant avec des voyelles ou des lettres en trop, et des étirements de syllabes expriment en phonétique certains mots entendus dans le CVR.

Note 4 : Mot discutable se référant à un mot qui ne concerne directement ni l'opération, ni le contrôle, ni l'état de l'avion.

Note 5 : Les noms propres de tiers ne participant pas à la conversation ne sont généralement pas transcrits.

Communication du cockpit		Communication Air-Sol	
Temps et Source	Contenu	Temps et Source	Contenu
		15 : 24 : 54 TWR	Cactus 1549 piste 4, autorisé à décoller.
		15 : 24 : 56.7 RDO-1	Cactus 1549 autorisé à décoller.
15 : 25 : 06 CAM	{son similaire à l'accélération des gaz/vitesse}		
15 : 25 : 09 CAM-2	TOGA.		
15 : 25 : 10 HOT-1	TOGA set.		
15 : 25 : 20 HOT-1	Quatre-vingt.		
15 : 25 : 21 HOT-2	Vérifié.		
15 : 25 : 33 HOT-1	V 1, rotation.		
15 : 25 : 38 HOT-1	Taux de montée positive.		
15 : 25 : 39 HOT-2	Rentre le train, s'il te plaît.		
15 : 25 : 39 HOT-1	Train rentré.		
		15 : 25 : 45 TWR	Cactus 1549, New York contact départ, bonne journée.
		15 : 25 : 48 RDO-1	Bonne journée.
15 : 25 : 49 HOT-2	*Heading select*[1], s'il te plaît.		

1. « Sélection du cap. » (NdT)

Communication du cockpit		Communication Air-Sol	
		15 : 25 : 51.12 RDO-1	Cactus 1549, sept cents, en montée à cinq mille.
		15 : 26 : 00 DEP	Cactus 1549, New York, départ contact radar, montez et maintenez à 15 000.
15 : 26 : 02 CAM	{son similaire à réduction des gaz/vitesse}		
		15 : 26 : 03.9 RDO-1	Maintenons un cinq mille, Cactus 1549.
15 : 26 : 07 HOT-1	Quinze.		
15 : 26 : 08 HOT-2	Quinze. Montée.		
15 : 26 : 10 HOT-1	*Position climb*[1].		
15 : 26 : 16 HOT-2	Et volets sur 1, s'il te plaît.		
15 : 26 : 17 HOT-1	Volets 1.		
15 : 26 : 37 HOT-1	Quelle belle vue sur l'Hudson aujourd'hui.		
15 : 26 : 42 HOT-2	Oui.		
15 : 26 : 52 HOT-2	Rentre les volets, s'il te plaît, check-list après décollage.		
15 : 26 : 54 HOT-1	Volets rentrés.		
15 : 27 : 07 HOT-1	Check-list après décollage, terminée.		

1. « Montée. » (NdT)

Communication du cockpit		Communication Air-Sol
15 : 27 : 10.4 HOT-1	Des oiseaux.	
15 : 27 : 11 HOT-2	Wouah !	
15 : 27 : 11.4 CAM	{coup(s) sourd(s)/ claquement(s) suivi d'un long tressaillement}	
15 : 27 : 12 HOT-2	Oh #.	
15 : 27 : 13 HOT-1	Oh ouais.	
15 : 27 : 13 CAM	{bruit similaire à une baisse de puissance des réacteurs /début fréquence}	
15 : 27 : 14 HOT-2	Oh oh.	
15 : 27 : 15 HOT-1	Perte de puissance sur les deux.	
15 : 27 : 18 CAM	{début d'un grondement constant jusqu'à environ 15 : 28 : 08}	
15 : 27 : 18.5 HOT-1	Allumage, démarrage.	
15 : 27 : 21.3 HOT-1	Je lance l'APU.	
15 : 27 : 22.4 FWC	{une sonnerie)	
15 : 27 : 23.2 HOT-1	C'est mon avion.	
15 : 27 : 24 HOT-2	Ton avion.	
15 : 27 : 24.4 FWC	{une sonnerie}	

Communication du cockpit		Communication Air-Sol	
15 : 27 : 25 CAM	{début d'une sorte de bruit électrique venant de l'amorçage du moteur}		
15 : 27 : 26.5 FWC	Priorité gauche. {alarme automatisée du FWC. Cela se produit quand on active le bouton « priorité» sur le manche du commandant}		
15 : 27 : 26.5 FWC	{une sonnerie}		
15 : 27 : 28 CAM	{arrêt du bruit électrique venant de l'amorçage du moteur}		
15 : 27 : 28 HOT-1	Prends le QRH… {manuel de référence rapide} perte de poussée sur les deux moteurs.		
15 : 27 : 30 FWC	{début d'une sonnerie qui se répète environ toutes les 5.7 secondes jusqu'à 15 : 27 : 59}		
		15 : 27 : 32.9 RDO-1	*mayday, mayday, mayday*. Euh, ici, euh, Cactus 1539. Nous avons percuté des oiseaux, nous avons une perte de poussée (dans/sur) les deux moteurs nous retournons à LaGuardia.
		15 : 27 : 42 DEP	OK, euh, vous devez rentrer à LaGuardia ? Virez à gauche cap, euh, deux deux, zéro.

Communication du cockpit		Communication Air-Sol	
15 : 27 : 43 CAM	{sorte de bruit électrique venant de l'amorçage du moteur}		
15 : 27 : 44 FWC	{bruit d'une sonnerie unique entre les alarmes qui retentissent toutes les 5. 7 secondes d'intervalle}		
		15 : 27 : 46 RDO-1	Deux deux zéro.
15 : 27 : 50 HOT-2	S'il reste du carburant, mets le engine mode selector sur allumage.* allumage.		
15 : 27 : 54 HOT-1	Allumage.		
15 : 27 : 55 HOT-2	Manette des gaz confirme ralenti.		
15 : 27 : 58 HOT-1	Ralenti.		
15 : 28 : 02 HOT-2	Vitesse optimum de rallumage. Trois cents nœuds. On ne les a pas.		
15 : 28 : 03 FWC	{bruit d'une sonnerie}		
15 : 28 : 05 HOT-1	On ne les a pas.		
		15 : 28 : 05 DEP	Cactus 1529 si on arrive à dégager la piste 1-3, pouvez-vous essayer d'atterrir ?
15 : 28 : 05 CAM-2	Si trois dix-neuf-		

Communication du cockpit		Communication Air-Sol	
		15 : 28 : 10.6 RDO-1	Non, on ne peut pas. On risque de finir dans l'Hudson.
15 : 28 : 14 HOT-2	Groupe auxiliaire de puissance… générateur de secours non connecté.		
15 : 28 : 18 CAM	{fin du bruit électrique venant de l'amorçage du moteur}		
15 : 28 : 19 HOT-1	(il/est) connecté.		
15 : 28 : 21 HOT-2	ATC : squawk 7700[1]		
15 : 28 : 25 HOT-1	Ouais. Le gauche remonte un peu.		
15 : 28 : 30 HOT-2	Message de détresse émis. C'est fait.		
		15 : 28 : 31 DEP	OK, Cactus 1549, ce sera la piste 3-1 par la gauche.
		15 : 28 : 35 RDO-1	Impossible.
15 : 28 : 36 TCAS	*Traffic traffic.*		
		15 : 28 : 36 DEP	OK, que vous faut-il pour atterrir ?
15 : 28 : 37 HOT-2	(Il veut qu'on) atterrisse sur la 1-3… pour une raison ou une autre.		

1. Message de détresse. (NdT)

Communication du cockpit		Communication Air-Sol	
15 : 28 : 45 PWS	Tournez. Windshear devant.		
15 : 28 : 45 HOT-2	FAC {Flight Augmentation Computer} un éteint, puis allumé		
		15 : 28 : 46 DEP	Cactus 15 (20) 9, la piste 4 est disponible, si vous voulez la piste 4 par la gauche.
		15 : 28 : 49.9 RDO-1	Je ne suis pas sûr de pouvoir atteindre une piste. Euh, qu'est-ce qu'il y a à droite dans le New Jersey, peut-être Teterboro ?
		15 : 28 : 55 DEP	OK, ouais, à votre droite c'est l'aéroport de Teterboro.
15 : 28 : 59 TCAS	Moniteur de vitesse verticale.		
15 : 29 : 00 HOT-2	Aucun rallumage après trente secondes, engine master un et deux confirm-		
		15 : 29 : 02 DEP	Vous voulez tenter d'atterrir à Teterboro ?
		15 : 29 : 03 RDO-1	Oui.
15 : 29 : 05 TCAS	Plus de conflit.		
15 : 29 : 05 HOT-2	*-off.*		
15 : 29 : 07 HOT-1	*Off.*		

Communication du cockpit		Communication Air-Sol	
15 : 29 : 10 HOT-2	Attends trente secondes.		
15 : 29 : 11 PA-1	Ici le commandant préparez-vous à l'impact.		
15 : 29 : 14.9 GPWS	Mille		
15 : 29 : 16 HOT-2	Engine master deux, remets.		
15 : 29 : 18 HOT-1	Remis.		
15 : 29 : 19 HOT-2	*On.*		
		15 : 29 : 21 DEP	Cactus 1529 virez à droite deux, huit, zéro, vous pouvez atterrir piste 1 à Teterboro.
15 : 29 : 21 CAM-2	C'est toute la puissance que tu as ?* (Tu veux) numéro un ? Ou on a de la puissance sur le numéro un.		
		15 : 29 : 25 RDO-1	On n'y arrivera pas.
15 : 29 : 26 HOT-1	Vas-y, essaie le numéro un.		
		15 : 29 : 27 DEP	OK, quelle piste voulez-vous à Teterboro ?
15 : 29 : 27 FWC	{sonnerie répétée en continu pendant 9. 6 secondes}		
		15 : 29 : 28 RDO-1	Nous allons sur l'Hudson.
		15 : 29 : 33 DEP	Pardon, répétez Cactus ?

Communication du cockpit		Communication Air-Sol	
15 : 29 : 36 HOT-2	Je le remets.		
15 : 29 : 37 FWC	{sonnerie répétée en continu pendant 37. 4 secondes}		
15 : 29 : 37 HOT-1	OK, remets le… remets le.		
15 : 29 : 37 GPWS	*Too low.* Terrain.		
15 : 29 : 41 GPWS	*Too low.* Terrain.		
15 : 29 : 43 GPWS	*Too low.* Terrain.		
15 : 29 : 44 HOT-2	Aucun rallumage.		
15 : 29 : 45. 4 HOT-1	OK, allons-y sors les volets, sors les volets.		
15 : 29 : 45 EGPWS	*Caution* terrain.		
15 : 29 : 48 EGPWS	*Caution* terrain.		
15 : 29 : 48 HOT-2	Volets sortis ?		
15 : 29 : 49 EGPWS	Terrain terrain. *Pull up, pull up.*		
		15 : 29 : 51 DEP	Cactus euh…
		15 : 29 : 53 DEP	Cactus 1549 , radar perdu. Vous avez aussi l'aéroport de Newark à deux heures dans environ onze kilomètres.

Communication du cockpit		Communication Air-Sol	
15 : 29 : 55 EGPWS	*Pull up. Pull up. Pull up. Pull up. Pull up. Pull up.*		
15 : 30 : 01 HOT-2	Volets sortis.		
15 : 30 : 03 HOT-2	Vitesse de l'air, deux cent cinquante pieds.		
15 : 30 : 04 GPWS	*Too low.* Terrain.		
15 : 30 : 06 GPWS	*Too low. Gear.*		
15 : 30 : 06 CAM-2	Cent soixante-dix nœuds		
15 : 30 : 09 CAM-2	Aucune puissance sur l'un ? Essaie l'autre.		
		15 : 30 : 09 4718	Deux un zéro euh 4718. Je crois qu'il a dit qu'il allait dans l'Hudson.
15 : 30 : 11 HOT-1	Essaie l'autre.		
15 : 30 : 13 EGPWS	*Caution.* Terrain.		
		15 : 30 : 14 DEP	Cactus 1529, euh, vous êtes toujours là ?
15 : 30 : 15 FWC	{début d'une sonnerie répétée en continu jusqu'à la fin de l'enregistrement}		
15 : 30 : 15 EGPWS	*Caution.* Terrain.		
15 : 30 : 16 HOT-2	Cent cinquante nœuds.		

Communication du cockpit		Communication Air-Sol	
15 : 30 : 17 HOT-2	Volets sur 2, tu veux plus ?		
15 : 30 : 19 HOT-1	Non, on reste à 2.		
15 : 30 : 21 HOT-1	Tu as une idée ?		
		15 : 30 : 22 DEP	Cactus 1529 si vous pouvez… vous avez, euh, la piste 2-9 à Newark, à deux heures et 11 kilomètres.
15 : 30 : 23 EGPWS	*Caution* terrain.		
15 : 30 : 23 CAM-2	Là tout de suite, non.		
15 : 30 : 24 EGPWS	Terrain. Terrain. *Pull up. Pull up.* {« *pull up* » répété jusqu'à la fin de l'enregistrement}		
15 : 30 : 38 HOT-1	On se prépare à l'impact.		
15 : 30 : 38 HOT-2	** interrupteur ?		
15 : 30 : 40 HOT-1	Oui.		
15:30:41.1 GPWS	(cinquante ou trente)		
15 : 30 : 42 FWC	Retard.		
15:30:43.7	{fin de l'enregistrement}		
15:30:43.7	{fin de la transcription}		